"互联网+"
背景下公共部门人力资源管理

马辰威 吴 敏 张 洁 ◎著

HR

 四川大学出版社

项目策划：蒋姗姗
责任编辑：蒋姗姗
责任校对：许　奕
封面设计：墨创文化
责任印制：王　炜

图书在版编目（CIP）数据

"互联网+"背景下公共部门人力资源管理 / 马辰威，吴敏，张洁著 . — 成都：四川大学出版社，2019.11
　　ISBN 978-7-5690-3206-2

Ⅰ . ①互… Ⅱ . ①马… ②吴… ③张… Ⅲ . ①公共部门－人力资源管理－研究－中国 Ⅳ . ①D630.3

中国版本图书馆 CIP 数据核字（2019）第 278281 号

书　名	"互联网+"背景下公共部门人力资源管理
著　者	马辰威　吴　敏　张　洁
出　版	四川大学出版社
地　址	成都市一环路南一段 24 号（610065）
发　行	四川大学出版社
书　号	ISBN 978-7-5690-3206-2
印前制作	四川胜翔数码印务设计有限公司
印　刷	四川华龙印务有限公司
成品尺寸	148mm×210mm
印　张	9
字　数	240 千字
版　次	2020 年 3 月第 1 版
印　次	2020 年 3 月第 1 次印刷
定　价	48.00 元

◆版权所有 ◆侵权必究

◆ 读者邮购本书，请与本社发行科联系。
　电话：(028)85408408/(028)85401670/
　(028)86408023　邮政编码：610065
◆ 本社图书如有印装质量问题，请寄回出版社调换。
◆ 网址：http://press.scu.edu.cn

扫码加入读者圈

四川大学出版社
微信公众号

前　言

公共部门是指在社会生活中相对于私营部门而存在的，旨在提供公共产品和公共服务，以谋求公共利益和普遍福祉的一套组织体系。公共部门以公共权力为基础，依法管理社会事务，谋取社会公共利益；而传统定义的私营组织则是产权明晰、以营利为目的的营利性组织。

20世纪90年代以来，随着世界环境急剧变化，全球化、知识化、信息化时代的到来，各国的竞争主要表现在人才方面的竞争，无论企业、公共组织还是公共部门都更加注重对人力资源管理的革新。传统人力资源管理在模式上很难通过规划、协同和政策实施等手段创造企业、公共组织或公共部门战略实施的恰当环境。21世纪，信息化时代背景下的各国竞争归根结底是人才的竞争。人才是民族振兴、赢得国际竞争最重要的战略资源和核心要素。各国纷纷将人才管理和培育视为推动国家经济发展、赢得世界竞争优势的中坚力量。

公共部门人力资源管理作为人才强国战略实施的重要一环，在发挥人力资源的基础性、战略性、决定性地位中，起着举足轻重的作用。自党的十八大以来，如何更好地建立法治政府、服务型政府，更好地为人民提供满意的公共产品和公共服务是我国公共部门发展的长久方向和主要核心。目前，我国公共部门人力资源还处于从传统的人事管理体制向新型人力资源管理转变的阶段，如何在公共部门引入新型人力资源管理理念和模式，发挥出公共人力资源管理的最大价值是当前面临的关键问题。

"互联网＋"的出现是互联网共享思维、海量信息运筹帷幄的信息化新时代的实践成果，它推动经济形态不断地发生演变，激发了实体经济新的生命力，为改革、创新、发展提供广阔的网络平台。通俗地说，"互联网＋"就是"互联网＋各行各业"，但这并不是简单的两者相加，而是利用信息通信技术以及互联网平台，让互联网与各行各业进行深度融合，创造新的发展生态。"互联网＋"代表一种新的社会形态，在社会资源配置中充分发挥互联网的优化和集成作用，将互联网的创新成果深度融合于经济、社会各域之中，形成更广泛的以互联网为基础设施和实现工具的经济发展新形态。在"互联网＋"背景下，现代公共人力资源管理萌发了一些新的发展趋势和展望。

出于对以上几方面问题的考虑，本书立足于新公共管理理论和资源基础理论，从如何最大限度激发人力资源价值性的视角对公共部门人力资源管理变革进行深入分析，旨在研究并构建有效的人力资源管理模式，以使得在快速发展的"互联网＋"环境下的我国公共部门能够更好地发挥其公共服务作用；使得我国构建法治政府、服务型政府工作的开展与推进更加顺利。具体地讲，本书分为三大板块，总共十一个章，主要完成了以下工作：

（1）回顾并总结了信息化新时代背景下公共部门人力资源管理面临的变革与挑战。第一章"导论"对公共部门人力资源管理演变历程及其重要性，与当前环境下中国公共部门人力资源发展可能面临的瓶颈与变革进行介绍及探讨。随后，依据现有文献、实地访谈及问卷调查等获得的资料在第二章及第三章中对新时代下公共部门人力资源管理的主要概念、特征、职能定位及公共部门人力资源管理理论的演变进行了分析。同时，在第四章中，从管理学的角度出发，结合我国宏观经济发展新态势，分析和介绍新时代公共部门人力资源管理发展的生态环境，并指出当前环境中存在的问题及可能的解决路径。

（2）阐述并分析了我国公共部门人力资源管理七大核心板块的职能及其在现代公共部门人力资源管理过程中突现的问题。第五章"公共部门人力资源的分类管理"主要对不同服务宗旨的公共部门的人力资源分类管理制度进行了介绍与辨析，并针对不同服务对象、领导方式进行了分类管理的案例分析。第六章"公共部门的人员招聘与任用"则在对公共部门人员招募概述的基础上，介绍了不同公共部门人员招募的渠道及甄选方法，并提出新时代"互联网＋"背景下公共部门人员招募的调整与改进周期的把控等重要问题。第七章"公共部门人力资源的绩效管理"侧重于对传统公共部门人力资源绩效管理的利弊分析，基于新时代背景下绩效管理应用的途径与作用对"互联网＋"背景下绩效管理进行的设想；第八章"公共部门人力资源的薪酬管理"提出公共部门面对不同服务对象，应以西方发达国家公共部门人力资源薪酬差异化管理模式为蓝本，对我国当前公务员等公共部门人员的薪酬管理进行改革的设想。第九章"公共部门人力资源开发、交流与调配"从"互联网＋"背景下公共部门人员开展工作所需的知识、技术更新入手，探究应如何开展对公共部门人力资源的进一步开发、交流及如何进行调配的问题。第十章"公共部门人员的辞职、辞退、退休管理"，着眼于探索"互联网＋"背景下如何完善我国公共部门人员辞、退、休制度，从退休年龄、退休门槛条件弹性化、退休金机制三个方面进行了探讨。

（3）探讨并构建了"互联网＋"背景下现代公共人力资源管理模式。第十一章"'互联网＋'背景下公共部门人力资源管理发展趋势与展望"基于前面的十章分别从宏观、中观以及微观层面就公共部门人力资源管理的各个环节、目前面临的现状及挑战进行分析与梳理的基础上，探讨现代公共人力资源管理的发展趋势和展望，并针对性地提出"互联网＋"背景下公共部门的技术层面创新、多元化参与模式创新及人员管理模式创新的管理模式及路径。

在本书的编写过程中,所有参与的同志分工负责、通力协作。其中,第一板块内容由吴敏教授负责,第二板块内容由马辰威副教授负责,第三板块内容由张洁负责。本书的撰写得到了四川大学公共管理学院的许多老师与研究生的帮助,他们在编写工作中付出了大量的心血和智慧,其中研究生李宁参与了导论及第一章的编写,研究生舒俊参与了第二章的编写,研究生付悦参与了第三章的编写,研究生刘珈辰参与了第四章的编写,研究生徐兴琼、韦会芳参与了第五章的编写,研究生龙玥参与了第六章的编写,研究生简婕参与了第七章的编写,研究生邓亚娟参与了第八章的编写,研究生周灿参与了第九章的编写,研究生马子涽、Pattaya参与了第十章的编写。

真诚地希望本书的出版能够帮助公共部门人力资源管理理论在新时代背景下科学性延展,与实际相结合,形成有益于社会实践发展的建设性指导方案。

马辰威
2020.03.10 于成都

目 录

第一章　导论…………………………………………………（1）
　一、公共部门人力资源管理的演变历程………………………（1）
　二、公共部门人力资源管理的重要性…………………………（9）
　三、新时代公共部门人力资源管理面临的变革………………（13）

第二章　"互联网＋"背景下的公共部门人力资源管理
　　　………………………………………………………（22）
　一、相关概念界定………………………………………………（22）
　二、"互联网＋"背景下公共部门人力资源管理的特征
　　　………………………………………………………（28）
　三、"互联网＋"背景下公共部门人力资源管理的职能
　　　定位……………………………………………………（34）

第三章　公共部门人力资源管理演变……………………（39）
　一、西方公共部门人力资源管理理论的历史演变……………（39）
　二、当代西方公共部门人力资源管理的基本特征与制度
　　　………………………………………………………（47）
　三、中国公共部门人力资源管理制度的历史演变……………（54）

第四章　公共部门人力资源管理生态环境………………（60）
　一、公共部门人力资源生态环境及其构成……………………（60）
　二、公共部门人力资源生态环境的特点………………………（70）
　三、公共部门人力资源生态环境存在的问题及路径探析
　　　………………………………………………………（74）

第五章　公共部门人力资源的分类管理……………………（79）
　　一、公共部门人力资源分类管理制度…………………（79）
　　二、品位分类管理………………………………………（80）
　　三、职位分类管理………………………………………（82）
　　四、我国公共部门人员分类制度………………………（87）
　　五、国内外公务员分类管理案例分析…………………（93）
　　六、"互联网＋"背景下公共部门人员分类管理发展趋势
　　　　………………………………………………………（101）

第六章　公共部门的人员招聘与任用……………………（105）
　　一、公共部门人员招聘概述……………………………（105）
　　二、公共部门人员招募的渠道与甄选的方法…………（113）
　　三、"互联网＋"背景下公共部门人员招聘的探索 ……（129）

第七章　公共部门人力资源的绩效管理…………………（139）
　　一、公共部门人力资源绩效管理概述…………………（139）
　　二、绩效管理的原则与常用方法………………………（143）
　　三、传统公共部门人力资源绩效管理…………………（149）
　　四、公共部门人力资源绩效管理的应用………………（153）
　　五、"互联网＋"背景下公共部门人力资源绩效管理设想
　　　　………………………………………………………（155）

第八章　公共部门人力资源的薪酬管理…………………（159）
　　一、薪酬概述与我国公共部门薪酬制度………………（159）
　　二、公共部门人力资源管理的福利制度………………（172）
　　三、我国公共部门薪酬制度的演变与问题……………（176）
　　四、发达国家公共部门人力资源薪酬管理模式借鉴…（184）
　　五、"互联网＋"背景下我国公务员薪酬制度改革设想…（198）

第九章　公共部门人力资源开发、交流与调配…………（209）
　　一、公共部门人力资源开发、交流与调配概述………（209）
　　二、我国公共部门人力资源开发、交流与调配现状……（213）

三、发达国家公共部门人力资源开发、交流与调配……(222)
四、"互联网+"背景下公共部门人力资源开发、交流
与调配……………………………………………(228)

第十章 公共部门人员的辞职、辞退、退休管理…………(231)
一、相关概念界定…………………………………………(231)
二、公共部门人员的辞职制度管理………………………(232)
三、公共部门人员的辞退制度管理………………………(236)
三、公共部门人员的退休制度管理………………………(240)
四、"互联网+"背景下公共部门人员辞退休管理体制的
革新………………………………………………………(246)

第十一章 "互联网+"背景下公共部门人力资源管理发展
趋势与展望………………………………………(252)
一、公共部门人力资源管理的发展趋势…………………(252)
二、"互联网+"背景下公共部门人力资源管理展望 …(260)

参考文献……………………………………………………(268)

第一章 导论

一、公共部门人力资源管理的演变历程

公共部门人力资源管理的产生与发展不是一蹴而就的。从第二次世界大战前人事管理内容的不断更新和扩充,到20世纪七八十年代人力资源管理浪潮的兴起,再到21世纪战略性人力资源管理的发展演进,由传统的人事管理到当代公共部门较为成熟的人力资源管理,经历了一个漫长的过程。

(一)起源:传统人事管理

传统人事管理起源于19世纪末20世纪初的工业主义和科学管理时代。作为人事管理理论的代表之一,泰勒的科学管理理论强调用科学计量的方式来激励和提高工人的操作效率[①]。它对管理者与雇员之间的关系、对人事管理的发展和更新起着举足轻重的作用。在科学管理出现以前,工人仅仅作为简单的劳动者,自备工具,自我产出,缺乏统一的组织和管理。而在科学管理出现之后,企业不仅仅统一为工人提供作业工具,还实时地对其进行培训或薪酬激励。但此时的管理总的来说还很不健全,仅仅把人作为生产要素之一,配套的管理和保障措施相当缺乏。

经过两次世界大战以及行为科学的不断影响,到20世纪60

---

① 梁丽芝. 公共部门人力资源管理[M]. 湘潭:湘潭大学出版社,2010.

年代，传统人事管理理论和管理模式逐渐发展成熟。在20世纪中上叶，人事管理的内容逐渐丰富，包括员工招聘、培训、工时记录、报酬支付、人事档案管理等；在第二次世界大战之后，劳资关系、工资管理等内容逐渐受到管理者的重视；而到20世纪六七十年代，人事管理在企业管理系统中的地位日渐提升，员工招聘、培训、薪资管理等一系列的管理活动十分活跃。这一方面得益于行为科学的发展；另一方面受到人际关系运动的影响，通过在工人与企业之间寻求一种良好的人际关系和情感交流，来保证和促进双方的共同发展。

这一时期内人事管理的发展过程即是各组织和企业对所处环境变化不断适应的过程。虽然这一阶段人事管理其职能不断丰富，地位不断提升，人事经理逐渐跻身高级管理人员行列，但人事管理依旧没有形成完整而严密的理论体系，仅仅是一系列对人的管理活动的集合[1]。总的来看，传统人事管理表现出以下特征：

（1）简单地将员工视为一种成本或生产要素，是对组织资本及资源的消耗。

（2）将组织中的人员看作是被动的工具，他们的存在是满足工作职位的需要，与工作相比，人的地位是附属性的。

（3）管理内容较为简单，仅从事录用、考核、奖惩、工资发放等活动。

（4）着眼点为组织成员的现状，仅重视对成员已有能力的使用，而不重视对其素质的进一步开发。

---

[1] 滕玉成，余宪忠. 公共部门人力资源管理［M］. 北京：中国人民大学出版社，2003.

(二)演进：企业人力资源管理

经过半个多世纪的发展演化，到20世纪七八十年代，人力资源管理浪潮在西方世界中兴起，人事管理的内涵和性质发生了根本性的变化。相较于传统人事管理，其管理职能发生重点转移，管理理念和体系得到质的飞跃，主要体现在：人事管理的概念广泛被人力资源管理所取代；人力资源预测、规划和开发等内容广泛增加；人力资源管理部门的地位得到显著提升；企业更加注重员工的归属感、认同感，构建组织与员工的命运共同体；以员工为中心，通过工作分析、职位设计、员工职业生涯规划，提升员工的工作满意度（表1-1）。

表1-1 传统人事管理与企业人力资源管理的区别

类别	传统人事管理	企业人力资源管理
管理视角	视人力为成本	视人力为资源
管理机构	事务层、操作层、执行层	战略层、决策层
管理活动性质	被动反应型	主动开发型
管理焦点	以事为中心的绩效考核	人与事统一发展的人力资源开发
管理对象	员工	劳资双方
管理导向	注重成果	注重过程
劳动关系	从属的、对立的	平等的、和谐的

经过亨特、迈克尔·比尔等人在人事管理职能和人力资本管理研究方面的诸多努力，人们提倡把人当作一种潜在的资本，而并不仅仅是一种可变的成本，人力资源管理理论和模式初见端倪[1]。20世纪90年代，斯托瑞指出：人事管理致力于建立一种对员工行为进行规范和监管的机制，以此促进组织或企业的经营

---

[1] 梁丽芝. 公共部门人力资源管理 [M]. 湘潭：湘潭大学出版社, 2010.

活动能够低成本高效率地运行；而人力资源管理则将员工视为能够为企业创造价值的核心资源，努力寻求一种人与企业综合发展的机制①。

在 20 世纪 90 年代，人力资源管理理论不断发展，众多学术成果层出不穷。正如麦克纳和比奇在《人力资源管理》一书中所提到的："人事管理在 90 年代进入后企业家阶段，此阶段已把人力资源管理作为人事管理的标准载体了。"② 学者普遍认为，人力资源管理不能简单地将人看作机器，劳动力是丰富且能为企业创造巨大价值的人力资源。

这一时期的人力资源管理倾向于向开放性的管理方向发展，采取相应措施挖掘和开发人的潜力以便促进人和组织的共同发展。因此，人力资源管理并不是一项孤立的研究，它涉及经济学、管理学、心理学、数学、人口学、统计学、社会学等一系列知识理论和研究方法。从最初的规范性管理，到行为学管理，再到开发性管理，是一个不断走向科学化管理的过程。企业人力资源管理在发展中表现出以下特征：

（1）将人本身看作是组织中的财富和资源，是组织重要的投资，与其他物质资源的一次性开发不同，人力资源可以持续不断地开发和利用。

（2）将人作为组织发展的主体，认为其具有广泛的能动性，能够开发和形成相应的知识技能，因此，更加注重员工成长环境的塑造、发展能力的拓展、主体地位的尊重以及对他们的服务、保障、培训、激励的优化。

（3）管理内容更加丰富，除了传统人事管理的职能以外，增

---

① Storey J. Developments in the Management of Human Resource [M]. London：Blackwell，1992.

② ［美］E·麦克纳，N·比奇. 人力资源管理 [M]. 丁凡，译. 北京：中信出版社，1998.

加了人力资源预测与规划、雇员职业生涯发展管理、人员测评与甄选、人力资源开发与培养、人力资源投资与收益分析等。

（4）管理视野瞄准组织战略发展的需要，强调人力资源使用和开发并重，既发挥现有人员的智慧才能，又讲求充分挖掘人员潜能，为组织战略服务。

（三）蜕变：公共部门人力资源管理

公共部门是指在社会生活中相对于私营部门而存在的，旨在提供公共产品和公共服务，以谋求公共利益和普遍福祉的一套组织体系。公共部门以公共权力为基础，依法管理社会事务，谋取社会公共利益；而传统定义的私营组织则是产权明晰、以营利为目的的营利性组织。

公共部门的人事管理伴随着公务员制度的诞生和改革不断演进。自英国19世纪中后叶颁布的两道关于文官制度改革的枢密院令，以及美国在19世纪80年代颁布《彭德尔顿法》后，西方各国相继建立公务员制度。在制度建立之初，公共部门人力资源管理确立的原则为：择优录用、政治中立、职务常任。而在价值目标上寻求政治上的平等、民主与稳定，管理上遵循效率至上的原则。

到20世纪中叶，英国对文官进行了界定和调整，并在60年代通过《富尔顿报告》提出了对文官制度的158项改革。而美国相继通过一系列的文官法案，对人事管理制度进行自我调整与完善。在1929—1933年席卷美国的经济大危机背景下，伴随着凯恩斯主义经济理论的兴起，以美国为代表的西方国家在行政人事管理上逐渐加强了"规制主义"。政府对社会经济中各个部门的规制导致公务员数量激增，对公务员的严格管理和控制形成了公务员服从性文化等模式和特征。

而到了20世纪80年代末，西方国家盛行"新公共管理"理论，各国相继开展大规模的行政改革运动。其核心思想是在政府管理中引入市场理念和竞争机制，特别是将私营部门的管理方式引入公共部门，提出"以企业家精神重塑政府"的口号①。在此背景下，公共部门主张以弹性的市场为基础的组织形式取代僵化的等级官僚制，打破公共部门与私营部门之间的藩篱，形成政府向企业学习的风气。

在这场运动中，美英等国公共部门以市场为导向进行深入改革和制度创新，把公众定位于消费者或顾客，借鉴企业管理的先进理念和技术手段，不断加强公共部门与私营部门之间的融合交流。其主要内容涉及：精简政府机构，缩减公务员数量；以市场力量促使政府职能转变；进行政府管理体制创新，加强公务员队伍建设；改革文官制度，转变人事管理方式等。

通过这次改革，公共部门人力资源管理的理论和实践得到极大提升。改革前，英美一直沿用传统的文官制度，在管理体制、管理过程和管理方式上相对单一。而在20世纪90年代后期，美国政府在公共人事管理中，引入人事计划、工作分析、人员招聘、上岗培训、平等就业、劳资关系、人力资源开发、绩效评估、质量管理、薪酬制度等，极大地丰富了公共部门人事管理的内容。

很大程度上讲，公共部门人力资源管理是企业人力资源管理模式在公共部门人事管理中的应用。二者在基本精神、价值文化、组织行为、管理方式上具有很大的相似性。然而，公共部门因自身属性的不同，在人力资源管理模式上表现出与私营部门不同的特征（表1-2），其中包括：

（1）在价值层面上，企业人力资源管理倾向于效率优先，兼顾公平，而公共部门则更加注重实现公平。

---

① 鄢龙珠. 公共部门人力资源管理［M］. 厦门：厦门大学出版社，2010.

(2) 在法律视角上，企业人力资源管理以私权和私法为依托，而公共部门则以公权和公法为基础。

(3) 在量的属性上，企业人力资源数量占据社会人力资源总量的绝大多数，然而，在质量上，公共部门人力资源对其综合素质要求更高。

(4) 在组织战略上，企业人力资源管理的目标是赢得市场竞争；而公共部门则是行使公共权力，谋求公共利益[①]。

足以看出，公共部门人力资源管理在公共事务活动中起着基础性的作用。它作为公共管理或政府管理的新哲学，与公共权力的行使密切关联，具有政治性、公共性、服务性等特点。

表1-2 企业与公共部门人力资源管理的特点比较

类别	企业人力资源管理	公共部门人力资源管理
价值层面	效率优先，兼顾公平	更加注重公平
法律视角	私权和私法为依托	公权和公法为基础
量的属性	具备数量优势	质量要求更高
组织战略	赢得市场竞争	谋求公共利益

（四）趋势：战略性公共部门人力资源管理

20世纪90年代以来，随着世界环境急剧变化，全球化、知识化、信息化时代到来，各国的竞争主要表现在人才方面的竞争，无论企业、公共组织还是公共部门都更加注重对人力资源管理的革新。传统人力资源管理在模式上很难通过规划、协同和政策实施等手段创造企业、公共组织或公共部门战略实施的恰当环境。1981年，戴瓦纳、夫布鲁姆和狄凯在发表的《人力资源：

---

① 段华洽，苏立宁. 论公共部门人力资源管理与企业人力资源管理的区别与互动[J]. 中国行政管理，2006（6）：65-68.

一个战略观》一文中，首次提出战略性公共部门人力资源管理的概念，标志着战略性公共部门人力资源管理研究的开始。战略性公共部门人力资源管理能够为政府或企业提供一种持续的竞争优势，帮助其在错综复杂的技术、资本和人才等资源整合中占得先机（表1-3）。

表1-3 公共部门人力资源管理与战略性公共部门人力资源管理比较

类别	公共部门人力资源管理	战略性公共部门人力资源管理
选拔与任用	单一化	多样化
目标适应程度	缺乏导向	相互协调
管理职能	各职能间难以协调一致	相互适应，有效整合
管理理念	缺乏战略性眼光	进行战略规划和整合
改革动力	严重不足	较为充分

战略性公共部门人力资源管理，是指将人力资源管理与公共部门的战略性目标紧密联系，以此改进人力资源管理方式，提高公共部门运行效率的管理活动①。它强调人力资源管理应该被视为公共部门内的一项战略职能，被纳入组织内进行统一性和适应性的结合，要求人力资源管理要满足组织的战略需求，为组织战略的制定和实施提供合适条件。

战略性公共部门人力资源管理是目前人力资源管理研究的重要领域，表现出一系列符合时代要求的特点。首先，它关注外部环境的变化，通过识别、整合外部信息和资源，在公共部门内部进行功能调整和流程再造，提高公共部门的应变能力。其次，它要求人力资源管理保持与组织战略的一致性，要求各项管理职能之间进行有效匹配，对组织目标、组织需求、价值创造有显著的

---

① 王兰云.人事管理、人力资源管理与战略人力资源管理的比较分析［J］.现代管理科学，2004（6）：45-46.

了解。再者，战略性公共部门人力资源管理认为人力资源是一种资本，拥有和掌握核心知识以及管理技能的人才是最重要的组织资源，因此通过先进技术和手段对其进行积累和开发是提高组织核心竞争力的重要内容。最后，战略性公共部门人力资源管理需要公共部门根据组织目标制订切实可行的人力资源行动计划，并结合组织文化和团队建设推进其具体实施。人力资源的管理人员除了在政策制定、人才吸引、激励措施上下足功夫以外，还得通过非正式组织等形式，以组织文化的力量激发人员潜能，实现战略目标。

二、公共部门人力资源管理的重要性

随着20世纪80年代西方各国兴起的新公共管理运动，政府在管理中引入市场理念和竞争机制，私营部门的管理方式被广泛引入公共部门，公共部门人力资源管理应运而生。再加上科学技术日新月异，以通信和互联网为代表的技术革新将人类世界推至知识经济时代，信息化和全球化浪潮强烈地改变着人们的生活方式，传统的人事管理已不能满足政府有效履行职能的需求，公共部门人力资源管理则扮演着重要的角色。

（一）公共部门人力资源管理的任务

公共部门人力资源管理的目标由它所服务的公共部门自身性质和任务所决定。公共部门人力资源管理的基本目标是：获取与开发公共部门所需的各类、各层次人才；建立公共部门与公职人员之间的良好合作关系；满足社会经济发展对公共部门人力资源管理提出的要求；给公职人员提供良好的工作环境，并促进个体与部门的协调发展[①]。由这些目标可以确立现代公共部门人力资

---

① 孙柏瑛，祁光华. 公共部门人力资源管理 [M]. 北京：中国人民大学出版社，2010.

源管理的基本任务包括①：

（1）确立公共部门人力资源管理制度，创造"选人、育人、用人、留人"的良好环境。良好的人力资源管理环境和管理体制是人力资源成长、开发和使用的基础。有效的体制能够通过人事管理权的合理划分、管理职能和权利的明确界定来保证人力资源管理职能的有效实现。科学的管理机制设计了与组织发展相配套的人力资源发展路径和相关资格，提供合理的激励和严格的规制来实现管理效益最大化。而公共部门人力资源管理所确定的法制化管理准则，为其提供了一种理性、客观、公正的管理环境。

（2）通过多种渠道，为公共部门获取治国理政的优秀人才。要达成这一任务，需要积极开发和拓展人才来源的社会基础，通过公开考试、公平竞争、择优录取等方式甄别、遴选优秀人才。同时，在现有公共部门人才队伍中，通过绩效考核等手段挖掘和获取优秀人才并委以重任，提升公共部门人力资源的质量。

（3）通过大数据信息等信息技术做好人力资源的预测、规划和开发工作。公共部门在使用人力资源的同时，要根据社会发展和组织战略的需要，使用大数据等信息技术对将来的人力资源供求状况进行科学分析和预测，做好规划和开发工作。对现有的人力资源进行不间断的培训和开发，实现人力资本的价值增值，适应社会发展和公共部门运行需要。

（4）充分、合理使用现有人力资源，努力做到人尽其才。对已选用的人员，通过工作分析、职位分类、考核激励等方式进行有效配置，充分挖掘工作人员的潜力，力求做到人适其位、事得其人、人尽其才，提升公共部门人力资源管理效能。

（5）建立和完善激励保障机制，确保人力资源的动态平衡。公共部门人力资源在量和质上都需要达到动态平衡，防止人才外

---

① 梁丽芝. 公共部门人力资源管理［M］. 湘潭：湘潭大学出版社，2010.

流和人才短缺现象。这需要公共部门不断研究社会人力资源的流动规律和倾向，适应人力资源发展需求，完善人力资源管理机制，发挥公共部门人力资源管理优势，留住优秀人才，保持公共部门人力资源的旺盛生命力。

（二）公共部门人力资源管理的地位

21世纪，各国的竞争归根结底是人才的竞争。经济社会漫长的发展进程中，人类从对自然资源的开发利用，到对资本积累的不断重视，再到如今将人力资源视为最重要的战略资源和核心要素，各国纷纷将人才管理和培育视为推动国家经济发展、赢得世界竞争优势的中坚力量。

正所谓国以才立，政以才治，业以才兴，强国兴邦，人才为本。世界各国的"人才争夺战"硝烟弥漫，为了培育和汇聚优质的人力资源，各国纷纷进行大量的教育、科研投资，制定相应的优惠政策和制度创新。我国也不例外，习近平总书记在党的十九大报告中明确指出，我国将坚定实施科教兴国、人才强国战略。人才是民族振兴、赢得国际竞争的战略资源，全国上下聚天下英才而用之，加快建设人才强国。

公共部门人力资源管理作为人才强国战略实施的重要一环，对于发挥人力资源的基础性、战略性、决定性作用十分重要。公共部门与私人部门的人力资源管理不能是一盘散沙，二者互有交集。公共部门人力资源管理机构要在其间运筹帷幄，制定整体的人力资源开发战略和管理体系，并整合多方资源将其付诸实施。随着时代发展和管理创新，公共部门汇聚了大量的高素质人力资源，同时他们又是公共管理的执行者和公共服务的提供者，作为其核心资源，牵一发而动全身[①]。

---

① 赵曼. 公共部门人力资源管理［M］. 北京：清华大学出版社，2005.

切实加强公共部门人力资源管理,不断进行理念创新、制度创新、技术创新,吸引和培育一大批技术精湛、管理优化、视野宽广、态度一流的专业队伍,是提高公共部门服务效能,充分发挥公共部门人才效用,提升全社会人力资源利用效率,盘活人力资本并推动社会经济稳步发展的重要支撑。公共部门人力资源管理在践行科教兴国和人才强国战略部署中,处于上下枢纽、纵横贯通的地位。

(三)公共部门人力资源管理的作用

公共部门人力资源管理,作为整个社会人力资源管理的组成部分,具有各种人力资源管理的共性。公共部门人力资源管理对政治素质和道德品质的要求高于其他部门。相较于私营部门,其管理缺乏动态性和预见性。特殊的国情和文化背景致使其管理方式具有难以比拟的复杂性。公共部门人力资源管理的法治化特征使其具有相较于其他人力资源管理不同的职能和作用,体现在:

(1) 微观层面:能够提高公共部门内部运行效率,提供优质高效公共服务。公共部门的职能是依法行使公共权力,创造更多公共利益。公共组织内部各部门依法进行人员的选聘、调配和管理等工作,整合各项人力资源,实施相关计划,完成组织的阶段性目标,提升运行效率和管理效能。因此,微观层面的人力资源管理是整个公共部门人力资源管理的基石。

(2) 中观层面:执行国家政策,提供人力资源补充服务,谋求竞争优势。公共部门联合行业协会、地方行政当局以及人力资源职能管理部门,制订行业或区域人力资源开发和发展规划,为企业提供补充性公共人力资源服务,开展人力资源培训等活动。因此,从中观层面来看,在行业和区域间的竞争中,人力资源管理正日渐成为各部门和企业制胜的关键武器。

(3) 宏观层面:制定人力资源战略,营造人力资源开发和管理环境，赢得国际竞争力。中央政府和国家人力资源管理部门，进行宏观人力资源统计、预测、规划等，制定基本法律制度、政策、管理权限和标准，维持市场秩序，弥补市场失灵。公共部门负责宏观人力资源战略的策划、推动、实施和修订。因此，从宏观层面来看，公共部门人力资源管理在践行人才强国战略中发挥重要作用。

三、新时代公共部门人力资源管理面临的变革

党的十九大报告指出，经过长期努力，中国特色社会主义进入了新时代，社会主要矛盾已经转化为人民日益增长的美好生活需要和不平衡不充分的发展之间的矛盾，这是我国发展新的历史方位。目前我国总体上实现小康，社会生产力显著提高，更加突出的是发展不平衡不充分的问题。在此背景下，随着政治制度的不断完善，经济与技术环境的相继革新，市场体制的发展深化，依法治国的理念深入推进，一系列变化给公共部门人力资源的管理带来了新的变革和挑战。

（一）依法治国背景下公共部门人力资源管理法治化路径待完善

2014年，中国共产党在十八届四中全会上专题讨论依法治国问题，随后发布《中共中央关于全面推进依法治国若干重大问题的决定》（以下简称《决定》），标志着中国将在新的历史阶段全面推进依法治国，建设中国特色社会主义法制体系，建设社会主义法治国家。《决定》特别指出，"将坚持依法治国、依法执政、依法行政共同推进，坚持法治国家、法治政府、法治社会一体建设，实现科学立法、严格执法、公正司法、全民守法，促进

国家治理体系和治理能力现代化"①。纵观我国公共部门人力资源管理的法治化历程，在 2005 年 4 月 27 日全国人民代表大会常务委员会第十五次会议上通过了《中华人民共和国公务员法》（后文简称《公务员法》），它是新中国成立以来我国第一部关于公共部门人事管理的综合性法律，具有里程碑的意义。

全面推进依法治国，最终将落实到国家治理体系和治理能力现代化上。这要求公共部门人力资源管理必须走向法治化道路。各国宪法对人权、公民权与劳动者权益的保障，是公共部门人力资源开发与管理的基本框架，而公务员法的制定与实施则是走向法治化道路的基本标志。

公共部门人力资源管理的法治化是法治原则在政府人事行政管理体制中的应用和体现。具体指公共部门在人事管理的过程中，以法律精神和原则调整与公职人员的工作关系，按照法律规定的人事管理权限，依法对公职人员进行管理，保护公职人员的合法权益，并约束公职人员在法律规定的范围内正确履行行政管理职责。

法治化建设有利于促进公共部门人力资源管理的标准和规则，实现人力资源管理制度的规范化和科学化；能够塑造公共部门人力资源成长和发展的良好环境，从人力资源开发和管理的角度提升政府的管理绩效；有利于公共部门依法行使管理权力，约束公职人员的公务管理行为；能够有效维护公职人员的权益，监督公职人员依法行政，合法履行公共管理职能。

要切实推进公共部门人力资源管理的法治化，则需要建立和完善有关规范公职人员管理的法律法规体系，切实依法进行人事行政管理活动，对公共部门人力资源管理中的违法行为必须依法

---

① 习近平. 依法治国依法执政依法行政共同推进法治国家法治政府法治社会一体建设［J］. 人民检察，2013（5）：1.

追究，并对相应权力进行制约和监督，将权力置于制度的牢笼里。

然而，在公共部门人力资源管理中，法制化建设依旧存在一些问题，具体表现在：①公共部门人力资源管理在涉及具体问题上缺乏一定的法律依据，促使劳动者和组织部门双方利益受到损失；②在某些部门，立法具有一定的滞后性，使在具体践行公共事务管理中无法可依；③随着市场化的不断深入，公共部门的法治建设不能与市场运行有效衔接；④我国事业单位的人力资源管理体系面临着市场化、产业化的挑战，缺乏完善的法律法规作为引领。

因此，新时代背景下需要进一步完善我国公共部门人力资源管理的法律体系，依据宪法精神和原则制定完备的法律法规，切实做到科学立法、严格执法、公正司法、全民守法，加强公共部门人力资源管理的法治化建设，是新时代公共部门面对各种管理难题和全新挑战的必然要求和必经之路。

（二）"互联网＋"政务推动公共部门人力资源管理模式创新

当人类进入21世纪，以电子计算机、通信网络技术为基础的互联网浪潮，彻底改变了各国经济社会的发展方式，全球化、知识化、信息化时代正式来临。我国经过多年来的市场经济发展和探索，以互联网为依托的信息产业已强烈影响着经济的正常运行，改变着千家万户的生活方式。2015年3月5日，在十二届全国人大三次会议上，李克强总理在政府工作报告中首次提出"互联网＋"行动计划，强调推动移动互联网、云计算、大数据、物联网等与现代制造业结合，促进电子商务、工业互联网和互联网金融健康发展。随后，国务院印发《关于积极推进"互联网＋"行动计划的指导意见》，切实保证计划的有效实施。

"互联网+"是创新2.0下的互联网发展新业态，是知识社会创新2.0推动下的互联网形态演进和技术革新。它利用信息通信技术和互联网平台，让互联网与各个传统行业进行深度融合，创造经济社会发展的新生态。它通过将开放、融合、重构、创新等互联网特征运用于传统行业，经过大数据、云计算的分析与整合，试图理清供求关系，改变传统产业的生产方式、产业结构等内容，增加经济发展动力，提升发展效益。

人力资源管理是互联网在管理应用中的主要领域。在"互联网+"时代，公共部门人力资源管理已深受影响，宏观环境和内部机制发生巨大变化。首先，互联网已经改变公共部门人力资源的市场环境，改变跟人力资源紧密关联的产业结构、知识结构和人才结构。公共部门对专业技术人才和复合型人才的需求显著增加，而供给存在着短缺现象。其次，"互联网+"时代加剧了公共部门人力资源的流动性，依托互联网的信息流动和信息共享促使工作人员有更多选择的余地和空间，公共部门人才流失严重。再者，"互联网+"生态下的市场深化和产业变革促使公共部门管理职能发生转变，传统的工作方式和管理技能已经不能适应复杂的管理活动。最后，"互联网+"时代带来的文化结构和市民生活方式的变化，迫使公共部门以更加开放和创新的方式满足公共需求，提供高质量公共服务。这一系列变化和革新对公共部门人力资源开发和管理提出了新要求。

面对这些问题与挑战，公共部门人力资源管理必须在管理模式上进行变革与创新。在传统发展模式向"互联网+"生态模式的过渡与转型中，管理者必须具备互联网思维与能力，用大数据、云计算等技术作支撑，提高管理效能。要在纷繁复杂的生态结构中，明确定位，以宽广的视野和长远的眼光进行战略性人力资源规划，明确目标，整合资源，有效实施和监管。在互联网浪潮的冲击下，公共部门的组织结构、工作性质、职能定位、业务价值等发生悄然变化,这需要公共部门的领导者重塑组织文化,建立新的组织结构和价值体系,以此规范工作人员的行为。在人才的招募、培训、开发和管理中,通过互联网拓宽招聘渠道,加强网络培训,注重系统开发,进行信息化管理,切实提高工作效率。而在绩效管理和薪酬制度方面,基于互联网技术对工作业绩进行价值评估,对薪酬状况进行科学调查,制定科学合理的考核机制和薪酬结构来激励员工行为。

(三) 大数据时代下信息技术促进公共部门人力资源管理效能提升

20 世纪 40 年代爆发的现代科学技术革命将科学、技术和产业联系起来,使社会生产力的结构发生了重大变化。人力资本在经济社会发展中的关键作用在此次革命中凸显,将人类劳动智能化,减少体力劳动的比重并强化信息科学技术的运用,实现自动化生产和管理。同时,能将人们从简单重复的脑力劳动中解放出来,更多地从事创造性的活动,极大地提高社会生产率和生产效能[1]。

而在当今时代,技术发展日新月异,知识结构日益更新,以大数据、云计算、物联网为代表的互联网信息技术已经渗入社会生产和管理运行的各个方面。

大数据,作为现代科学设备、网络设施、网络贸易、流媒体软件和信息交互技术等一系列数据源生成的多元化、复合型、宽领域、跨周期分布式的数据集群[2],在公众福利、社会安全、城市交通、城市规划、综合运营、应急抢险、灾害管理等诸多公共

---

[1] 刘亚刚,刘世贵. 现代科学技术革命及其影响 [J]. 西南民族学院学报(哲学社会科学版),2001 (12):96—99.

[2] 徐辉. 基于大数据的公共部门人员绩效提升与管理模式创新 [J]. 中国软科学,2017 (1):50—58.

领域中已经得到广泛的应用，被认为是解决当前多元复杂公共问题的强有力手段。而在公共部门人力资源管理活动中，特别是在人员绩效的管理和创新方面，大数据作为生态结构和技术支撑，从质的属性改变其管理的思维、方式、手段和载体。大数据实现了不可计算的、非结构化、非量化信息得以科学数据化和精准量化的过程，可以对人力资源管理过程中的数据信息进行规律性分析。可视化员工日常的工作特征，对人员调配、职能培训、职业发展进行科学规划，支持公共部门人力资源战略的实施。同时，大数据能在管理过程中实现互动监测、实时预警，在网络支撑下帮助员工进行自我管理，提醒员工工作绩效，提高员工的工作效能。

根据美国国家标准与技术研究院的定义，云计算是一种对可配置的计算资源共享池（如网络、服务器、应用软件和服务）提供方便的、按需分配的网络访问模式，以最少的管理工作投入以及与服务提供商的互动，完成高效的资源配置和信息发布[①]。云计算联合大数据，正在被社会组织广泛采用，它逐渐改变公共部门或企业的管理方式，在人力资源管理领域的应用愈发显著。当计算机等信息技术应用到人力资源管理后，一共经历了三个阶段：由最初的商业软件应用阶段，过渡到信息数字化时代的企业资源计划阶段，再到如今由网络信息化催生出的云计算阶段，大大提高了人力资源管理的效率。云计算应用和云平台的搭建，能够降低公共部门人力资源管理的运营和管理成本，摆脱机构、编制和部门预算的限制，通过强大的信息整理和数据处理能力，进行人力资源管理过程中的内容整合和价值再造，提高部门运行效率。

---

① 杜鹏程，李敏，童雅. 云计算时代企业人力资源管理的适应性变革［J］. 中国人力资源开发，2013（15）：14—18.

物联网，指利用各种信息传感设备，如射频识别装置、红外传感器、全球定位系统、激光扫描等种种装置与互联网结合起来而形成一个巨大网络，其目的是让所有的物品都与网络连接在一起，方便识别和管理[①]。它通过先进技术实现物品间的全面感知、可靠传递和智能处理，实现客观世界中的物物相连，被认为是继计算机、互联网之后，蓬勃兴起的世界信息技术的又一次革命[②]。我国政府已从国家战略规划层面对物联网的发展方向、重点研究领域、关键性技术等方面做出了明确的界定和规范，切实促进物联网的理论发展和应用创新。而在公共部门人力资源管理方面，利用物联网技术进行管理革新已成为必然的趋势。

在现阶段公共部门人力资源管理中，存在着部门工作冗杂繁复、信息管理粗糙无序、资源缺乏有效整合、员工激励措施极度匮乏等问题。而物联网通过分布式架构、统一标识与识别、网络与通信、安全和隐私保护等关键技术，帮助人力资源管理部门在智能化招聘、网络化培训、员工互动、创新激励机制、加强组织文化建设等方面提高管理水平和组织效能。

（四）公共部门职能转变迫使人力资源管理机制革新

党的十九大报告指出了深化机构和行政体制改革的重要性。统筹考虑各类机构设置，科学配置党政部门及内设机构权力、明确职责。统筹使用各类编制资源，形成科学合理的管理体制，完善国家机构组织法。因此需要转变政府职能，深化简政放权，创新监管方式，增强政府公信力和执行力，建设人民满意的服务型政府。

---

① 宁焕生，徐群玉. 全球物联网发展及中国物联网建设若干思考 [J]. 电子学报，2010，38（11）：2590—2599.
② 刘锦，顾加强. 我国物联网现状及发展策略 [J]. 企业经济，2013，32（4）：114—117.

根据我国目前的市场环境和公共部门发展现状,公共职能转变对我国公共部门的人力资源管理产生巨大影响。所谓公共职能,是政府在国家和社会生活中承担的职责和功能,界定了特定时期政府从事公共管理活动的基本领域和实现途径[①]。公共职能的内涵是伴随国家的产生而产生,随着国家的发展变化而变化。纵观公共职能的蜕变演化,经历了亚当·斯密的自由经济时代、凯恩斯的国家干预时代,以及新公共管理理念的变革时代,实现了由"守夜者"到"积极干预者"再到"市场与政府相结合"的华丽转变。

由于公共部门人力资源管理是政府依法行使公共权力,履行公共职能的重要内容,因此,任何一次公共职能的转变都会带来公共人力资源管理的变革,并深刻影响其价值、目标、内容、途径的转变。

目前,在全球化竞争、民主化诉求、信息技术革命以及政府绩效匮乏的背景下,随着改革的不断深入,我国公共职能逐渐向市场化、服务化方向发展。政府深化简政放权,创新监管方式,公共人力资源管理逐渐向精简、高效、高能的方向转变,界定公共管理边界,平衡各个主体利益,保证公共部门的统筹协调和有效干预。相应地,公共部门人力资源管理也可随之转向市场化,引入竞争机制将部分人力资源服务外包,通过将人力资源相关培训交由专业培训机构代理实现资源合理配置。

公共行政伦理,即国家公务人员在权力运用和行使过程中的道德规范、道德意识和道德行为的总称。随着我国社会主义市场经济的不断深化,其内在机制催生了公共行政伦理的嬗变。在公共价值与私人利益的博弈中,部分公务人员理想信念缺失,道德

---

① 张再生,李祥飞. 公共部门人力资源管理的理论与实践前沿问题探讨[J]. 中国行政管理,2012(9):79-82.

品质沦丧,"老虎""苍蝇"四处横溢,腐败现象屡禁不止。公共部门乃至整个社会面临一系列的伦理道德价值缺失问题①。一方面,政府通过法律法规和制度机制的设计来约束人们的权利与行为。另一方面,公共职能必须要承担重塑公共形象和增加社会信用和道德体系的职责。道德管理成为此形势下公共部门人力资源管理的重要内容,通过对人力资源价值的重塑、道德观念的纠正、组织文化的构建来有效管理和监督公务人员的行为,防止寻租等腐败现象的发生。

---

① 王文娟,李京文,宁小花. 平衡权利与权力"天平"的又一"砝码"——行政伦理视角中的《行政强制法》草案 [J]. 中国人民大学学报,2011,25(1):110-116.

第二章 "互联网+"背景下的公共部门人力资源管理

一、相关概念界定

(一)人力资源

1. 人力资源的概念

"人力资源"的概念最早由美国管理学家彼得·德鲁克于 1954 年在《管理的实践》一书中提出①。他指出,和其他所有资源相比较,"员工和企业的其他资源的唯一区别就是他们是人"②。"人力资源"的概念提出后,国内外学者从不同的角度对人力资源做出了不同定义。

余凯成等认为人力资源是指"能够推动国民经济和社会发展的,具有智力劳动能力和体力劳动的人们的总和,它包括数量和质量两个方面"③。张振华认为人力资源是指"在法定劳动年龄以内的和在法定劳动年龄以外的,体能、技能、智能健全的,能

---

① 约翰·R. 康芒斯曾经先后于 1919 年和 1921 年在《产业荣誉》和《产业政府》两本著作里使用"人力资源"一词,但与 21 世纪我们所理解的人力资源在含义上相差很远。

② Drucker P F. The Practice of Management [M]. New York:Harper & Brothers, 1954.

③ 余凯成,程文文,陈维政. 人力资源管理 [M]. 大连:大连理工大学出版社, 2001.

第二章 "互联网+"背景下的公共部门人力资源管理

够通过体力劳动或脑力劳动为社会创造财富,从而推动经济社会向前发展的那部分人口"[①]。焦斌龙认为人力资源是指"一定范围内的人口总体所具有的劳动能力的总和"[②]。沈华荣等认为人力资源有广义和狭义之分,狭义人力资源是指具有劳动能力的劳动适龄人口,广义的人力资源则是狭义的人力资源再加上超过劳动年龄而还有劳动年龄的那部分老年人口[③]。

对上述观点进行比较可以发现,实质上的分歧主要集中在两个方面。一是人力资源的内涵,即人力资源是人口还是人口所具有的劳动能力,抑或二者兼具;二是人力资源的外延,即人力资源是全部人口或其所具有的劳动能力,还是一部分人口或其所具有的劳动能力。

从"资源"一词的含义来说,它指的是可以供人们生产、生活使用的各种要素。人力资源作为第一资源,其投入使用的实质性要素是人所具有的劳动能力,而非劳动者本身,这和马克思对劳动和劳动力的区分类似。再者,国内外研究人力资源开发的学者普遍认为人力资源既是创造社会财富的重要因素,又是可以开发的对象。可以开发的是人的知识、能力而非人口,人力资源开发不是人口生育管理。人口是人力资源的载体,而不是人力资源本身[④]。

因此,对于人力资源是全部人口所具有的劳动能力还是一部分人口所具有的劳动能力的问题,从"人力资源"一词的词义来

[①] 张振华. 对人力资源概念内涵与外延的界定[J]. 阴山学刊, 2004(6): 75—78.

[②] 焦斌龙. 人力资源、人力资本和知识资本[J]. 山西财经大学学报, 1999(4): 15—16+20.

[③] 沈荣华. 第一资源论——论人力资源的开发和利用[M]. 上海: 上海三联书店, 1993.

[④] 张传芝, 单怀沧. 人力资源概念探析[J]. 中国石油大学学报(社会科学版), 1996(2): 83—84.

说，任何一切可以投入使用的人口所具有的劳动能力都应该是人力资源的一部分。尚未达到劳动年龄或以超出劳动年龄的人口所具有的劳动能力，也应该视为人力资源的一部分。

基于以上论述，本书将人力资源的概念定义为：一定的社会经济单位内的人口总体所具有的体力劳动能力和脑力劳动能力的总和。这里的社会经济单位既可以指一个国家、地区，也可以指一个企业、组织。当然，由于人口和人力资源密不可分，所以在研究人力资源的时候不可避免地要以一定数量和质量的人口为基础，甚至会有以人口指代人力资源的情况，但人力资源强调的仍是人口所具有的劳动能力。

2. 相关概念辨析

厘清人力资源的概念意味着需要对与其相近的概念进行辨析。常容易与人力资源概念产生混淆，或一并出现引起学者思考与研究的概念主要有人口资源、劳动力资源、人才资源。

人口资源主要是一个数量概念，指的是一个国家或地区全体人口的集合。人口资源不仅包含具有现实和潜在劳动能力的人力资源，也包含不具有劳动能力的人，如过于年幼而尚未形成劳动能力的小孩或因年老、意外伤害、疾病等而失去劳动能力的人。故人口资源是人力资源的基础，但人力资源强调的是人口所具有的能够创造社会价值的劳动能力，而人口资源则是一个更为宽泛的概念。

劳动力资源的概念则与人力资源的概念更为相近，其指的是一定的社会经济单位内适龄劳动人口所具有劳动能力的综合。劳动力资源和人力资源的区别在于前者还必须满足"适龄劳动人口"的条件。因此，劳动力资源是人力资源的一部分。

人才资源则是一个国家或地区人力资源中具有较强的能力的那部分人口能力的综合。这种能力可以体现在与人口资源中较多主体相比之下拥有较强的专业技能，抑或是较强的管理能力、创新才能等。

综上所述，人力资源与人口资源、劳动力资源、人才资源之间不是相互割裂存在的，四者之间存在着一定程度的关联与包含关系，具体如图2-1所示。

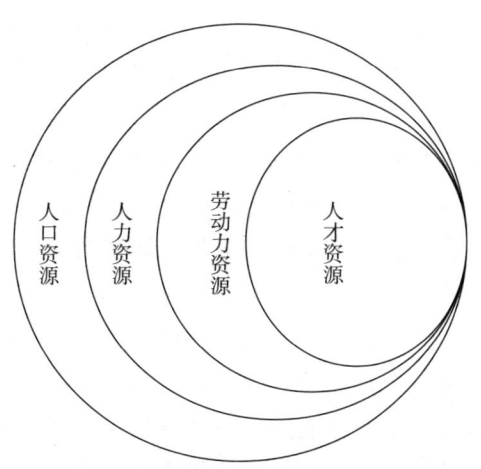

图2-1　人力资源与人口资源、劳动力资源、人才资源的关系

（二）公共部门

1. 公共部门的概念

对公共部门的范围认定不同，公共部门的定义也会有差别。本书将公共部门定义为：为社会提供公共产品或进行公共管理，致力于促进社会公共利益的各种组织或机构。

2. 公共部门的分类

学者在认定公共部门概念的内涵和外延时，采纳的标准和评价方式不同导致对公共部门范畴的界定也不统一。本书按照公共部门所拥有的公共权力的大小、资金的来源、提供公共服务的范畴、提供服务的目的等区别将公共部门分为以下四大类：

第一类公共部门是拥有制定和执行国家法律法规的权力，维持社会秩序，为社会提供公共产品或服务，不以营利为目的，致力于促进社会公共利益，其资金全部来源于国家财政，最终来源于税收的国家政权组织，包括国家立法机关、司法机关、行政机关等。

第二类公共部门是在第一类公共部门的授权或委托下，负责为公众提供科学、教育、文化、卫生、体育等方面的公共产品，从事公共事业服务的国有事业单位或组织。不同类型的事业单位其资金来源不尽相同，一般而言，其资金部分来源于国家财政，部分来源于自身的各种事业收入。这类公共部门包括国家科学研究机构、公立的学校、图书馆、医院、体育馆等。

第三类公共部门是由国家出资，以营利和国有资产的保值增值为目的，按照企业的经营方式依法从事生产经营活动的组织机构，主要是指各类国有企业，如中国铁路总公司、中国投资有限责任公司，以及包括中国电信、中国移动在内的央企。国有企业虽然以营利为目的，具有企业的一些特征，但其资产和利润均为国家所有，属于社会公共资源，因此也是公共部门的重要组成部分。

第四类公共部门是各类不以营利为目的，致力于为社会提供公共产品和服务的社会组织和国际组织，包括非政府组织（NGO）与非营利组织（NPO）。从字面上看，非政府组织一词指的是除政府之外的其他社会组织，但由于约定俗成，这一概念中并不包括企业等营利性的社会组织，不包括家庭等亲缘性的社会组织，也不包括政党、教会等政治性、宗教性的社会组织。非政府组织更具有公共性、民主性和开放性等特征。

（三）公共人力资源

公共人力资源即公共部门人力资源。在对公共部门和人力资源的概念进行界定的前提下，可以将公共人力资源界定为：在公共部门中能够作为资源投入经济社会生产活动,通过自身的工作为组织和社会公共利益做出贡献的所有公共部门劳动者的总和。公共部门人力资源是社会人力资源的重要组成部分,对经济社会的发展具有十分重要的作用。

(四)"互联网+"

2015年3月5日,李克强总理在十二届全国人大三次会议上的政府工作报告中提出制订"互联网+"计划,强调"推动移动互联网、云计算、大数据、物联网等与现代制造业结合,促进电子商务、工业互联网和互联网金融健康发展,引导互联网企业拓展国际市场"[①]。

"互联网+"是指遵循互联网思维,将互联网技术与传统的产业、领域进行创造性的结合,从而从根本上改造或重构这一行业、领域,使其更加具有效率和价值的一种模式[②]。

"互联网+"计划具体可分为两个层次的内容。一方面,可以将"互联网+"概念中的文字"互联网"与符号"+"分开理解。符号"+"意为加号,代表着添加、联合、扩展。这表明了"互联网+"的应用范围为互联网与其他传统产业的叠加,它是针对不同产业间发展的一项新计划,应用手段则是互联网与传统产业进行联合和深入融合。另一方面,"互联网+"作为一个整体概念,深层意义是通过传统产业的互联网化完成产业升级[③]。"互联网+"传统产业并不是两者的简单相加,而是通过两者的

[①] 李克强. 制定"互联网+"计划 促电子商务健康发展[EB/OL]. (2015-03-05)[2018-09-15]. http://www.chinanews.com/gn/2015/03-05/7103116.shtml.

[②] 李碧武. "互联网+教育"的冷思考[J]. 中国信息技术教育, 2015(17): 96-99.

[③] 黄楚新, 王丹. "互联网+"意味着什么——对"互联网+"的深层认识[J]. 新闻与写作, 2015(5): 5-9.

深度融合,达到创新发展的效果。"互联网+"传统百货超市就形成了京东,"互联网+"传统集市就形成了淘宝,"互联网+"传统银行就形成了支付宝等第三方支付平台,"互联网+"传统租赁自行车就形成了共享单车……"互联网+"影响的绝不仅仅是企业,而是每个人日常生活的方方面面,不知不觉中深刻地改变着我们的生活方式和思维习惯。

二、"互联网+"背景下公共部门人力资源管理的特征

(一)公共部门的特征

相对于私营部门而言,公共部门有其独有的特征。

1. 公益性

公共部门的使命是促进社会公共利益。私营部门的目标是利润,而公共部门的目标则是为社会提供公共产品和服务,促进社会公共利益。由于公共部门使命的公益性,所以公共部门的资金大多来自财政拨款,因此其没有追求利润的动机,这也导致公共部门相对私营部门而言效率意识不强。

2. 宏观调控性

与私营部门不同,公共部门为社会提供的主要是各类公共物品。与私人部门提供的纯商品不同,公共物品由于具有非排他性和非竞争性,所以无法通过私人部门进行有效的供给。将政府的主要职能概括为提供公共物品,这已经成为西方经济学家的共识[①]。公共部门通过提供公共物品来弥补市场失灵,这也是政府存在的必要性。

---

① 陈振明. 公共管理学 [M]. 北京:中国人民大学出版社,2003.

3. 强制性

公共部门所掌握的权力是公共权力，这种权力具有强制性。政府制定的法律法规对于个人和各种社会组织、团体具有强制性。政府的这种强制性权力既可能是保护公民合法权利的武器，也可能由于错误决策造成更大的麻烦，因此公共部门在进行管理决策时必须比私营部门更加谨慎[1]。

（二）人力资源的特征

人力资源具有一些其他资源所不具备的特征。彼得·德鲁克在《管理的实践》一书中指出，人力资源"和其他资源唯一的区别就是他们是人"，并形象地解释说："人们不能只'雇佣一只手'……人们只能雇佣一个完整的人而不是人的任何一部分。"他指出："人具有其他资源所不具备的特性：他有合作、综合、判断和想象的能力。事实上，这是他唯一特有的优势。在其他所有方面，无论是体力、手工技能或感觉知觉，都比机器要强得多。"[2] 相比其他资源，人力资源的特征有以下几点。

1. 能动性

这是人力资源区别于其他资源最本质、最根本的特征。人根本不同于其他一切事物的地方就在于人是有意识的。人类可以有计划、有目的地对各种资源进行统筹以实现自身的目的，因而在社会经济的发展过程中起着积极、主导的作用，而其他资源则处于被支配的从属地位。人力资源的能动性还表现在人是各种资源中唯一具有创造性的因素。正是人类的创造性给社会发展带来了生机和活力，推动着科学技术从石器时代到今天的信息时代，从

---

[1] ［澳］欧文·E. 休斯. 公共管理导论［M］. 张成福，等译. 北京：中国人民大学出版社，2015.

[2] Drucker P F. The Practice of Management［M］. New York: Harper&Brothers，1954.

奴隶社会到现代社会。

2. 双重性

人既是产品和服务的生产者，同时也是消费者。人类社会一切物质财富的生产都是供人使用的，都是为了满足人的需要。而且，人力资源从事生产是有条件的，而其消费是无条件的，因为任何人都必须通过消费各种资源来维持其生存，在此基础上才有可能进行生产劳动。

3. 时效性

人力资源的载体是人，而人必然有一定的生命周期。根据劳动力供给的生命周期理论，每个人都要经历婴幼儿期、童年期、青壮年期、老年期等自然的生命历程，而每个时期人的体能、经验、能力、思想情感都有不同程度的变化，因而其劳动力资源在各个时期的数量、质量、可利用性上都有差别。同时，从人才培养的角度看，人才的成长也必然经历从幼稚到成熟的变化。在人才成长的早期，应更多地进行教育、培训等活动，因为在人才成长早期教育投资的机会成本更低且投资收益更大。

4. 再生性

人力资源和其他资源一样，在使用过程中不可避免地会出现损耗，这既包括身体疲累的有形损耗，也包括知识、技术过时的无形损耗。有形损耗可以通过吃饭、休息得到修复，而知识技能可以通过持续学习来不断更新。总之，只要科学合理地使用人力资源，它就可以不断自我再生。

5. 高增值性

人力资源具有高增值性是指人力资本的投资回报率很高，或者说人力资源数量和质量相比于其他资源对国家经济的发展起着更加重要的作用。第二次世界大战后，德国、日本经济奇迹般地迅速发展，这让许多经济学家感到疑惑，因为这两个国家在第二次世界大战后几乎是一片废墟，无论从自然资源还是从资本积累的角度都无法解释其惊人的经济增长,直到芝加哥大学的舒尔茨教授提出其著名的人力资本理论才在很大程度上解开了这个谜团。舒尔茨指出,虽然德国和日本在第二次世界大战中饱受战火的洗礼,但两国在战前的工业化水平很高,并且积累了大量的人力资源,这是其战后经济快速增长的重要原因[①]。

(三) 公共部门人力资源的特征

公共部门人力资源除具有上述一般人力资源的特征外,还结合了公共部门的属性与特征,从而表现出以下特征。

1. 公共服务性

私营部门的工作者通过出售自己的劳动换取工作报酬,企业招募员工是为了生产出更好的产品、提供更好的服务、获得更多的竞争优势并最终赚取更多的利润。私营部门的工作者出于自利的目的提供自己的劳动,他们的服务对象是他们的顾客和老板。公共部门的从业者却不太一样。他们不仅要对自己的行政长官负责,还要对他所服务的公众负责,即使后者并没有向他直接支付工资或服务的价格。公共部门的工作者提供公共服务,尽管各个国家千方百计地设计各种制度以期更好地激励和监督公务员履行他们的职责,但要完全依靠各种精巧的制度设计来事无巨细地把控公务员及其他公共部门工作人员的行为是不可能的,也是不合理的。因此,虽然制度设计非常重要,但公共部门的工作者还应当具备一定的公共服务精神,才能为公众提供更好的服务。

2. 委托代理性

现代政府合法性的理论基础之一就是公共部门的委托代理理论。公共部门的公共权力是全体公民赋予的,即全体公民委托公

---

① 沈荣华. 第一资源论——论人力资源的开发和利用 [M]. 上海: 上海三联书店, 1993.

共部门来代为管理社会公共事务、提供公共产品。虽然私营部门也存在委托代理问题，但公共部门的委托代理问题通常显得更为重要，也更具挑战性，解决起来更为困难。私营部门的委托代理问题主要源于所有权和经营权的分离，以及如何保证管理层出于股东的利益行事；而公共部门的委托代理问题在于如何保证公共部门为了人民大众的利益行事。某个私营企业的管理层出于自利的动机而损害了股东的利益，受害者毕竟还是少数人，但如果公共部门的工作人员因一己私欲而罔顾公共利益，受害者就是成千上万的人。

3. 绩效模糊性

以政府为主导的公共部门的绩效考核比私营部门困难得多。在私人企业，利润目标是简单而明确的，而政府及其他公共部门的目标是非常多元的。效率只是一种价值取向，除此之外还有公平、稳定和民主参与等。价值的多元化让绩效考核指标的设计更加困难。不仅如此，公共部门人员工作的复杂性也增加了衡量绩效的难度，他们不仅要处理每天的日常工作，还要处理各种意想不到的紧急事件，处理复杂的政治关系并试图让政府更好地适应日益变化的社会环境。公共部门的绩效考核是借鉴私营部门而来的，是西方声势浩大的新公共管理运动的一部分，但是公共部门的绩效考核不大可能像私人企业一样精确。即便如此，有些公共部门的绩效考核仍然是必要的，这是保证政府、公共部门、公共组织及其工作人员履行职责的必要手段。

（四）"互联网＋"背景下公共部门人力资源管理的特征

"互联网＋"不仅可以对传统的商业产业产生巨大的影响，也将深刻地改变着政府的工作模式及其人力资源的管理模式。"互联网＋"背景下公共部门人力资源管理的特征则有以下几点。

第二章 "互联网＋"背景下的公共部门人力资源管理

1. 信息技术化

信息时代背景下大数据的深度应用在"互联网＋"公共部门人力资源管理的影响体现在工作的各个环节，从人力资源规划、招聘与配置、培训与开发到绩效管理、薪酬福利管理、员工关系管理。应将大数据深度集成到人力资源管理的各个环节，为政府的人力资源管理提供支持。此外在人力资源生态链上，人力资源咨询、培训、猎头、中介、政府主管部门，包括企业人力资源管理部门可以在大数据的作用下共享数据，共享测评工具，共享人才发展理念，通过合作分享机制，在大数据平台上共同创造并分享价值，将人力资源管理技术进一步提升、共享与传播。

2. 去中心化

信息时代，互联网为大众与公共部门搭建了一个平等的沟通平台。新时代背景下对开放、合作、分享、共有等价值观的强调，逐渐打破了过去组织层层管控、权威至上的环境。公众与公共部门运用网络沟通工具，比如微信的沟通平台，加快沟通速度，加强沟通深度，从而进一步提高工作效率。公共部门内部的情感连接也持续加强，非正式组织和员工社区的影响力加深，部门成员有更多的渠道表达自己的意见和想法……公共部门的决策过程更加民主[①]。

3. 激励即时反馈性

快速发展变化的背景促使公共部门人力资源管理在"互联网＋"背景下逐步从周期激励变成全面认可激励。"互联网＋"技术的即时反馈性可以让公共部门的工作人员更加方便快捷地表达自己的想法，同时也让管理者可以更加及时、全面地了解员工的工作状态。不仅如此，传统的绩效考核、绩效工资的激励方式也正在

---

① 谢朝阳."互联网＋"时代人力资源管理研究［J］.中国商贸，2015（13）：40—41.

被"互联网＋"激励模式所丰富、发展，比如被服务的公众、同事或上级随时可以给工作出色的公共部门人员点赞，公共部门与社区的深度建设也会让公职人员因自己的工作出色而更"有面子"，甚至公共部门可以考虑通过被服务公众满意程度、同事认可程度、领导考评程度综合进行绩效机制的制定，设定更加即时、激励内容更加全面的激励方式。更加重视和尊重人的价值和尊严，而非仅把人当作追求绩效工资的"经济人"[①]。

4. 更新迭代化

知识的生产与更新迭代速度加快，知识权威的影响力增强。当今世界正处于前所未有的深刻变化之中，时代的快速发展给公共部门的管理带来了许多新的问题和挑战，使得知识的迭代速度加快。公共部门的老一辈工作人员会发现他们基于过去的经验和传统的方法无法解决不断涌出的新问题。他们迫切需要有人告诉他们该怎么做，而这正是熟悉公共管理前沿知识的政府管理等方面的专业知识权威所擅长的。

三、"互联网＋"背景下公共部门人力资源管理的职能定位

（一）公共部门人力资源管理的职能定位

公共部门的人力资源管理是指对公共部门就业人员，特别是政府公务员从招聘、录用、调动、晋升、评价到工资福利分配、离退休以及人力资源的需求预测、规划和开发的一系列活动所实施的管理[②]。由于不同层次的公共部门所负责的事务差异性，以

---

① 彭剑锋. 互联网时代的人力资源管理新思维［J］. 中国人力资源开发，2014 (16)：6—9.

② 陈颖，赵玉伟. 对我国公共部门人力资源管理若干问题的思考［J］. 前沿，2003 (1)：102—103.

及所属（管辖）行业与领域的区别导致其人力资源管理的职能定位并不完全一样。

对于基层公共部门，其主要任务是执行上级的政策以及做好具体的工作，因此其人力资源管理的主要任务是提高内部运行效率，为群众提供更好的公共服务。

对于中层公共部门，其人力资源管理既要有助于执行国家的各种政策，同时还要为本地区的各种补充政策提供支持。中层公共部门为了更好地结合当地实际，发展本地区的竞争优势，往往需要在国家政策的基础上制定一些补充规定和实施细则。

对于高层公共部门，主要是中央政府，其最主要的任务是敏锐地感知国内外的宏观环境，制定国家层面的宏观战略，其人力资源管理职能既包括为各种战略的制定提供决策支持，同时还要在宏观上统筹全国公共部门的人力资源管理，以增加人力资源的开发和利用。

（二）"互联网＋"背景下公共部门人力资源管理的职能定位

人力资源是为组织的战略服务的，这不仅适用于私营部门，也适用于公共部门。在建设服务型法治型政府、加快国家治理体系和治理能力现代化的要求和"互联网＋"的新形态下，公共部门人力资源的职能定位需要做出相应调整。下面从宏观、中观、微观三个层次分别阐述。

1. "互联网＋"背景下公共部门人力资源管理的宏观职能定位

在宏观层面，公共部门的首要工作内容是为建设法治政府、服务型政府的战略目标服务。也就是说，新型人力资源管理同时也是战略性人力资源管理。所谓战略性人力资源管理，是指为了实现组织目标而进行有计划的人力资源配置和活动的模式。战略性人力资源管理强调两个方面：一是人力资源管理实践与组织战略管理流程的联结，二是各种人力资源管理实践的协调一致。莱特指出，该定义至少隐含了战略人力资源管理四个方面的基本内涵：①人力资源是使企业获得竞争优势、具有战略杠杆作用的首要资源；②"活动"（Activities）是人力资源管理程序、政策及实践等组成的系统，组织可以借此获得竞争优势；③"模式"（Pattern）和"计划"（Plan）都描述战略目标和过程，都强调垂直匹配（与企业战略的协调）和水平匹配（战略人力资源管理内部活动的协调）；④人、实践和有计划的模式都是有明确目标的（Purposeful），都是为了达成组织目标，主要是追求组织绩效最大化①。

其次，要在整体上科学制订整个国家的人力资源规划，营造良好的人力资源管理氛围，以期更好地为我国经济社会的发展服务，提高我国的综合国力。

最后，需要为国家的各种宏观决策提供智力支持以及智库的建成。党的十九大提出我国经济已由高速增长阶段转向高质量发展阶段，正处在转变发展方式、优化经济结构、转换增长动力的攻关期，建设现代化经济体系是跨越关口的迫切要求和我国发展的战略目标。当今世界形势错综复杂，我国又正处于全面建成小康社会，实现中华民族伟大复兴中国梦的重要历史时期，国家的决策工作难度比以往更大，人力资源工作要做到培养人才、发展人才、留住人才，为国家的建设出力。

2. "互联网＋"背景下公共部门人力资源管理的中观职能定位

中层公共部门人力资源管理主要是在省、市、县一级。首先

---

① Wright P M, McMahan G C. Theoretical Perspectives for Serategic Human Resource Mangement [J]. Journal of Mangerment，1992，18（2）：295－320.

第二章 "互联网＋"背景下的公共部门人力资源管理

是要为贯彻国家的各项法律法规和制定本地区的补充政策提供支持。不同层级的不同政府部门可以根据自己的实际状况制定自己相对独立的战略，再据此确定自己的人力资源战略，只要保证各个部门和层级间的战略协调一致就可以了。为了使政府实现法治政府、服务型政府的目标，必须对人力资源的各种部署和活动进行计划。其次要更加注重文化导向和价值观引导，坚持以人为本、执政为民的理念，摒弃官本位思想，努力建设服务型政府。

3. "互联网＋"背景下公共部门人力资源管理的微观职能定位

基层公共部门人力资源管理主要依托各行政区、乡村、社区、街道等实际与广大人民群众接触的机关部门。

第一，引导公民参与，提高决策民主性。新公共管理要求公共部门要"更少地划桨，更多地掌舵"，可登哈特夫妇指出，"当我们急于掌舵时，也许我们正在淡忘谁拥有这条船"。公共部门的公共权力归根结底是公民赋予的，因此公职人员在进行公共管理时应该强调他们服务于民和授权于民的职责，通过民主参与提高公民的公共精神[①]。"互联网＋"技术的出现为更为广泛的公民参与提供了支持。现在他们只需要动动手指头就可以在手机上向政府反馈他们的意见和需要，或者与公共部门的官方微博、官方微信公众号实现互动，信息化平台可以让我们每个人更加平等地发表我们的观点并和别人进行沟通。大数据技术则让政府公职人员可以更快更好地听到更多公民的声音。

第二，提高行政效率，提供更为快捷方便的公共服务。随着我国经济社会的不断发展，人民对公共产品和公共服务的质量和数量都提出了更高的要求，加之我国经济进入新常态，经济发展

---

① ［美］珍妮特·V. 登哈特，罗伯特·B. 登哈特. 新公共服务：服务，而不是掌舵［M］. 丁煌，译. 北京：中国人民大学出版社，2016.

由高速发展转为中高速发展，对经济的结构性改革要求政府更好地履行其职能，客观上要求政府提高管理效率。类似于企业中人力资源业务伙伴（HRBP）①的职能之一，公共部门的人力资源管理者应该成为"行政专家"（Administrative Expert）。他们应该善于观察政府内部的各种工作流程，并提出可能的改进。如果说企业的流程改进主要是为了提高生产效率的话，政府的流程改进除了提高自身的运行效率，还需要从公民的角度出发，通过流程的调整让公民可以获得更好的服务。"互联网＋"为各种服务的集成化提供了条件。

---

① 人力资源业务伙伴（HR Business Partner，HRBP）来源于人力资源管理的三支柱模型。三支柱模型中的三根柱子分别是人力资源业务伙伴（HR Business Partner，HRBP）、人力资源专家中心（HR Center of Expertise，HR COE）和共享服务中心（HR Shared Service Center，HR SSC）。简单来说，HRBP相当于组织的内部顾问，负责为业务部门的管理者（中高层）提供咨询和解决方案。要想提供科学的解决方案必须要具备各个业务及HR各领域的专业知识，一个人是不可能做到的，因此需要一个专家团队作为后盾，这个专家团队组成人力资源专家中心（COE）。COE的角色定位于领域专家，借助本领域精深的专业技能和对领先实践的掌握，负责设计业务导向、创新的HR的政策、流程和方案，并为HRBP提供技术支持。要想HRBP和COE能够发挥好自己的作用，就必须把他们从日常的、琐碎的行政性事务上解脱出来，而共享服务中心（HR SSC）的作用就在于此。组织人力资源服务的第三类客户——员工，他们的需求是相似的、同质化的，因此SSC可以提供标准化、规模化的服务。根据三支柱模型，HRBP应该做到四种角色：战略伙伴（Strategy Partner）、行政专家（Administrative Expert）、员工激励者（Employee Champion）、变革推动者（Change Agent）。

第三章 公共部门人力资源管理演变

一、西方公共部门人力资源管理理论的历史演变

随着西方国家公共部门的职能与职责范围的变化和发展，公共部门涵盖的领域除了传统的国防、外交、治安、税收之外，又新增了许多新兴的环境保护、公共医疗、社会保障、金融、能源、航天、军备等专业或高科技领域。公共事务呈现出多样化和复杂化的发展趋势。而体现在人力资源管理部分则显现出对于工作的处理和决策需要更加专业的背景知识，因此公共部门的行政职能也在不断改变，一些普通的行政人员已经不能适应更加多元的组织运转。

同时，随着西方劳动力市场中的专业人才的增多，其影响力也越来越广，其发表的言论也越来越具有权威性，使得公共部门引入专业人才进行决策成为必然选择。20世纪60年代，学者埃弗里特就已经注意到专业人员占美国社会劳动力队伍的比例越来越大，专业人员的态度或情绪的影响力越来越广，专业人员的地位也越来越高[①]。部门职位分布的类别与精英群体的专业对口也更加促成了文职官员的诞生。而在美国行政领域，学者莫舍等人认为进入20世纪80年代以来，美国的行政精英个个都是特定领域的专家，因这群专业精英群体在美国政府中大量出现，他甚至

---

① Hughes E C. Professions [J]. Daedalus, 1963: 655−668.

提出了"专业人员国家"(The Professional State) 理论①。本节将对西方发达国家的公共部门人力资源管理理论的出现、发展、现状进行分析。

(一) 人力资源管理研究的开端：人力资本理论

西方人力资源管理理论一直在不断丰富和发展，但所有理论的前提在于把"人"当作一种资源，进而才能对其进行管理。然而人作为经济活动中重要的部分，人们注重生产的效率，很长一段时间把教育当作是消耗大于产出的消费品，并不认为不同的"人"意味着不同的资本和产出。直到英国古典经济学的创始人威廉·配第最先提出"土地是财富之母，劳动是财富之父"②。他认为由于人的素质不同，所以才使劳动能力有所不同。劳动能力的强弱直接影响经济，此时才把教育与经济产出联系起来。第一个将人力视为资本的经济学家是经济学鼻祖亚当·斯密，之后李嘉图、穆勒和法国经济学家萨伊也在此基础之上进行了人力资本的研究。

人力资本理论由四个方面组成：①组织文化成为最重要的管理理念；②人力资本经营成为现代人力资源管理的核心；③"以人为本"成为现代人力资源管理的根本理念；④尊重人性、尊重人格、尊重人权、尊重人的发展，加大对人的投资，以促进人的健康成长和人才价值自我实现，最终实现人的全面发展为目标。回顾西方人力资源管理的理论发展历程，科学家对每一个理论的对象、结果进行不断验证与补充，形成了丰富的人力资源管理理论体系。所以从人力资本理论开始，人被当作是独立的资本，教

---

① Spann R N, Mosher F C. Democracy and the Public Service [J]. Administrative Science Quarterly, 1971, 16 (2)：237.

② 黄茂兴，林寿富. 污染损害、环境管理与经济可持续增长——基于五部门内生经济增长模型的分析 [J]. 经济研究，2013，48 (12)：30-41.

育也受到重视。

（二）人力资源管理研究的基础：人性假设理论

随着人力资本的理论进一步深入，对于每一个独立的个体之间存在的共性与差异性的研究促使了人性的假设，也成了学者进行研究的重要前提。人处于怎样的动机之下会使组织的利益最大化？是否需要牺牲个人的利益来成全组织的利益？人只为实现个人利益最大化的时候是否会为组织带来利益？基于这些问题的探讨，人性假设理论分析了不同状态下人的动机应该如何为组织带来利益最大化。人力资源管理的对象不仅仅是一个人，而是若干个不一样的个体，如何找出个体之间的共性，并且基于假设进行分析具有十分重要的意义。

人性假设理论分为六种假设，根据时间顺序排列分析如下：

1. "工具人"假设

这是西方最早的人性假设理论，产生于古代中世纪奴隶社会的管理实践之中。在奴隶社会，人被当作会说话的劳动工具，在奴隶主眼中每一个奴隶都是生产劳作的工具，并不具备除工具以外的其他价值，此时的"工具人"假设没有自身价值的体现。

2. "经济人"假设

随着资本主义经济的萌生和发展，到了18世纪，西方享乐主义哲学者和英国的经济学家亚当·斯密提出了"经济人"假设，他们认为人是"有理性的、追求自身利益最大化的人"。在管理中强调用物质上和经济上的利益来刺激工人的努力工作，资本主义社会，对于人的管理，其实就是基于其对物质的追求。

3. "社会人"假设

到了20世纪30年代，美国哈佛大学的乔治·埃尔顿·梅奥等人进行了著名的霍桑实验，他们认为影响人的工作效率的条件不止一个。实验最开始研究的是工作条件，包括外部环境影响条件（如照明强度、湿度）以及心理影响因素（如休息间隔、团队压力、工作时间、管理者的领导力）。经过一系列对霍桑工厂员工的观察，实验得出的结论是：组织中人与人之间的关系是决定员工的工作努力程度的主要因素。因此，管理者应当建立和谐的人际关系来促进工作效率和效益的提高，由此提出了"社会人"假设，提出人绝不仅满足于金钱和物质，社会需求满足往往比经济上的满足更能激励人。此时，社会需求满足成为人力资源管理的重点。

4. "自我实现人"假设

"社会人"假设告诉了学者，人作为经济活动的重要组成，仅靠物质和金钱是不能有效激励的，那么"自我实现"就是一种除物质以外的价值体现，这是美国心理学家马斯洛提出的观点，他认为人的需要是多层次的，人们有着最大限度利用和开发自己才能的需要，希望能够有机会获得自身发展，"自我实现"是工作的最大动力。

5. "复杂人"假设

20 世纪 60 年代，美国学者艾德佳·沙因在综合"经济人"假设、"社会人"假设和"自我实现人"假设的基础上，提出了"复杂人"的观点。他认为人的需要和潜在愿望是多种多样的，而且这些需要的模式随着年龄、在社会中所扮演的角色、所处的境遇和人际关系的变化而不断发生着变化。

6. Z 理论

"文化人"假设即 Z 理论，主张以坦白、开放、沟通作为基本原则来实行"民主管理"。20 世纪 80 年代，美国加州大学的日裔美籍学者威廉·大内在他的《Z 理论——美国怎样迎接日本的挑战》一书中，从社会和组织文化的角度来考察、分析日美两国企业的不同和利弊，强调要重视人的问题，对员工要信任、亲密，有一致的组织目标和共同的价值观念，才能使企业获得成功。

至此，人性假设理论诠释了西方历史和经济的发展，从奴隶社会到文明社会，从"工具人"假设到"文化人"假设，对于"人"的研究一直没有停止，并且一直有着新的突破。人力资源管理的对象从来不是单一的，如何对待个体之间的差异，如何协调个体之间的不同需求达到有效激励，这正是人力资源管理研究的问题。

（三）人力资源管理研究实践的结晶：科学管理理论

科学管理理论即用科学的方法进行管理的方法理论，由科学管理之父——弗雷德里克·温斯洛·泰勒在他的主要著作《科学管理原理》中提出。泰勒的科学管理理论并不是脱离实际的，其几乎所有管理原理、原则和方法，都是经过自己亲自试验和认真研究所提出的，这些都源于泰勒在一家工厂由一名学徒工开始，先后被提拔为车间管理员、技师、小组长、工长、设计室主任和总工程师。这家工厂的经历使他了解工人们普遍怠工的原因，他感到缺乏有效的管理手段是提高生产率的严重障碍。为此，泰勒开始探索科学的管理方法和理论。它的内容里所涉及的方面都是以前各种管理理论的总结，与所有管理理论一样，都是为了提高生产效率，但它是最成功的，它坚持了竞争原则和以人为本原则。

20世纪以来，科学管理在美国和欧洲大受欢迎，科学管理思想对公共部门人力资源管理发挥着巨大的作用。但是，泰勒的科学管理理论最大的局限性就在于其对人性的假设全部建立在"经济人"假设之上，即认为人都是追求自身利益最大化的。这种人性假设是片面的，因为人的动机是多方面的，既有经济动机,也有许多社会和心理方面的动机①,单一的假设限制了该理论的高度。总的来说,科学管理理论为学者研究人力资源管理,探究高效管理提供了思路和方向。

(四)"人"的聚焦:行为科学理论与人际关系理论

行为科学理论是20世纪30年代开始形成的一门研究人类行为的新学科,它是一门综合性学科,并且发展成为国外管理研究的主要学派之一。它是综合应用心理学、人类学、经济学等学科及管理理论和方法,研究人的行为的边缘学科。它研究人的行为产生、发展和相互转化的规律,以便预测人的行为和控制人的行为。目前行为科学已在管理上得到广泛的应用,并取得了明显的成效。它成功改变了管理者的思想观念和行为方式。行为科学把以"事"为中心的管理,改变为以"人"为中心的管理,由原来对"规章制度"的研究发展到对人的行为的研究;由原来的专制型管理向民主型管理过渡。其具有以下几个研究特点:①研究组织内外环境因素对人类行为的影响;②从开放系统的角度来考虑组织的人事管理;③从组织的整体行为来探索组织的人事管理;④重视薪资报酬制度的合理化;⑤激励组织中的员工参与管理;⑥强调对员工的培训与开发教育;⑦重视劳资之间或劳动者与管理者之间关系的协调与和谐。

20世纪30年代到60年代,行为科学理论研究阶段的重要理论提出者梅奥同样也是人际关系理论的创始人,梅奥的人际关系理论的重要贡献主要有两个方面:一是发现了霍桑效应,提出人力资源管理系统是一个社会系统,激发员工行为背后的动力,会进一步提高生产效率;二是创立了人际关系学说。根据霍桑实

---

① 罗珉. 泰罗科学管理的遗产及其反思——兼纪念《科学管理原理》诞生100周年[J]. 外国经济与管理,2011(9):1-10.

验得出的结论，强调了工人在工作时感到的归属感对于工作效率的影响，要强于其他外部环境的改变，这一理论与科学管理理论相辅相成，更加强调了管理应该注重"人"本身，以人为本。这一点对于之后我国的公共部门人力资源管理有着十分重要的影响。

（五）"机构"的聚焦：组织理论

组织理论是管理理论的核心内容，是研究组织结构、职能和运转以及组织中管理主体的行为，并揭示其规律性的逻辑知识体系。组织理论的演进与社会存在和管理实践的需要有密切的关系，其发展历史是一个不断扬弃、不断完善的过程。组织结构理论是组织理论的重要组成部分，其发展印证了组织理论发展的历史轨迹。

组织理论分为两种：一是"政治—行政二分法"理论，公共部门人力资源管理的实践典范是西方文官制度，文官，一般指经过公开考试被政府择优录用，在中央及地方行政机构中长期固定地担任文职工作并具有一定登记的工作人员。

二是官僚制组织理论，包含以下内容：①组织的结构是由上而下逐层控制的体系；②组织中的成员应有固定和正式的职责并依法行使职权；③强调人与工作的关系，成员间只有对事的关系而无对人的关系；④按自由契约原则公开招考和使用人才；⑤通过专业分工与技术训练提高工作效率；⑥按职位支付薪金，并建立奖惩与升迁制度。

纵观以上西方人力资源管理理论的发展历程，可以看出研究是建立在假设之上的，因此人力资本理论与人性假设理论为西方人力资源管理理论奠定了基础，提供了研究依据。从人性假设理论的六个假设可以看出学者对于人力资源管理对象——"人"的认识逐渐全面，人不仅仅是简单的产出工具，也不是机器，告别了"工具人"的假设，人被定义为是有思想的、追逐利益的，所以金钱和物质被认定为是有效的激励措施。再后来有了"社会人"假设和"复杂人"假设，人被定义得越来越全面，也才有了之后的人力资本理论、科学管理理论等。西方人力资源管理理论的发展告诉我们，想要达到经济产出，就必须完善对人的管理和激励。而有效管理和激励又建立在完善健全的体制下，即逐渐发展为一系列全面的人力资源管理体系。借鉴西方理论的发展历程，我国人力资源管理应当结合时代特性，不断发展和完善人力资源管理制度，才可以为经济社会发展奠定良好的基础。

(六)人与机构的平衡：新公共管理理论

经分析可得，西方人力资源管理理论是公共部门人力资源管理的基础，各国针对公共部门的界定各有不同，但管理过程中人力资源管理理论的应用已经十分广泛。具有代表性的有新公共管理理论和新公共服务理论。

新公共管理和新公共服务作为当代公共行政的两个主流理论，彰显了顺应时代发展的先进性。新公共管理的根本特性是追求效率价值，新公共服务的根本特性是追求公平价值，二者各有其核心理念和发展空间。如何平衡二者的效率与公平原则对于公共部门的发展有着十分重要的意义。而公共部门人力资源贯穿着公共服务的每一个阶段，决定着公共部门运作的效率，在公共部门运转中起着重要作用。公共部门人力资源管理就是公共部门雇用的各类人员，也就是政府机构、事业单位、公共企业和非政府机构雇用的各类人员，是公共部门依照法律对雇员行使管理职能与活动过程的总称①。因此，探究公共部门人力资源管理的发展

---

① 章海鸥. 人力资源管理与公共部门人力资源管理关系探讨[J]. 人力资源管理，2010(1)：37-38.

是研究公共部门发展的基础,对西方各国的公共部门人力资源管理的基本特征和其制度的充分了解也十分重要。

二、当代西方公共部门人力资源管理的基本特征与制度

党派倾向和恩赐制一直是美国行政中讨论的焦点,学者在研究中对于恩赐制度更多的是将其视为政府人事制度改革的对象,过多实行恩赐制的政府可能会被称为"业余政府",在公众中对于恩赐制有着共同的认识:①过度的政治任命与政府腐败紧密相连;②选举的全体雇员轮换制,加剧了人力资源的无效与浪费;③由此导致的不稳定、腐败和低劣的政治绩效阻碍了国际投资者,并导致人民的愤世嫉俗和对政治的冷漠。

基于这些原因,恩赐制便开始向功绩制过渡。功绩制被人们接受的优势有:①它使政府能够预测人力资源管理开支,并在规定的预算中控制人员数量;②它使得每一个政府机构更有效率地管理它的人力资源;③功绩制允许公共雇员在专业化和技能化的职位上作为个人和国家的资源来发展。然而,功绩制并不是完美的,作为一种传统的文官制度,它在新公共管理等思潮兴起,以及公众日益重视政府政治责任的今天,也受到了学术界越来越多的抨击[①]。

(一) 从新公共管理到新公共服务

自20世纪70年代起,西方国家开始对传统公共行政进行反思,马克斯·韦伯所主张的科层制暴露出越来越多的弊端,官僚制政府成为众矢之的。无论是政府官员,还是学者和普通民

---

① 陈天祥,徐于琳. 西方公共部门人力资源管理变革理论研究述评[J]. 公共行政评论,2010,3(3):140-174+205-206.

众,对"大政府"的治理模式能否真正解决社会治理中存在的问题不断提出质疑。奥斯本和盖布勒的新公共管理理论逐渐被大众接受和认可。著名管理学家胡德教授曾经归纳过新公共管理的特质:在公共管理部门实施专业化管理和绩效考核制度;特别强调产出控制,对实际成果的重视甚于对过程和程序的关注;引入竞争机制,打破部门之间的藩篱,重视部门之间的协作与重组,降低管理成本,提高服务质量等。可当新公共管理理论风靡全球的时候,质疑和批判之声也随之而来,尤其是登哈特夫妇《新公共服务:服务,而不是掌舵》一书的出版,标志着一种新理论的形成。登哈特夫妇指出:所谓新公共服务,指的是关于公共行政在以公民为中心的治理系统中所扮演的角色的一套理念①。

对于两种理论的产生与发展,有学者评论道:"从理论传承的视角来看,新公共服务理论是对新公共管理理论的一种扬弃和超越,它试图在承认新公共管理理论对于改进当前公共管理实践所具有的重要价值、并在摒弃新公共管理理论特别是企业家政府理论的固有缺陷的基础上,提出并建立一种更加关注民主价值和公共利益,更加适合于现代公民社会发展和公共管理实践需要的新的理论选择。"②

西方公共部门人力资源管理改革进程中多数强调"师法企业",在人力资源管理改革进程中过分强调结果而不问过程,重视效率而造成公平性缺失③。唐纳德·E. 克林勒等人提出"公

---

① 张利涛,苏雪芹. 继承与超越:从新公共管理到新公共服务 [J]. 决策与信息,2016 (12):123—132.

② 曾保根. 价值取向、理论基础、制度安排与研究方法——新公共服务与新公共管理的四维辨析 [J]. 上海行政学院学报,2010,11 (2):29—40.

③ 张再生,刘明瑶. 基于资源基础理论的公共部门人力资源管理变革研究 [J]. 行政论坛,2015,22 (2):69—73.

共部门人力资源管理方面的问题与其价值取向有密切的联系"①。同时，西方国家很重视人才的使用和培养，将人力资源管理理念视为公共部门人员共同的信仰和价值观，相互认可并共同遵守。人力资源管理理念宣扬以人为本，人与人之间的互相信任、充分尊重。在这一理念的感染下，公共部门人员普遍感受到了被尊重，无形中规范着自己的行为，互相约束，最终实现公共部门产出效率的最大化。

（二）发达国家公共部门人力资源管理特征对比

因此，纵观国外公共部门人力资源管理的发展，以美国、英国、德国、奥地利等国家为例，其基本特征可以从权利和义务两方面进行解读。对于权利特征，以上案例说明西方公共部门人力资源进行有效管理的条件就是权利保障，针对各国国情、政治环境采取对公职人员的权利保障。因此可以在不同环境中维持有效、平衡的工作机制，具体如表3-1所示。

---

① ［美］唐纳德·E. 克林纳，约翰·纳尔班迪，贾里德·洛伦斯. 公共部门人力资源管理：系统与战略［M］. 孙柏瑛，等译，北京：中国人民大学出版社，2013.

表 3-1　西方公共部门人力资源管理权利特征比较

美国	法国	英国	德国
在文官的选择、提升和使用上一律贯彻"功绩"原则，不准许有种族、党派或任何其他与文官考绩和职称等无关因素的干扰；公务员不得因信仰问题遭到政治上的歧视。	在个人档案里，不得写入该人的政治见解、哲学倾向和宗教信仰。公务员可参加任何政党，包括在朝党和在野党，业余时间可以参加任何政党组织的活动以及合法的示威游行，有权组织集会并发表政见，还有权参加竞选或帮助他人竞选，在竞选过程中有获得假期的权利。	部分执行等级官员和文书等级人员，除不得担任议员候选人外，可以从事政治活动；低级文官和工作人员可以参加包括竞选议员在内的一切政治活动，但不得在其供职场所或穿着文官制服从事这些活动，当选后必须辞去公职。	德国规定：公务员"不因从事于劳动团体或职业团体之活动而受到职业上或其他方面不利的处分"。

对于义务特征，法国和日本的案例说明了公务员的特殊性，公务员职位设定的目的就是达到公共利益的最大化，如果不能保证客观、公正地进行每一项公共事务，那么国家的公务必将是混乱的，具体如表 3-2 所示。

表 3-2　西方公共部门人力资源义务权利特征比较

回避原则		职业道德	
奥地利	瑞士	法国	日本
奥地利《官员法》规定：凡有夫妻关系、直系亲属或不超过三代的旁系亲属关系以及有过继、连襟、联姻或承嗣等关系的近亲不得安排在同一个具体单位工作。	瑞士《联邦公务员法》第7条（乙）规定：因近亲或因联姻不得任职。瑞士《联邦委员会与联邦行政机构组织管理法》第32条也规定近亲不得同任。近亲包括联姻、直系亲属、四支之内的旁系亲属，以及连襟、姐妹的配偶、兄弟的妻子和结成义子关系的近亲都不得同时在联邦委员会任职。	禁止任何在职公务员以职业身份从事任何一项有利可图的私人活动。当一个公务员的配偶以职业身份从事一项有利可图的私人活动时，该公务员必须在他所属的行政部门或公共事业部门声明。	日本《国家公务员法》第103条规定：除经人事院批准者外，政府职员不得兼任商业、工业、金融等以营利为目的的私营企业公司或其他团体的负责人、顾问或评议员，也不得自办营利企业。此外，对于因有股份关系或其他关系参加营利企业经营并获得地位的职员，人事院如认为他（她）与企业继续保持全部或部分关系，就会损害其完成任务时，可要求其断绝与企业的关系，或辞去其官职。

其中，美国、英国、德国、奥地利等发达国家的公共部门人力资源管理模式可以从培训制度、工资福利制度和晋升制度三个方面进行解读，具体如表 3-3 所示。

表3-3 西方公共部门人力资源管理模式特征比较

培训制度	日本	日本的公务员培训制度可分为内部进修制度和研究员制度两类，其中，内部进修制度包括：①初级进修。对新录用人员的定期培训，以便其熟悉本职工作。②行政进修。科长和处长级官员提高行政管理知识和能力的培训方式。③管理者研究会。处长以上官员研究行政管理专题的组织形式。研究员制度包括：①行政官国内研究员制度。由工作三年以上六年以下者到有关大学进修两年，完成行政学的硕士课程，学习各国的行政管理经验和理论。②行政官国外研究员制度。到国外的研究机构去研究两年，或到国外政府机构和国际机构进修考察研究。
	美国	美国的公务员培训制度主要包括以下四个部分：①各机关培训。培训工作由各机关自己主持，课程设置亦由各机关自己确定。现在联邦政府培训工作的70%都由各机关自己去办。②部际培训。由文官委员会负责培训各部委的官员和职员，开设一般共同课程，包括人事管理、财务管理、人际关系、意见沟通、管理科学和电子资料处理等。③大学进修。由文官事务委员会或政府各部门同大学合作，选派或支持各部门的公职人员在业余时间或脱产到大学进修同本职工作有关的课程，时间半年到一年不等，联邦政府予以财政资助。④交流培训。联邦政府有计划地调整工作，指派或实施基层主管的定期调任。

续表3-3

工资福利制度	日本	日本《一般职员报酬法》规定,公职人员工作优良者12个月提薪一次,工作成绩格外优秀者提前提薪或越级提薪。国家公职人员除了月薪外,还可以根据自身不同情况领取16种津贴的若干种,其中包括工资调整额、抚养家属津贴、居住津贴、交通津贴、特殊工种津贴和特别地区工作津贴等。津贴的多少,都有统一标准和计算方法。
	美国	美国公务员实行分类工资,即在职位分类基础上,按职等职级制定工资标准,不同类型的公务员使用单独的等级制薪金表。如一般行政人员工资表GS共分18个职等165个职级,每一职级有一个固定的工资额。公务员福利制度是国家对公务员享受的报酬以外的社会福利与保障的规定,包括福利种类和享受条件等。美国规定:工作满3年者,每年带薪休假13天;工作3~15年者,休假20天;工作15年者,休假26天。今年没有使用的假期,明年可以合并使用。
	瑞士	瑞士规定:年满20岁的公职人员,每年可带薪休假4周;50岁以上可休假5周。所有公职人员每年年底发双月薪。结婚补助1 500法郎。生一个小孩补助400法郎。公职人员逝世,其家属可领取原工资的1/6。
晋升制度	英国	英国公务员晋升主要程序是:①各部门提升委员会公布官职空缺表,上报公务员委员会审核后公布。②提升委员会依据公务员的年终考核报告,公布候补晋升名单。③部内长官对晋升者进行能力考核后,确定晋升名单。
	美国	美国1883年《彭德尔顿法》规定:获得考选职位的文官,除经特别豁免,均需经过考试才能提升。1938年,罗斯福总统指示文官委员会规定全面统一的晋升制度,并付诸实施。事实上,美国政府各部门之间、各级政府之间具体做法差异很大。美国政府较多部门都采用优先部内晋升、后部外晋升的方法,即候补者先在本部门寻找,若无合适人选填补该职位,才向政府其他部门开放,优先提升在职人员;若还是没有合适候选人,最后才向政府以外的人开放,从社会上挑选该职位的适合人选。

三、中国公共部门人力资源管理制度的历史演变

（一）古代中国社会文官的管理制度

不同于西方人力资源管理的演变主要基于研究理论，根据我国的公共部门人力资源管理的特点，其历史演变则要根据职位属性、所处时期的不同进行分析。首先，我国古代文官制度产生于政府划分为文武职官和专制主义集权政治确立以后。在漫长的演变和发展过程中，它形成了健全的制度、详密的规范、鲜明的特点。

中国古代发达的文官制度，对世界许多国家的文官制度，包括西方国家的文官制度都有着广泛而深远的影响。在中国奴隶制时代，受宗法政治的支配，实行亲贵合一的国家组织原则。宗法同政治等级、国家结构、国家组成直接联结在一起，在这种制度下，不存在官吏的任免与考核问题，所以没有特定的文官制度。

我国古代文官制度的建立是和封建专制主义政治体制相适应的，并随着这一体制的发展而发展。战国时期，国王根据"见功而兴赏，因能而授官"的原则，任免中央和地方官吏，并建立了与此相关的各项制度，如玺印制度、上计制度、俸禄制度等，这是文官制度的雏形。经过战国时期的初创，至秦汉，随着皇帝制度的建立与专制主义中央集权制度的发展，中国古代文官制度也进入了奠基阶段。公元前221年，秦并六国而建立了统一的专制主义中央集权的封建国家。在秦政府中，皇帝总揽全国军事、政治、经济、司法等一切大权，"天下之事无大小皆决于上"，所有官吏均由皇帝任免，听命于皇帝差遣。在全国范围内以官僚取代过去执政的贵族，以郡县取代过去的封国，使文官组织和制度进一步发展和充实起来。汉初，高祖"惩戒亡秦孤立之败"，实行封建与郡县并存的双轨制。为巩固专制主义中央集权而实行的封

建制度，恰恰成了破坏专制主义中央集权的重要因素。因此，从文帝起便开始推行"强干弱枝"的政策，加强中央集权。秦汉以后，魏晋南北朝时期经济的逆转、门阀政治的盛行，以及割据对峙的形势，使得秦汉以来的文官制度非但没有发展，而且还受到很大程度的破坏，尽管这一时期也进行了有关文官制度的立法。

至隋唐，随着中国封建经济、政治、文化的高度发展，文官制度也发展到新的阶段。科举制弥补了两汉时代察举制、魏晋时采用九品中正制在执行的过程中不同的缺点。在当时的条件下，这种制度提供了布衣可以做宰相、可以为公卿、可以参政的机会。针对科举制度，布罗代尔曾经惊异地说："虽然考试并非绝对没有舞弊，但它在原则上对社会各阶层全部开放，其门户远比19世纪的西方大学开得大。科举给人担任高官的机会，这实际上是社会机遇的再分配，也就是牌局中的重新洗牌。"[①] 欧美各国在18世纪以前，文职官员的选用，或实行贵族世袭制、君主恩赐制，或实行个人赡拘制、政党分肥制。这些文官任用办法不可避免地会导致任用私人，带来结构性的贪污腐败，使各种无能之辈充斥政府之中，因政党更迭而大批撤换官员还会引起周期性的政治震荡和工作连续性的中断。而科举制实行竞争考试、择优录取，政权向平民开放，标榜公平取士，唯才是举。当西方人知道遥远的东方帝国竟然有这么一种文官制度时，不禁产生出特殊的兴趣并大加赞誉，进而仿效。同时，唐六典的出现以及其他形式的文官立法，标志着封建文官制度的成熟与定型。这也是隋唐时期文官制度的总的特征。唐以后，宋明清各朝专制主义不断强化，皇权膨胀到无以复加的地步。封建的中枢机关既失去了对皇权的约束，也淡化了相互间的制衡关系。而且，无论中央还是地

---

① 曹阳，徐华陀. 停滞性和弹性的统一——中国封建社会体制解读 [J]. 湘潮（下半月）（理论），2008（10）：75-76.

方长官,其行使职权都受到幕吏的牵制,以致出现了"官无封建,吏有封建"的现象,这正是极端专制主义制度下所不可避免的。因此,虽有以明清会典为代表的规范详尽的文官立法,却不能阻止文官制度的腐败与衰落。至19世纪末20世纪初,中国海禁大开,社会经济、政治制度与社会结构都发生了前所未有的重大变化,固有的封建文官制度已经与进化的历史潮流完全不相适应。随着西方文化的东渐,中国的文官制度也揭开了新的一页。

综上所述,在我国封建时期,文官的选拔和晋升都与当时的政治时局有着密切的联系,文官管理随着社会的发展和统治者的风格有所不同,每一时期的文官选拔都有其特色,在前人的基础之上,文官的管理制度不断完善和进步,隋唐时期的文官管理制度最为完备。

(二) 近代中国的人事管理制度

随着历史的推进,追求平等、自由的中华民国成立,中华民国时期公共部门人力资源管理最具代表性的就是干部人事制度和公务员制度。可以从不同的时间阶段对人事制度的发展进行分析,这对于后续的公共部门的人力资源管理研究有着借鉴意义。

1. 民国时期

封建时期过后民国时期的公共部门人力资源管理迎来了新的局面。职位层级分明,并增添了多样化的委任制度和考核选拔制度。民国时期一律采用四级制,即特任、简任、荐任和委任。由国民政府特令任命的为特任官,如中央各部部长等,都是特任官。由国民政府在考核合格的人员中选任的,为简任官,如各部次长、各省主席、省政府委员等。四级任命中,除特任外,简任、荐任、委任又各自分为若干级,其中简任为八级,荐任十二级,委任十六级。级数越小,级别越高。和职官等级相对应的,是经济上待遇的不同。民国时期,高级文官和低级文官的俸禄差距很大。

政府对于官吏的选任也制定了繁多的考核标准,对于学历资格也非常讲究,例如:唯有高等考试及格人员,才能具有任职资格,只要具有高等学历,最起码以高等委任职(一至三级)任用;而专科毕业生,只能委任四至五级文官;高中毕业生更低,只可得一个委任九级的职位。从封建时期到民国时期的官员选拔晋升制度可以看到公共部门人力资源管理也在逐渐向系统化、规范化演变,并逐渐突出受教育程度在官员选拔中的重要性。但同时由于时局的动荡,对于物质金钱的追求,贪污腐败问题在民国时期较为突出。

2. 新中国时期

第一阶段为新中国成立初期,干部管理呈现高度集权的特征,上级可以统管下几级的干部。随着大规模建设的展开,不仅干部数量迅速增加,其结构和类型也日益复杂,高度集中的管理体制已无法适应形势发展的需要。在这种情况下,党中央于1953年召开了第二次全国组织工作会议,拟定了《关于加强干部管理工作的决定》,决定将管理干部与管理业务相结合,逐步建立各级党委统一领导、各级党委组织部门统一管理的分级分部管理体制。分级就是中央和地方各级党委分级管理。分部就是指按干部的分布和类型划分为九类。在各级党委组织部的统一管理下,由各级党委的各部门分别进行具体管理。由此形成干部人事制度的两大特点:一是双重管理体制,二是下管两级原则。

第二阶段为党的十一届三中全会以后,我国进入改革开放的新时期。这一时期的人事制度改革主要有三个目标:一是培养接班人,从组织上保证新时期党的政治路线的贯彻执行;二是改革人事制度,从制度上防止"文化大革命"的再次发生;三是适应经济体制改革的需要。

第三阶段为创新完善阶段,从1987年至今,在这一时期,我国干部人事制度的发展可以总结为三个方面：一是逐步建立和完善了公务员制度，二是逐渐形成了干部人事制度的政策法规体系，三是进行了一系列开创性改革。

我国干部人事制度的形成、发展与改革是一个不断继承、完善、借鉴与创新的过程，它受到经济政治体制等多种因素的影响，承担着多种价值功能[1]。

（三）当代中国公共部门人力资源管理

从新中国成立至今，我国在党的带领下，逐渐实现了经济的发展、国家的富强，公共部门的设立也有所不同。但随着知识经济的不断发展，人力资源已成为最主要、最积极的要素之一，客观要求在人力资源管理中充分体现"以人为本"的管理理念，实行人本管理，这一点在各个部门人力资源管理中有着充分体现。同时，公共部门人力资源是政府职能的直接承担者，其管理的方式和管理状况直接影响政府职能的发挥和公民的福祉[2]。

目前我国公共部门人力资源管理还处于从传统的人事管理体制向现代人力资源管理转变的阶段，因而有学者提到，其管理机制仍然存在一些隐忧，有学者认为："尽管社会已经进入现代化，但我国公共部门人力资源管理理念依然很落后，尤其是官本位思想十分严重，同时缺乏良好的竞争观念与法制观念。"[3] 现代人力资源管理与传统人力资源管理的区别详见表3-4。

---

[1] 蒋硕亮. 中国公务员制度研究的回顾与展望[J]. 政治学研究，2008（6）：106-114.

[2] 张再生，刘明瑶. 基于资源基础理论的公共部门人力资源管理变革研究[J]. 行政论坛，2015，22（2）：69-73.

[3] 牛玲. 新公共管理视角下的公共部门人力资源管理研究[J]. 人力资源管理，2016（10）：15-17.

表 3-4 现代人力资源管理与传统人力资源管理的区别

项目	现代人力资源管理	传统人力资源管理
主体	多元	单一
观念	视员工为有价值额的重要资源	视员工为成本负担
目标	满足员工自我发展的需要,保障组织的长远利益的实现	保障完成短期目标
模式	以人为本	以事为中心
视野	广阔、远程性	狭窄、短期性
性质	战略、策略性	战术、业务性
深度	主动、注重开发	被动、注重管好
功能	系统、整合	单一、分散
内容	丰富	简单
地位	决策层	执行层
工作方式	参与、透明	控制
与其他部门的关系	和谐、合作	对立、抵触
本部门与员工的关系	帮助、服务	管理、控制
对待员工的态度	尊重、民主	命令式、独裁式
角色	挑战、变化	例行、记载
部门属性	核心部门	非核心部门

第四章　公共部门人力资源管理生态环境

一、公共部门人力资源生态环境及其构成

现如今，各国之间的竞争已经演化为人才的竞争，世界全球化进程的加速和知识经济的增长在一定程度上使得国际人才竞争态势加剧。人才比较优势成为权衡一个国家竞争力的重要标准。就如人类的生存活动是在一定的自然和社会生态环境里进行的，人力资源也是在一定的生态环境尤其是社会生态环境下得以体现和发挥作用的。习近平总书记对人才的发展的环境构建是非常注重的，他强调："环境好，则人才聚、事业兴；环境不好，则人才散、事业衰。"[1] 人才竞争，通常是人才的氛围的一种争取。创造一个有利于人才辈出、人尽其才的环境，是培养人才、吸引人才、用好人才的基础。

我国学者针对人力资源管理生态环境这一议题的主要研究方向在于以综合视角分析组织与环境之间、人力资源管理与环境之间的互动关系。在理论界，学者普遍将人力资源生态环境分为外部生态环境和内部生态环境两部分，对生态环境的管理是组织人力资源管理的主要目标。易俊（2012）在其研究中以"断裂社

---

[1] 习近平. 在中国科学院第十七次院士大会、中国工程院第十二次院士大会上的讲话 [N]. 人民日报, 2014-06-10 (2).

会"为背景，分析了在断裂社会中形成的外部环境对组织人力资源管理的影响，认为劳资关系紧张、制度缺憾等制约因素限制了人力资源管理能力的发展，阻碍了组织目标的顺利实现。苏慧（2015）研究了我国人力资源管理面临的生态环境现状，提出优化生态环境的建议，认为制度化建设与法律法规的完善是我国人力资源管理环境优化的主要方向。李召敏、赵曙明（2016）研究了环境不确定性对组织绩效的影响，研究表明环境不确定性通过任务导向型战略领导行为的中介作用正向影响组织绩效。

（一）外部生态环境

外部生态环境是指在公共部门系统之外对其人力资源管理产生影响的环境，一般来说，可以从政治、经济、文化、社会、科学技术等方面进行分析。PESTEL 模型是外部环境分析的一种分析方法，即对政治因素（Political）、经济因素（Economic）、社会因素（Social）、技术要素（Technological）、环境因素（Environmental）和法律因素（Legal）的综合分析[①]。本书应用PESTEL 分析模型对公共部门人力资源管理生态环境的外部环境因素进行分析，探讨在"互联网+"背景下的政策环境、法律环境、经济环境、社会环境以及科学技术环境对于公共部门人力资源管理的影响。

1. 政治环境

一个国家的政治制度与方针政策指导着国家的经济、社会、文化等各方面的发展方向和发展战略。公共部门的人力资源管理在不同时期的政治环境中所采取的措施是有变化的，比如在君主制环境下，人力资源管理的方式就是合君意者为人才，不合君意

---

① ［美］迈克尔·A. 希特，R·杜安·爱尔兰，罗伯特·E. 霍斯基森. 战略管理：概念与案例［M］. 刘刚，等译. 北京：中国人民大学出版社. 2012.

者为庸才。相较于私人部门,公共部门的职员以公务员为主体,通过履行公职来获得国家财政支付的工资福利,拥有着管理社会公共事务的权利,是党和政府职能的延伸,同时也担负着为社会提供公共服务的职责。经济学家希克斯认为:"公共部门指的是其所提供服务和产品的范围和种类不是由消费者的直接意愿决定的,是由政府机构决定的,民主社会里,由公民的代表来决定的部门。"[①] 服务型政府的建设对公共部门人力资源管理提出了更高的要求,其向社会提供的公共服务质量与人力资源管理密切相关。政治环境主要分析政治制度、方针政策对公共部门的人力资源管理产生的影响。

2012年12月,习近平总书记在考察深圳光启高等理工研究院时指出:"国家的强盛,归根结底必须依靠人才。我国要走创新发展之路,须高度重视创新人才的聚集,择天下之英才而育之。中国要敞开大门,招四方之才。"[②] 我国自古以来的惜才意识使得历届领导人在培养人才、吸引人才、使用人才等方面采取了一系列保障措施。在选拔人才方面,习近平总书记指出:"选拔高素质的人才,一定要建立更有用的选拔制度。"[③] 这为人才的选拔制度提供了根本指导,不论是企业或是公共部门在选拔人才上都要制定高效的选拔制度;在培养人才方面,我国出台了促进人才投资优先保证的财税金融政策,优先保证对人才发展的投入,为培养人才,提高人力资本水平提供资金保障;在吸引人才方面,我国实施更为开放的人才政策,大力吸引海外高层次人才回国(来华)创新创业,拓宽人才渠道,开阔组织视野,要求形

---

① Hicks U K. Public Finance [M]. Walwyn:James Nebit,1958.
② 胡键,岳宗. 改革不停顿 开放不止步——习近平总书记考察广东纪实 [J]. 当代广西,2013(1):6-8.
③ 习近平出席全国组织工作会议并发表重要讲话 [EB/OL]. (2013-06-29) [2018-07-09]. http://www.gov.cn/ldhd/2013-06/29/content_2437094.htm.

成战略性全球化的人力资源管理机制。除人才政策的支持，我国也出台了一系列制度为人力资源管理提供依据。如劳动仲裁制度对规范人力资源管理发挥的正面价值，以及调解、法院二审判决等制度能够在化解劳动纠纷时发挥作用。

政府出台的不同方面的人才政策为公共部门人力资源管理的内容与思维提供了依据。在公共部门人力资源管理中充分利用政策与制度的支持与引导，完善人力资源管理内容，更新人力资源管理思维，有助于公共部门人才优化，对政策与制度的决策产生积极影响。

2. 法律环境

如果说政治体制和方针政策对公共部门人力资源管理的发生和发展产生推动力，那么法律法规就是为其顺利并有秩序地发展提供保障。劳动法律法规为劳动者的权利提供了保护，如《劳动者权益保护法》对劳动者权益的保护，《劳动合同法》对公共部门包括国家机关、事业单位、社会团体的招聘、录用的相关规定，各地的最低生活保障对劳动者薪资的保障等。劳动法律法规的逐步完善使得人力资源管理的多个环节基本都形成了相对规范的法律制度，劳资双方的利益都能够在制度的框架内得以保护。

2005年《公务员法》的制定，与其执行以来14年间的七次修缮工作为我国公务员的行为与准则提供了规范，既保障公务员的合法权益，也管理与监督公务员的行为。随着社会环境的变化，《公务员法》也在不断地修缮，以优化政府部门人力资源管理。例如2017年修订的《公务员法》为解决公务员的腐败问题，对内部环境中的薪酬因素进行了完善，规定"国家建立公务员工资的正常增长机制"[1]。

---

[1] 中华人民共和国公务员法（2017修订）[EB/OL].（2018—07—26）[2018—10—10]. http://xinchang.zjcourt.cn/art/2018/7/26/art_1317390_19649464.html.

政策方针是一个地区或国家为实现一定的政治、经济和文化等目标而确立的行动指导和支持,而法律法规是对行动的强制性的规范和校正。我国出台的各种人才政策为人才发展提供了机会,而相关的法律法规为人才发展提供了权益的保障。政策方针与法律法规共同构成了外部环境中的政治环境因素。

3. 经济环境

经济发展是一个社会赖以生存和不断进步的重要条件,经济发展对人力资本的要求会由于不同时期经济发展状况的差异而产生变化。经济环境是制约和影响公共部门一切经济因素的总和,主要包括生产力发展水平和经济体制。生产力发展水平是一个国家经济水平的根本标志,它反映了社会的总体生产能力和社会占有物质财富的水平。生产力发展水平高,劳动力市场就会出现"供不应求"的情况,生产力发展水平低,劳动力市场就会出现"供过于求"的情况。

因此,公共部门应结合生产力发展水平来制订人员需求计划,做到人员的合理配置。经济体制是包括所有制结构、经济决策体系、经济利益体系、经济调节体系、经济组织体系等内容的一系列制度的统称。在市场经济体制下,国家并不直接干预具体的经济生活,公共部门的特殊作用体现在其能够制定并维护市场运行的规则体系,并在市场失灵的领域发挥作用。在社会主义市场经济条件下,公共部门作为党和政府职能的延伸,其社会事务管理职能与公共服务提供责任要求更科学严谨的人力资源管理,以提高社会事务管理能力和公共服务提供能力,公共部门的这一特性要求其有一个合理的人力资源管理战略部署,使得公共部门能够更有效地发挥作用。

现阶段,我国经济发展进入"新常态",经济增长速度从高速增长转为中高速增长,经济结构不断优化升级,经济发展动力从要素驱动、投资驱动转向创新驱动。创新驱动对创新人才的培养与应用提出了新的要求,企业需要创新人才为其提供新的增长动力,公共部门需要创新人才为社会提供高效的管理和优质的服务,人力资源管理战略需着眼于创新型人才的选拔与培训,充分发挥创新型人才的人力资本。

4. 社会文化环境

社会文化是一个地区或国家的价值观念的集中体现,指引和规范着该空间范围内一切社会因素的发展。社会文化环境是指公共部门所处的社会结构、社会风俗和习惯、信仰和价值观念、教育水平、行为规范、生活方式、文化传统、人口规模与地理分布等因素的形成和变动。社会文化环境因素的变动对公共部门人力资源管理的战略部署有着重大的影响。

社会结构、价值观念是影响人们选择就业岗位的一个重要因素,在我国社会主义社会环境下,社会上普遍对公务员、事业单位从业者这一类工作的认可度较高,这就需要公共部门人力资源战略部署中对于选人的机制严谨精准,以高效率高水平的人才管理社会公共事务,为社会提供更为优质的公共服务。教育水平的提升使得人力资源市场的竞争逐渐激烈,高层次人才层出不穷,高学历、高水平人才的输出逐渐提升公共部门人才队伍的素质。面对学历与能力都有所提升的人才队伍,公共部门的人力资源管理也需要做出相应的变化,才能更为有效地管理其人才队伍,使得员工可以充分地发挥其才能,实现"人尽其才"的用人机制,强化公共部门的管理与服务职能。

5. 科学技术环境

科学技术的发展改变了人类的生产方式和生活方式,它越来越成为生产力中最为活跃的因素,对科学技术的认知和应用已成为衡量人力资本水平的重要指标之一。随着互联网的逐渐渗透,科学技术成为当前组织环境中变化最为迅速的因素。一方面互联网的发展促使人力资源对新时代网络信息技术的应用,这就要求无论是企业还是公共部门所招聘的员工,都必须具备应用现代新兴信息技术的能力;另一方面是人力资源管理的信息技术越来越先进和丰富多元,管理对象——"人(员工)",由于能够更便捷地获得各种各样的信息,而激发出不同以往的生活与工作价值理念,因此,人力资源管理战略也应随着"互联网+"时代的到来而更新对人的管理机制。

对公共部门而言,"互联网+"时代强调的是如何快速、精准地选择聪明、能干、合适的人,去满足组织高速成长的需要,这就需要公共部门能够精准选人,全面发展人,打造人力资源的供应链,构建人才全面发展系统,为组织战略和业务发展需要提供源源不断的人才支持。因此,工作和组织机构需要重新设计,岗位职责要求也需重新编订,薪资和激励机制必须重新制定,员工聘用、绩效评价和培训计划也要重新拟定,这些都是公共部门人力资源管理的影响因素。

(二)内部生态环境

内部生态环境分析主要指围绕公共部门组织目标、组织结构、组织文化、个体素质及人事激励机制等一切影响人才培养和管理的环境总和的分析。个体所具有技能、素质等有限价值会受组织内部生态环境如组织结构中员工的角色、组织文化是否得到认同、发展规划是否与自身素质匹配以及个体是否能够提升成就感与满意度等因素的影响。如果组织内部生态环境良好,个体的有限价值得以充分发挥,将其所具备的能力与素质转化为生产力,促进组织发展,实现组织目标,使其人力资本的投资获得回报。

1. 组织目标

组织目标是组织研究的核心概念,"目标导向是人类活动的基本属性之一，人们对其活动会有意识地进行自我调节"①。组织作为人的集合体，同样受到目标的牵引与约束。可以说，组织就是"目标驱动、目的性的实体"②，组织目标是组织生存与发展的前提。同时，组织目标对组织行为与绩效产生着显著影响。组织管理研究中较为成熟的目标设置理论（Goal Setting Theory）发现，确定而困难的目标将比含糊而简单的目标带来更高的绩效水平，此种论断在个体、团队和组织各层面都有诸多实证研究予以支持。

相较于私营部门，公共组织普遍被认为具有更为多元、冲突、难以测量以及含糊不清的目标，这种组织现象促使以雷尼为代表的公共管理学者使用目标模糊（Goal Ambiguity）概念来统合上述相关目标特征。目标模糊对于成员个体、公共项目及公共组织的绩效都产生了相对负面的影响③。我国学者研究发现，公共部门考核的多重目标导向使得目标模糊成为我国公共部门的重要特征，并对公共部门人力资源管理产生消极影响，使得组织中成员的实际行为与组织目标发生偏离，进而导致官僚政治的出现，个人利益的追求会导致社会整体利益受损，公共部门的社会管理能力降低。因此，我国公共部门的组织目标有待调整和完善，以促进公共部门人力资源管理能力的提升。

2. 组织结构

公共部门的传统人力资源管理多与企业传统人事管理类似，采取自上而下的"垂直式"组织结构，使得突出上级意志的同时

---

① ［美］肯·G. 史密斯，迈克尔·A. 希特. 管理学中的伟大思想：经典理论的开发历程. 徐飞，路琳，译. 北京：北京大学出版社，2016.

② Rainey H G. Understanding and Managing Public Organizations [M]. San Francisco：John Wiley & Sons, 2009.

③ 李声宇. 目标模糊如何影响公共组织的研究述评 [J]. 公共行政评论, 2016, 9 (6).

导致员工过于被动,甚至在人才的选拔、奖惩和培训过程中,也难以做到客观公正,使得无法充分发现和利用人才的潜能。

随着改革发展进程的不断加快,我国公共部门的管理由高权力集中制逐渐进行权力下放,公共部门的管理职能也随之从微观管理过渡到宏观管理。在这种管理模式下,公共部门的组织结构也随之调整,更加明确了各层级、各部门、各行政领域之间的关系,组织结构的变化加强了人事主管部门与各职能部门以及相关业务部门的沟通和联系,二者之间的合作要求人力资源管理战略的改变。

3. 组织文化

公共部门组织文化认同指的是公共部门内部成员接受组织文化所认可的态度与行为,并且不断将组织的价值体系与行为规范内化至心灵的程度,包括认知层面认同、情感层面认同、行为层面认同、社会层面认同四个维度[①]。组织文化理论认为,在组织中存在三种对于组织文化的态度:融合观、差异观以及碎片观。融合观强调员工对于组织文化存在着共识,排斥员工个体的模糊意识;差异观强调组织中有亚文化的存在,而且亚文化之间也各不相同;碎片观强调组织文化的模糊性,组织文化是不易被识别的。员工能否认同并接受组织文化,在认知层面上深刻了解组织文化的内涵及价值观,在情感层面上与组织文化产生共鸣,在行为层面上愿意主动宣传建设组织文化,依据组织文化指导自身行为,对于员工能否为组织竭尽所能,是否愿意将个体所具备的人力资本充分转化为组织生产力,并以个体的有限价值推动组织目标的实现会产生重大的影响。

由于自上而下的"垂直式"组织结构的存在,使得我国公共部门尤其是一些政府部门出现了官僚文化,这种组织文化制约了

---

① 付振. 我国公共部门组织文化认同研究[D]. 济南:山东大学,2017.

员工的创新意识,自上而下的命令下达对于员工的工作态度产生消极影响,不利于提高工作效率。在当今社会倡导学习型组织建设的时代背景下,公共部门的组织文化也应随之调整改善,创建"以人为本"的学习型组织文化,充分发挥个人潜能,对于促进公共部门工作效率的提高具有积极作用。

4. 个体素质

个体素质是其能否适应岗位需求的重要影响因素,个体素质是指个体所具备的能够以之在某些具体职位上取得优秀绩效表现的内在的稳定特征或特点,可以包括技能、知识、态度、思考方式、思维定式、内在驱动力、社会动机和自我意识等[1]。个体素质是可以开发和测量的个体特征,因此,个体所具备的能力与素质能否胜任其岗位要求,是人力资源管理的重要内容。在招聘方面,需要对岗位素质需求和应聘者任职资格进行分析以提高招聘的针对性和人才评估的一致性;在绩效管理方面,通过设计科学的考核标准,对员工的贡献、胜任力、个人价值等方面进行评估,制订科学的绩效考核方案;在培训与发展方面,依据个体素质的评估,制订科学的、有针对性的培训计划和发展规划,最大限度地提升员工的个体素质以达到胜任其岗位的需求。

现阶段我国公共部门员工素质测评工具多样,部门可根据其员工的工作岗位与能力需求应用不同的测评工具组合,以达到其测评的目的,做到人尽其才。常用的人员素质测评方法如预测性测评、配置型测评、选拔性测评、开发性测评、考核性测评和诊断性测评,可满足管理者的不同管理需要,招聘最合适的人才,将岗位与个人能力匹配优化,发现优秀人才,开发员工潜能,鉴定诊断员工的素质和技能等,并及时发现员工存在的问题加以改

---

[1] 岳龙华,戚玉静. 胜任素质内涵及构成研究[J]. 商场现代化,2006(16):243-244.

正。这些测评工具的应用为人力资源管理提供了良好的内部环境。

5. 激励机制

赫兹伯格的双因素理论提出，并不是所有的因素都能够促进员工工作、提升工作效率，只有"激励因素"如增加员工的发展机会、提升工作责任、给予员工挑战性更高的工作、得到领导的赏识或者工作具有较强的成就感，才能使员工最大限度地发挥自己的能力。然而，如何发现和确认哪种因素对于员工来说具有激励效果，则需要依据马斯洛需求层次理论进行分析。需求层次理论认为任何人的需求都是从低到高逐渐变化的，低层的需求为生理需求和安全需求，中间的需求为社交需求和尊重需求，位于最高层的需求为自我实现需求。物质报酬主要是为了实现最低层次的两个需求，非物质报酬才能够更大限度地满足人们的高层次需求。分析员工的需求层次，从而制订具体的激励措施，使员工得到满足感，对于员工发挥其最大效能具有重要的促进作用。

然而，我国公共部门普遍存在着福利待遇较高的现象，主要是社会化的福利方式带给员工的激励作用并不显著，同时还增加了公共部门财政负担。公共部门应引进企业的激励机制，将发展机会与工作业绩挂钩，给予员工高层次的需求满足，以提升员工的工作积极性，提高工作效率。

二、公共部门人力资源生态环境的特点

公共部门人力资源管理应着眼于构建与公共部门发展战略相适应的生态环境，从总体上反映我们的文化价值观念，与我国现阶段的背景相适应，形成具有中国特色的人力资源管理模式。自新中国成立后，我国社会经济发展经历了由物质资料匮乏而产生的计划经济体制，进而发展到为满足供需平衡而实施的市场经济阶段，再发展到为了弥补市场经济的不足由政府进行宏观调控的

社会主义市场经济体制,由于经济体制的变化,人力资源生态环境也呈现出了不同的特征。人力资源管理战略也随之做出相应调整以适应生态环境的变化。

(一)市场经济条件下人力资源生态环境的特点

相较于自然经济与计划经济,市场经济的产生为人的自主性的发挥提供了更大的空间,个体有意识地进行生产实践,并为自己的生产实践活动获取相应报酬。以经济学视角来看,市场经济是商品经济的最发达阶段,以交换为主要特征,而人则被视为生产要素和交换要素,人的自主性不断得以体现。

1. 以事为本

以事为本是与以人为本相对应的一个概念,对于人力资源管理来说是指在生产过程中以物为生产目的,人只是生产过程中的工具和手段,对人的关注度较低,物质才是生产构成过程中人力资源管理的最终目的。市场经济环境下,企业间的竞争激烈,各企业都追求自身利益最大化以期在竞争体制下可以不被淘汰出局,导致了对人力资源的压榨,充分利用员工的剩余价值,将人看作是生产的工具和手段,不注重人自身的发展。马克思认为:"在资本主义市场经济条件下,生产表现为人的目的,而财富则表现为生产的目的。"[1] 这也说明了市场经济体制下的对于财富的追逐必然导致人沦为生产的机器,员工只需按照组织规定进行生产活动,一切以组织利益为重,人的作用只是将生产资料转化为物质财富。

2. 动态性与稳定性相结合

公共部门的人力资源管理与社会经济运行制度相适应,公共

---

[1] [德]卡尔·马克思,弗里德里希·恩格斯. 马克思恩格斯全集(第46卷上)[M]. 中共中央马克思恩格斯列宁斯大林著作编译局,译. 北京:人民出版社,1979.

部门人力资源的工作定位更多的是对经济的宏观把控，为市场经济服务。市场经济条件下的经济环境开放自由，经济发展日新月异，经济发展的需求和技术的进步对于人才的要求以及培养也会随之变化。从这方面看，人力资源生态环境是动态的。然而，一个国家的社会制度在短期内是不会改变的，相关的政策与法律法规的变化也较为平和，具有一定的连贯性和稳定性，由此，人力资源生态环境中的政治以及法律环境具有稳定性的特点。因此，在市场经济条件下，公共部门人力资源生态环境具有动态性与稳定性相结合的特点。

（二）社会主义市场经济条件下人力资源生态环境的特征

市场经济虽然为人的发展提供了条件，但是只是将人放置在经济物质领域的生产，缺少了对人的平等与发展的考量。中国特色社会主义市场经济是由中国社会主义制度决定的，以公有制为主体，多种所有制经济并存，以按劳分配为主体，多种分配方式并存，兼顾效率与公平。因此，我国社会主义市场经济注重人的平等与自由，将人的全面发展作为其本质要求。

1. 以人为本

以人为本的科学发展观是在社会主义市场经济环境下提出的，对于保障社会主义市场经济健康发展具有重要意义。《中共中央关于完善社会主义市场经济体制若干问题的决定》提出："坚持以人为本，树立全面、协调、可持续的发展观，促进经济、社会和人的全面发展。"[①] 在社会主义市场经济条件下，人既是生产的目的，也是实现自身利益的积极的主体，物质资料的生产

---

① 胡锦涛. 中共中央关于完善社会主义市场经济体制若干问题的决定[J]. 党的建设，2003（11）：3-11.

是为满足人们的物质文化需求,提升人们生活水平。社会主义市场经济体制下,政府的宏观调控能力把人民的利益和整体利益结合起来,弥补市场经济带来的财富分布不均,实现社会公平,使每一位社会成员都能够享受到经济发展带来的切实利益,在经济环境层面为以人为本的人力资源管理提供了经济保障,有利于调动人们的积极性和主动性。

习近平总书记强调:"发展不能再走老路。发展不能脱离'人'这个根本,必须是以人为本的全面发展,这是发展的终极目标。"[1] 在以人为本的指导原则下,现阶段我国出台了相关政策促进人才发展体制机制改革。在改革过程中坚持从实际出发,根据不同行业、不同领域的特点,有针对性地、精准地实施不同的改革措施,使人才各尽所能、各展所长、各得其所,让人才得到充分的尊重和价值实现。在人才管理体制改革方面,要求保障和落实用人主体的自主权,避免因执行一套规定而使人才浪费,健全市场化、社会化的人才管理服务体系,为人才提供高效便捷的服务[2]。一系列的人才发展与管理的改革都是建立在以人为本的指导思想之上,对于推进我国人才强国的建设具有重要意义。

2. 系统性、整体性

现代人力资源管理是建立在科学管理基础之上,是系统性的管理。人力资源生态环境的构成也是具有整体性的特征,分析一切外部和内部生态环境对于组织人力资源管理的影响,在环境构成中包含政治、经济、社会文化、法律法规、生态环境以及科学技术等外部环境对于组织人力资源的影响,内部组织结构、组织文化、个体素质、薪酬管理以及激励机制和培训体系等要素对于

---

[1] 习近平. 发展不能走老路 [J]. 西部大开发,2013 (1): 4.
[2] 中共中央印发《关于深化人才发展体制机制改革的意见》[EB/OL]. (2016-03-22)[2018-10-12]. http://www.mohrss.gov.cn/SYrlzyhshbzb/dongtaixinwen/buneiyaowen/201603/t20160322_236103.htm.

人力资源的影响。

在社会主义市场经济逐渐深化过程中,组织内部环境中的组织结构趋于系统化发展,组织内部对人员实行分类管理,按分类需要和分类对象本身的特点逐层分解,例如企业把员工分为管理人员和非管理人员两类,管理人员又分为高层管理人员、中层管理人员、基层管理人员三类。在分类管理的基础上,通过系统优化的原理把人员结构、层次、相关性等各种要素整合起来,整体功能大于部分功能之和,充分发挥人力资源整体功能的作用。

三、公共部门人力资源生态环境存在的问题及路径探析

(一) 中国公共部门人力资源生态环境面临的问题

我国公共部门人力资源生态环境面临的问题是多方面的,主要的表现在于人力资源生态环境的不平衡,高素质的人力资源集中在东部沿海,中西部人才流失,东部地区人力资源饱和。尽管我国公共部门人力资源生态环境建设取得一定成效,但是依旧存在着由于政策法规体系不完善、人力资源管理理念落后、劳动力市场不成熟、薪酬结构不合理、激励机制不健全、员工缺乏组织认同感等原因导致的挑战,具体表现有以下几方面。

1. 政策法规体系不完善

西方国家高度重视通过制定人力资源政策与法规来支持和引领人力资源的发展。例如,美国两位前总统克林顿和布什都在极力倡导人力资源是国家发展的动力和源泉,不断地在政策上进行引导,并为保障人力资源而颁布了一系列的政策和法规,如《移民法》(*Admission of Nonimmigrant*)、《21世纪社区学习中心计划》(*21 Century Community Learning Centers*)以及《人力资源的战略管理》(*Swategic Management of Human Capital*)

等，为人力资源管理提供政策指导与支持。

党的十八大后，我国更加注重人才的培养工作。习近平总书记在两院院士大会上明确指出，我国科技发展的方向就是创新、创新、再创新，强调人是科技创新最关键因素，把人才资源开发放在科技创新最优先的位置，人才政策着重于支持培养和引进创新型人才，开放性的人才政策也加强了引进海外人才的力度。

然而，在这些引进和培养人才政策层出不穷的同时却缺乏关于人力资源宏观调控的相关政策，使得人力资源管理体制缺少引导。例如，虽然我国有关于保障残疾人就业的《残疾人保障法》以及《就业促进法》，规定了我国机关、企业事业组织、城乡集体组织，应该按照一定比例安排残疾人就业，但是公共部门在招录劳动者的时候依然存在着没有依法按比例招录残疾人就业的问题。由于公共部门的人力资源管理缺乏行之有效的制度规定与法规约束，使得虽有法律保护，却依旧存在着劳动者权利得不到保障的问题。

2. 人力资源市场不成熟

技术与环境的变化是促成经济与社会变革的重要原因，信息技术的发展，尤其是互联网技术的传播，使得市场环境的不确定性与竞争性比过去任何时候都强，人力资源市场竞争更为明显。人力资源市场承担着人力资源流动、配置的重任，人在市场的调节与配置下进入工作岗位，大力发展人力资源市场，以提高人力资源配置市场化程度，优化人力资源生态环境。

但是我国人力资源市场环境发展得还不成熟，统一、开放的劳动力市场还没有形成，依旧存在着劳动力资源不能任意流动、市场秩序不规范、人力资源供需结构性失衡和信息不畅等问题。应建立开放、灵活的人才市场管理体制，建设体系完善、信息通畅、服务功能健全的人力资源市场，利用市场经济的作用来充分地发挥人才资源的优势。实现劳动力的商品化，极大地节约劳动力交易成本，劳动力将会选择给自己回报最多的工作，工作满意度的提升也会使得人才资源的价值最大限度地发挥，对经济社会的健康快速发展起到重要作用。

3. 人力资源管理理念落后

随着"互联网+"知识经济和信息技术的发展，公共部门人力资源管理不仅面对着新知识和新技术的挑战，同时也面临着新时代人的挑战。新时代人的教育水平的提高使得人力资源所具备的能力与素质随着知识与技术的发展而提升，其思想意识与价值观念也随之提升。然而，在几千年封建专制文化的影响下，我国公共部门依然存在着官本位、行政化、精英化等落后的管理理念，极大地破坏了人力资源管理的生态环境。

"互联网+"时代下新公共管理理念备受推崇，"以人为本"的人本管理理念成为公共部门成员所共同认可的管理理念。人本管理理念看重人在社会活动中的价值，强调人在管理活动中的根本地位。在此理念的影响下，员工在工作中可以充分感受到尊重，继而在潜移默化中规范自己的行为，彼此在尊重规则的前提下密切合作，从而提高公共部门管理效率。因此，要更新人力资源管理理念，调整人才管理结构机制，保障人才流通的畅通，使人才结构和经济结构相适应，以提升公共部门人力资源管理效率。

4. 薪酬结构不合理、激励机制不健全

工资既是人员的劳动报酬和生活保障，也是满足人最基础生存需求的最基本激励手段，平均主义的分配方式和相对不高的工资水平难以发挥其激励作用。在公共部门员工的薪酬机制中主要以基本工资为准，并且对应的薪酬激励机制单一、缺乏针对性。在这种薪酬和激励机制情况下，员工会以做好自己本职工作为标准，缺少付出额外力量的动力。如果制定更为合理的薪酬管理机制，并且有针对性地设置激励机制，不仅能够激发员工的工作效率,而且会使员工提升成就感与满意度进而愿意付出更多的力量来促进组织的发展。

我国公务员薪酬体制存在不足,由于不同级别公务员工资差距不大,就使得激励措施无法起到相应的效果,一些激励措施也变得徒有虚名。再者,我国幅员辽阔,不同地区的公共部门的薪酬水平差距较大,经济发展迅速地区的公共部门薪酬远高于经济发展相对落后的地区,由此便会导致欠发达地区的人才流失,进而阻碍其经济发展。

(二)"互联网+"背景下优化公共部门人力资源生态环境的路径探讨

人力资源生态系统的营造有益于人力资源改善和持续发展,为组织应对内外环境变化提高内蕴性支撑,更为人力资源市场的平衡有序和健康稳定注入新的动力因子,使得人力资源市场的物质循环、能量流动和信息传递始终处于合理状态,进而促进组织与社会环境的协同演进。优化人力资源生态环境就是要构建使人力资源内部诸要素之间、诸要素与外部环境之间的相互关系达到和谐状态的环境。

自 2015 年两会以来,"互联网+"的概念展现在世界舞台,其热度达到了前所未有的高度,各行各业都将互联网精神融入其行业发展中。"互联网+"时代是一个更加注重"人"、尊重"人性"、激发"人"的创造力的时代,在这一时代背景下,人力资源管理应更多关注"员工需求","以人为本"地设计管理思路与方法,优化人力资源生态环境,为人才提供优质的外部环境和内部环境,使得人尽其才,物尽其用,进而提升公共部门管理社会事物的能力和提供优质公共服务的能力。"互联网+"时代下应该积极地探索对内部生态环境有效的激励机制,通过机制创新健全、完善激励措施,提升员工的主动性、积极性和创造性,提高公共部门工作的效率，为社会和广大人民群众提供优质高效的服务。

"互联网+"将互联网与各个传统行业相结合。在传统行业的发展过程中，充分利用现代通信技术和网络信息技术，不仅能够有效地实现传统行业的创新，而且还能有效地引领我国创新驱动发展的新常态，实现经济增长方式向创新驱动转变。这种经济增长方式使对创新型人才的需求增多，创新型人才成为促进社会经济发展的重要人力资源。公共部门人力资源生态环境的优化也应以培养、吸引和使用创新型人才为依据，充分利用创新型人才的政策支持，以大数据为人力资源管理的工具，应用信息技术获取科学数据分析员工个体素质，依据科学分析结论更新人力资源管理理念，在人力资源培训上注重员工的创新能力，使得公共部门的人力资源与时代需求相匹配，才能优化社会公共服务，提升管理社会公共事务的能力。

综上所述，"互联网+"时代下公共部门人力资源生态环境的优化路径应以现代通信技术和网络信息技术为管理工具，以大数据分析为管理方法，充分利用创新人才支持政策，贯彻"以人为本"的人力资源管理理念，完善内部人才激励机制和培训体系，为员工提供优质的人力资源生态环境，进而提升员工的积极性与创造性，实现公共部门组织目标，促进公共部门工作效率的提高，推进社会公共服务质量的提升。

第五章　公共部门人力资源的分类管理

一、公共部门人力资源分类管理制度

公共部门人力资源分类管理制度是指根据公共部门内的公职人员的资历条件，如学历、经验、工作年限等，或是根据职位的工作性质、繁简难易程度、责任轻重、资历条件和工作环境等划分类别和等级的一种基本管理制度。

公共部门人员分类管理的对象既可以是工作人员，也可以是工作职位。其分类管理的目的是为人力资源管理其他环节提供相应的管理依据。公共部门人员分类管理是公共部门人力资源管理科学化的基础，其具体表现在以下几点：

（1）有助于公共部门人力资源管理的简明高效。对人员分类有助于国家公共部门人力资源政策做到有的放矢，政出有因，政出有果。

（2）有利于公共部门人力资源管理的规范化。人员分类每类都有相应的分类标准，每等每级都有客观的评价依据、工作规范，使得公共部门人力资源管理在录用、考核、薪酬管理等工作上有章可循，从而为公共部门人力资源管理提供客观依据和标准。

（3）有利于公共部门人员的自我激励和开发。人员分类管理对等级有了明确的划分，使公职人员能够明确自己所处的等级，进一步了解自己的升迁途径和升迁目标，可以激励其更好地完成现有的工作,也为可能升迁的职位做好知识和技能的准备,进一步提高公职人员的自身素质。

目前,世界各国公共部门人力资源的分类管理类别通常分为以人为中心的品位分类和以事为中心的职位分类两种。本章将在接下来的内容中对这两种分类管理制度分别进行介绍。

二、品位分类管理

(一) 品位分类的含义

品位分类制度是公共部门人员分类制度中最主要的一种。"品"指官阶或者任职者所具备的职业资格条件,"品位"指按官阶、职位或职称的高低而确定的等级,品位分类是以任职者所具备的职业资格条件为依据,以官阶或职位、职称等级高低来对公共部门人员进行分类的方法,它比较强调任职者的个人条件。

(二) 品位分类管理的发展过程

品位分类制度在封建时期就是一种重要的人事管理制度,由古代官吏按其身份划分等级的制度演变而来,主要盛行于等级观念比较浓厚的国家。"品"表示官阶,封建时期的品位分类尤其注重身份和特权,与当代的品位分类有着根本意义的区别。

我国品位分类制度发展历史悠久,在魏晋时期就将朝廷官吏分为"九品十八级",以后各代逐步完善,增加了品级,且品级同俸禄挂钩。在我国的古代官吏制度中,官员既有官品,也有职务,官品表示官员等级高低,职务代表其职责的轻重、任务的繁简。

品位分类制度发展到现代,已经发展得比较完善。许多运用品位分类对公共部门人力资源进行管理的国家在人员分类时将工作内容与资历并重,根据职务的性质做比较粗犷的分类,再根据职务的地位、职责与资格条件做广泛的分级，如法国把公务员分为 A、B、C、D 四等，德国则分为简单职务、中等职务、上等职务和高级职务。而作为实行现代品位分类的典型国家之一，英国以工作性质为基础，将所有非工业部门公务员的职务划分为十大类，即综合类、科学类、专业技术类、培训类、法律类、秘书类、社会保障类、警察类、资料处理类、调查研究类。其中每个职类又分为 2~10 个职级。

（三）品位分类的特征与优点

1. 以人为中心

品位分类的对象是人，依据人所具备的任职资格条件和人格化的职位等级，它强调人的通用资格条件，包括学历、能力、经历和工作年限等因素，公职人员个人的资历条件在录用和晋升中发挥着至关重要的作用。因此品位分类强调人在事先。

2. 先纵后横

品位分类通常采取先纵后横的方法，即先确定官品等级再划分工作类别，但不同职务、资格的分等又是同时进行的，可以说分类和分等是交织在一起的。

3. 强调个人的综合能力

品位分类注重个人的通用资格条件，任用的是"通才"而不是具有特殊知识和技能的人，在人员流动上受个人专业和所处行业的限制较小。

4. 官等、职称和职位可以分离

公职人员的官等和职称是其固有的身份，随人走，可以与职位不一致。个人薪酬待遇也取决于官等、职称的大小，不取决于其从事的工作。当前我国教育体系中的职称评定则是品位分类的一种体现。

（四）品位分类存在的问题

我国公务员职务与职级并行制度中，关于公务员可通过职级晋升的相关制度就是品位分类的重要表现。职级是一种以人为本位的等级制度。首先，职级不是像职务那样的固定岗位，它是因人而设的，人不同，职级也不同。其次，职务是以职位为本位的制度，有这个职位的设置才有担任这个职务的人，而职级是以人为本位的制度，有这个人才有这个职级，没有这个职级的人，就没有这个职级的位置。这是一个和传统的品位制接近的制度设计。但这样的方式容易出现为了晋升职级而"跑级买级"的行为，造成贪污腐败问题。此外，品位分类还可能存在和导致的问题包括以下方面：

（1）人在事先，因人设岗，可能导致机构设置不合理，出现机构臃肿的现象。

（2）任职者待遇地位因官阶、职称而定，容易出现同工不同酬的现象；晋升依据工作年限和经验，容易出现人浮于事的现象。这都不利于对员工的激励。

（3）分类过粗，不系统、不规范，不利于科学管理。

（4）强调职位等级、资历，容易出现官本位思想。

（5）强调选用"通才"，忽视专业化发展，不利于选拔和培养专业化人才，不利于工作效率的提高。

（6）过分注重学历、资历等因素，限制了能力强却学历低的人才的发展。

三、职位分类管理

（一）职位分类的含义

职位是指具有组织规定的职能、包含组织分配的职务（任务和责任）的工作岗位，是一系列工作的合集。

职位具有以下特点：以事为中心；数量有限；具有相对稳定性，不随工作人员的变动而变动；可以常设也可为临时设立，可以专任也可兼职。

职位分类又称职务分类，是指在工作分析的基础上，将公共部门的职位按照工作性质、职责大小、繁简难易程度以及所需的资格条件等依据分为若干种类和等级，并对不同种类和不同等级的职位上的员工进行分类管理，并以此作为组织内部人力资源管理的重要依据。

（二）职位分类的发展过程

职位分类制度主要借鉴了现代管理学原理，产生和盛行于西方民主制国家。1883年美国颁布《彭德尔顿法》，成为世界上最早实行职位分类的国家，后来被多个西方发达国家效仿。职位分类制度被认为是现代公共部门人力资源管理中比较成熟的制度。

当今时代，典型的职位分类国家有美国和加拿大等。2008年，美国在《职位分类手册》中将联邦政府职位划分为白领和蓝领两大类，白领职位包括专业类、行政类、技术类、文员类和其他类，蓝领职位则包含电器设备安装及维修组、机械工具工作组和印刷组等36个职组，并从程度上把职位分为18等，各等的职能和职责要求在法律中都有明确规定。加拿大把公共部门的职位分为六大类，即操作性工作、行政支持性工作、技术性工作、行政工作和外交工作、科学工作和专业工作、管理工作，职类根据公务范围划分。

（三）职位分类的步骤

职位分类通常实行的是先横后纵的分类方法，但在此之前，公共部门需要进行工作分析和职位评价以加深对所有工作和职位的了解和认知，从而进一步对职位加以划分。因此，职位分类有以下步骤：

1. 职位调查

职位调查包括工作分析和职位评价，通过工作分析了解不同工作的工作内容，通过职位评价了解不同职位对组织目标的贡献程度，这是职位分类的前期准备：

(1) 工作分析。

工作分析包括两方面的内容：一是工作描述，二是任职说明。也就是说，工作分析需要确定职位应该承担的责任和任务，准确到完成工作的条件与环境以及程序等；同时工作分析也需要确定完成该项工作任职者的能力与水平。在公共部门工作分析中，会运用不同的分析方法，较为普遍使用的主要是面谈法、问卷法、直接观察法、工作日志法，或是这几种方法随机结合。

(2) 职位评价。

职位评价是在工作分析的基础上，依据其所获得的相关资料信息，依据职位"相对价值"进行排序。职位评价存在多种技术方法，下面举出几种比较常见的职位评价方法。

1) 排列法（Job Ranking）。

排列法就是将组织中的职位按责任轻重、复杂程度等因素从高到低进行排列，各职位的薪酬水平按照排列次序来确定，它是职位评价中较早使用的一种最简单的方法。因为排列法中对职位的评估主要靠分析人员的主观判断，所以必须选择对组织中所有工作都非常熟悉且训练有素的评估人员来进行。

2) 分等法（Job Grading）。

分等法是将工作岗位分成若干等级，然后在每一等级内选出一至两个关键岗位，并附上工作说明和工作规范，接着评价每一工作岗位，并逐一与各级的关键岗位比较，相似的编为同一等级，最后排列出各级的高低的方法。分等法的具体程序为：按职位内容进行分类，如管理类、专业技术类等，职位的分等就可以在同类职位中进行，使分等工作变得简单易行；确定等级数量，确定评估职位最重要程度的基本要素，并给出等级定义；根据工作分析对每个职位的说明，与等级定义相比较，得出每个职位的评价结构，并纳入对应等级。

3）评分法（Point System）。

评分法是将影响职位的主要因素进行排列和评分，采用一定点数（分值）表示每一因素，经过加权求和，最后得到各职位的总点数（分值）的方法。每一职位的总点数就是该职位的评价指标。因此评分法亦称分数法、记点法、点数法。具体步骤是：确定影响某一职位工作的主要影响因素；评定各评价因素的相对价值权数；将各评价因素区分出不同级别，并评定其等级和分值；根据每个工作岗位的工作说明书和工作规范来决定每项评价因素的分值，然后相加即得到高工作岗位的总分，该总分就是该工作岗位的价值体现。

2. 横向归类

根据工作性质及特征，将职位划分为若干类别，这是一个由粗略到细致的过程，从大致相似到充分相似，将不同的职位依次划分为职门、职组和职系。

3. 纵向分等

在横向归类的基础上，根据职位的繁简难易程度、责任轻重以及所需的学识、技能、经验水平等因素，将同一个职系中的职位划分为不同等级，并对不同职系实行统一的职等划分。职等划分方法的主要依据是职位评价。

4. 制定职位规范

根据职位分类的结果，制定不同职位的职位规范即职位说明书，并以此作为各项人力资源管理工作（如人员录用、监督和考核）的依据。具体的流程与步骤详情如图5-1所示。

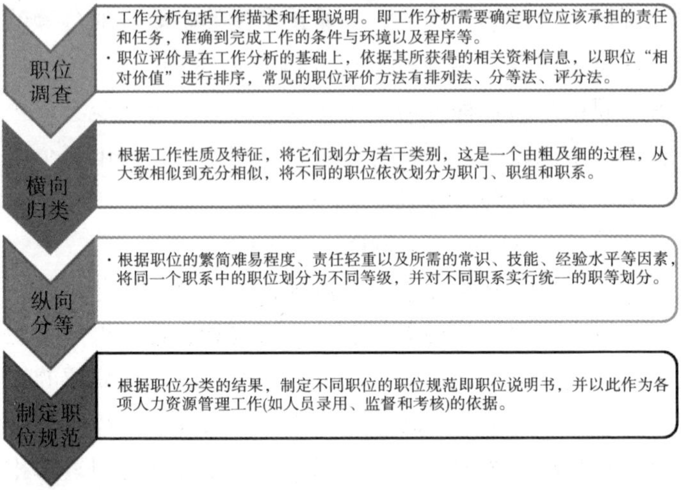

```
职位
调查     · 工作分析包括工作描述和任职说明。即工作分析需要确定职位应该承担的责任
         和任务，准确到完成工作的条件与环境以及程序等。
         · 职位评价是在工作分析的基础上，依据其所获得的相关资料信息，以职位"相
         对价值"进行排序，常见的职位评价方法有排列法、分等法、评分法。

横向
归类     · 根据工作性质及特征，将它们划分为若干类别，这是一个由粗及细的过程，从
         大致相似到充分相似，将不同的职位依次划分为职门、职组和职系。

纵向
分等     · 根据职位的繁简难易程度、责任轻重以及所需的常识、技能、经验水平等因素，
         将同一个职系中的职位划分为不同等级，并对不同职系实行统一的职等划分。

制定职
位规范   · 根据职位分类的结果，制定不同职位的职位规范即职位说明书，并以此作为各
         项人力资源管理工作(如人员录用、监督和考核)的依据。
```

图5-1 职位分类的步骤与流程

（四）职位分类的特征与优点

1. 以事为中心，因事择人

职位分类首先注重职位的工作性质、职责大小、繁简难易程度，其次才看个人具备的资格条件。因此职位分类强调事在人先。

2. 先横后纵

职位分类是先根据工作性质等因素将职位分为不同职系、职组和职门，再按照难易程度、职责大小等将职位分为不同等级，有严格的程序步骤，职位划分系统规范。

3. 注重任职者的专业知识和技能

职位分类强调"专才"而非"通才"，人员的任职调动、交流和晋升，一般在同一职系、至多在同一职组范围内进行，跨职组、跨部门的流动和升迁较少。

4. 官阶和职位相重合

官职一体，官位由职位决定，不随人走，严格实行以职位定

薪酬的规则，追求同工同酬。

（五）职位分类存在的问题

首先，由于职位分类管理通常会面临分类烦琐的情况，同时职位分类步骤的具体程序复杂，导致实施成本高，因此其科学性不能得到保证，而在具体的推行过程中会遇到很多困难。其次，职位分类管理的过程中存在着重事不重人的特点，这一特点最直接的影响就是职位考核过于注重量化指标，从而忽略了人的主观能动性，非常不利于人员的积极性、主动性和创造性的发挥。再次，职位分类的管理过于强调专业性，限制了人员流动的范围，不利于"通才"的培养，同时出现临时性、突发性事务时不易解决。最后，职位管理的结构通常有着过于规范和量化的通性，导致整个体系缺乏弹性和灵活性，不利于公共部门适应环境的变化和发展。

四、我国公共部门人员分类制度

目前我国公共部门人员分类制度主要指的是公务员体系的人员分类制度，其他公共部门如事业单位的人员分类制度与之大致相同。下面将讲述公务员分类制度的具体内容。

（一）我国公务员人员分类制度的发展过程

1. "分级分部"阶段（1949—1987 年）

新中国成立之初，战争年代的干部管理体制被沿用，即除军队系统单独管理之外，其余部门都由中央及各级党委组织部门统一管理。从 1953 年开始，逐步形成了中央及各级党委统一领导下、中央及各级党委组织部门统一管理下的"分级分部"管理模式。全体干部按不同的部门或行业被划分为九类，由中央统一领导，各级党委分别管理。各级党组织管理的范围是党政机关下两级机构中的干部。

2. 管辖分类阶段（1987—1992年）

1987年中国共产党第十三次代表大会（以下简称"十三大"）召开后，干部分类管理体制被确立，国家公务员制度在国家机关得以推行。十三大报告首次也是唯一一次提出了公务员政务、业务两分类。"政务类公务员必须严格依照宪法和组织法进行管理，实行任期制，并接受社会公开监督。"① 政务类公务员由党委推荐、人大任命，与英国文官制度中的政务官类似。"业务类公务员按照国家公务员法进行管理，实行常任制。凡进入业务类公务员队伍，应当通过法定考试，公开竞争；他们的岗位职责有明确规范，对他们的考核按法定的标准和程序进行，他们的升降奖惩应以工作实绩为主要依据；他们的训练、工资、福利和退休的权利由法律保障。"②

3. 职务分类阶段（1993—2005年）

1993年，中国关于公务员管理的第一个基本行政法规《国家公务员暂行条例》（以下简称《暂行条例》）颁布并实施，国家公务员制度正式实行。《暂行条例》将领导职务和非领导职务作为公务员的基础分类，规定了国家公务员的等级序列，并明确了职务与职级的对应关系。领导职务序列分为10个层次，非领导职务序列分为8个层次。领导职务序列中的司级正职以下、科级正职以上的职务层次与非领导职务序列中巡视员以下、副主任科员以上的非领导职务层次一一对应。公务员级别共分为15级，由所任职务、职位职责大小、工作难易程度以及德才表现、工作实绩和工作经历确定。

---

① 中国共产党第十三次全国代表大会文件汇编[G]. 北京：人民出版社，1987：43.

② 中国共产党第十三次全国代表大会文件汇编[G]. 北京：人民出版社，1987：43.

《暂行条例》没有延续十三大报告中对公务员进行政务、业务划分的规定，而是实施领导类职务和非领导类职务，产生这种转变的原因在一些学者看来，主要是为了保持公务员的"政治中立"。不区分政务类与业务类，强调公务员无论职务高低，其工作性质是一致的，对党和国家负责与对人民负责也是一致的。新的制度明确领导职务与非领导职务，并实施了一些差别管理的制度设计，是根据国情对西方模式所做的合理改造。但不将政务和业务进行区分的做法将一部分不应适用职位分类的人员纳入了分类对象的范围，更容易出现滋生腐败等问题。

4. 职位分类阶段（2006年至今）

1993年《国家公务员暂行条例》在"职位分类"一章，将公务员分为领导职务与非领导职务。这实际上是以公务员是否承担领导职务为标准进行的分类，并不是根据职位性质与工作特点进行的分类，是一种简单的职务分类。这样的分类方法在横向上缺乏明确的职位分类，纵向的分类也仅仅体现在职务级别的高低上，十几年来的实践证明，这种分类方法将所有的公务员都绑定在一套职务序列中，实行同一种管理办法，引发了许多问题，诸如公务员晋升渠道单一、缺乏适合各类公务员成长规律的多样化职务序列、为基层公务员提供的晋升台阶太少、难以适应管理的需要等。因此，根据职位性质与工作特点的职位分类为主的公务员分类制度急需出台。

2005年4月27日，十届全国人大常委会第十五次会议审议通过了《公务员法》，自2006年1月1日起施行。《公务员法》第十四条明确规定："我国实行公务员职位分类制度，公务员职位类别按照公务员职位的性质、特点和管理需要分为综合管理类、专业技术类和行政执法类等类别。"第十九条规定："公务员的级别根据所任职务及其德才表现、工作实绩和资历确定。"《公务员法》设置了与公务员职位分类制度配套的职务与级别。《公务员法》第十五条规定:"国家根据公务员职位类别设置公务员职务序列。"第十六条规定:"公务员职务分为领导职务和非领导职务。"

正是因为这样的规定,国内普遍认为《公务员法》规定的职位分类制度是一种以职位分类为主、职位分类和品位分类相结合的分类制度。

(二)我国公共部门人员分类制度的发展现状

自2006年1月1日《公务员法》实施以来,关于公务员分类管理的相关规定一直沿用至今。《公务员法》规定了我国实行公务员职位分类制度,对公务员职位做出了三类划分,包括综合管理类、专业技术类和行政执法类。下面是对三种类别职位的具体解释。

1. 综合管理类职位

综合管理类职位是指机关中除行政执法类职位、专业技术类职位以外的履行综合管理以及机关内部管理等职责的职位。这类职位是公务员的主体,数量也是最多的。综合管理类职位具体包括规划、咨询、决策、组织、协调、指挥、监督及机关内部管理工作。

2. 专业技术类职位

在实际工作当中,许多职位是需要一定的专业技术知识才能胜任的。这类公务员一般只处理单纯的技术性工作,不直接参与公共决策,不具备行政决策权。正因为这一类公务员的专业性比较强,所以其任职一般比较固定。同时专业技术类公务员在其所任职的技术工作范围内具有权威性,即专业技术类公务员所提供的技术结论不受行政领导干预,不因行政领导的意志而改变。但是这种权威只体现在技术层面上,仅仅是为行政决策提供参考。

3. 行政执法类职位

行政执法类职位是指政府部门中直接履行行政监管、行政处罚、行政强制、行政稽查等现场执法职责的职位。行政执法类公务员只对法律有执行权，无权解释和制定法律。

过去，我国实行的是以品位分类为特征的干部制度，只提供了领导职务和非领导职务两个职务系列。现在，公务员晋升有多种渠道，《公务员法》强调公务员的分类管理要以职位分类为主，划分三大职位类别，如图 5-2 所示，不同类别有各自的晋升途径，互不干扰。

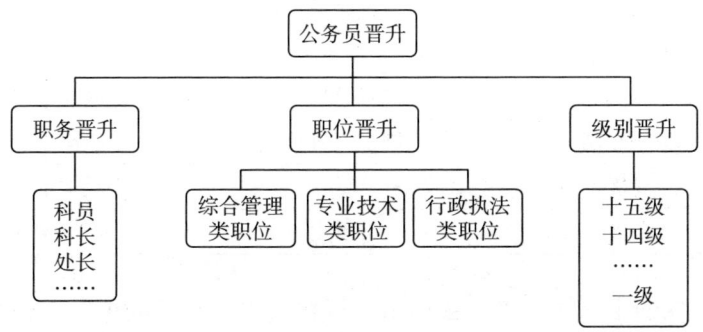

图 5-2　公务员的双梯制（职务、职位与职级）晋升方式图解[①]

此外，我国还实行职务与职级并行制度，公务员不仅可以通过职务晋升，还可以通过职级获得晋升，且职务不对职级做出限制，只要个人能力强且通过年度考核，即可上升一个职级，不同职级获得的相应待遇也不同，如表 5-1 所示。

---

① 姜明安. 行政法与行政诉讼法. 6 版 [M]. 北京：北京大学出版社，高等教育出版社，2015.

表 5-1 我国现行公务员职务与级别对应关系①

公务员领导职务层次（共十个层次）	综合管理类公务员非领导职务（共八个层次）	对应公务员级别
国家级正职	无	一级
国家级副职	无	四级至二级
省部级正职	无	八级至四级
省部级副职	无	十级至六级
厅局级正职	巡视员	十三级至八级
厅局级副职	副巡视员	十五级至十级
县处级正职	调研员	十八级至十二级
县处级副职	副调研员	二十级至十四级
乡科级正职	主任科员	二十二级至十六级
乡科级副职	副主任科员	二十四级至十七级
无	科员	二十六级至十八级
无	办事员	二十七级至十九级

党的十八届三中全会提出"深化公务员分类改革""加快建立专业技术类、行政执法公务员和聘任人员管理制度"。在《公务员法》实施10年后，2016年7月出台了《专业技术类公务员管理规定（试行）》《行政执法类公务员管理规定（试行）》两个重要配套法规，这是深化干部人事制度改革的重要内容，有利于促进公务员管理的科学化、精细化，标志着公务员分类管理进入了一个新阶段。

---

① 姜明安. 行政法与行政诉讼法. 6版[M]. 北京：北京大学出版社，高等教育出版社，2015.

五、国内外公务员分类管理案例分析

（一）国外公共部门人员分类管理的特点与启示

西方国家，尤其以英、美为代表的发达国家，一直以来不断探索、改进和完善公务员分类管理制度。英、美、法、加拿大等国家的公务员分类管理经验与发展对于当下我国的公务员分类管理具有启示与借鉴意义。下面就介绍一下几个分类管理制度具有代表性的国家，从不同代表国家的发展历程、分类管理制度的特点、主要内容和带来的启示进行分析与探讨，具体如表5-2所示。

表 5-2 国外公务员分类管理辨析

	发展历程	主要内容	特点	启示
美国	○萌芽时期（1838—1922年） ○发展时期（1923—1977年） ○完善时期（1978年至今）	1. 分类基础（由职务、责任和担任这一职位所必须具备的资历决定）。 2. 实行同工同酬原则。 3. 薪酬制度按照工作岗位的难易程度、责任大小加以确定。	1. 强调理性主义。 2. 美国公务员分类管理有着完备的法律基础，体现了强烈的规则意识和法制精神。 3. 职位分类强调公务员的责任意识。	1. 职位科学分类。 2. 关注人的需要。
英国	○萌芽时期（1805—1869年） ○发展时期（1870—1967年） ○完善时期（1968年至今）	1. 把文官分为三类，即一般公务职类、跨部门职类、各部门的职类。 2. 把公务人员按职业分为10个职类与26个职组84个职系。	1. 具有很强烈的品位分类特点。 2. 在原来的品位分类基础上吸收了职位分类的优点，使品位分类和职位分类相互融合。	公务员的分类结果不是固定不变的，而是经历了一个由简单到复杂的变化过程。

续表 5-2

	发展历程	主要内容	特点	启示
法国	○萌芽时期（第二次世界大战时期） ○发展时期（1948年至今）	1. 横向上把公务员按职位高低和文化程度列为ABCD四大类别。 2. 纵向分类则是将所有公务员分为六大类，即行政类、财会类、技术类、教育和科研类、司法类、军事类。	1. 法国公务员只指那些在各级政府机关从事国家事务的所有常任官员。 2. 法国对公务员实行分类管理，主要是从横向和纵向两个维度进行分类。	在发展公共部门的分类管理制度时，应该结合品位分类以及职位分类的优点，发展适应我国公共部门的分类制度管理体系。
加拿大	○萌芽时期（1911年职位分类管理改革） ○发展时期（1966年的公务员分类管理改革） ○改革完善时期（2002年职位分类管理改革）	1. 公务员分为副部级公务员、副部级以下的行政类公务员和一般公务员类级别。 2. 公务员职位分类管理主要由加拿大财政委员会和公务员委员会掌管，由副部长、部门主管、人力资源顾问执行具体的分类工作。	1. 在加拿大公务员29个职组中，每一职组内的工作可以依据各自的职位分类标准，按照职级分值等级范围划分为若干等级。 2. 在加拿大财政委员会中，加拿大财政委员会授权联邦政府各部副部长、财政委员会制定的职位分类政策，对本机构进行具体的职位分类。	职位分类管理权责明确，管理权责明确，职级划分标准清晰合理。

95

（二）深圳公共部门人员分类管理案例

《公务员法》的实施使我国公共部门公职人员制度的法制建设步入了一个新的阶段，但与公职人员分类制度相关的法律规定尚需改进与完善。《公务员法》中第十四条规定"各职位类别的适用范围由国家另行规定"，但具体规定的缺失，使得分类制度无法真正做到处处有法可依、落到实处。因此，在实施公务员聘任制、推进职位分类制度改革过程中，需要制定相关的规定及细则。当时急需优秀的、可借鉴的、可向全国推广的试点经验。

1. 职位职系分类改革

2006年，深圳市正式启动公安系统公务员专业化试点改革，将警察划分为警官、警员、警务技术三个职组，开始试行分类管理改革，打通了警察序列的职业发展通道，取得了较大成就。2008年，国家公务员局同意深圳市开展公务员分类管理改革试点工作，在《公务员法》的框架下开展工作。深圳市在参考借鉴了中国香港地区的成功经验后，开辟了一条符合当地具体情况的公务员分类管理改革之路，初步探索建立了一套符合公务员职位性质、特点和管理需要的分类管理体系。

（1）进行职位分类体系框架设计。

按照职位性质、特点和管理需要，从现行的综合管理类公务员职位类别中划分出行政执法类和专业技术类职位，形成综合管理、行政执法、专业技术三类职位。行政执法类职位指各级行政机关中主要履行监管、处罚、稽查等执法职责的职位；专业技术类职位指各级行政机关中从事专业技术工作、履行专业技术职责，为实施公共管理提供专业技术支持和技术手段保障的职位。按照上述分类原则，先后将公安、监狱、戒毒管理、税务、交通、环保、城管、文化、规划土地监察、卫生监督、劳动监察、市场监管、食品药品监管等部门中的整建执法单位纳入行政执法类公务员改革试点单位；将公安、气象等部门的专业处室和单位纳入专业技术类公务员改革试点单位。经过3年试点后，2010年，深圳市发布《深圳市行政机关公务员分类管理改革实施方案》（深府〔2010〕22号），全面启动行政机关公务员分类管理改革，三大职位体系初具雏形。

（2）进行职组职系细分。

将公务员分成三类对达到对公务员的精细化管理和科学管理还不够，所以2012年6月，在2010年职位分类改革成果的基础上，深圳市委常委会议原则通过了市人力资源和社会保障局的《关于进一步深化公务员分类管理改革的方案》（以下简称《方案》）：健全公务员职位体系，研究探索综合管理类共通性职位管理机制，并增设行政执法类专业执法职系与专业技术类职系，对公务员类别进行了进一步细化。

1）综合管理类。

改革后的综合管理类职位包含两个职组：部门职组和共通职组。部门职组主要是指各部门中履行核心职能的职位。而共通职组指的是各个单位都有的、其工作的内容及参照的政策基本一样的职位，具体包括财务、人事、行政后勤、电子政务等职位。由于工作性质相似，此类职位可进行归类管理，改革后这类职位实施职系管理，进行统一招聘、培训、管理和考核。改革的目标是使共通性职位的公务员职业发展和职业约束不依附于单位，有独立的薪酬体系、晋升通道。

2）行政执法类。

《方案》对行政执法类职位细分为两个职组：一般执法职组和专业执法职组。在2010年职位分类管理改革的基础上，将市场监管、药品监管、卫生监督等执法队伍中专业要求较高的职位单列至专业执法职组中，进行统一管理，包括食品执法、特种设备执法、药品执法、医疗执法等。

3)专业技术类。

专业技术职位中,增设审计及统计等职位。《方案》将审计部门中财务审计、工程审计等职位设置为专业技术类职系,进入这一职系的公务员,将在规划、统计等部门中发挥作用。

(3)设置职位分类管理的职位等级序列。

深圳市公务员分类改革,除了进行"横向"的行政执法类和专业技术类的类别划分外,还进行了"纵向"的职位序列和薪级设定,从而建立职位分类管理基本框架体系。在行政执法类的职位序列设置上,由高到低建立了七级执法员序列,在七个职级之外增设了助理执法员和见习执法员两个职位序列,并明确规定了在不同职级的执法员之间不存在上下级隶属关系。对一级、二级执法员分别按一定比例进行职数管理,三级执法员以下不设职数限制,主要依据个人年功和工作业绩晋升职级,具体如图5-3所示。

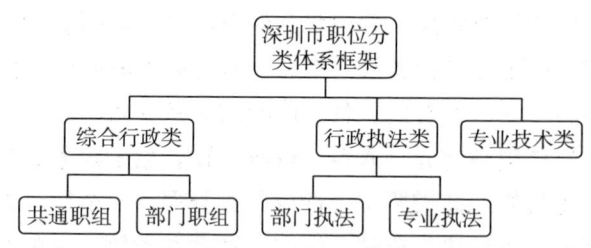

图5-3 深圳市公职人员分类管理职位等级图

2. 建立薪级工资制度

为了让分类管理落地,深圳市配套建立了薪级工资制度,行政执法类和专业技术类总共有68个薪级,并与各职级形成对应关系,每个职级对应若干薪级,每一薪级确定一个工资标准。例如行政执法类七级执法员对应6～9薪级,同样是七级执法员最低6薪级每月拿7800元,最高9薪级每月可拿8280元。同一职级薪级的变化根据个人工作年限积累和现实表现情况及年度考核,每年年度考核称职以上等次可以在职级范围内晋升一个薪级。

3. 实施职位分类管理

深圳在职位分类的基础上,根据各类别的职位特点,探索了分类招考、分类考核、分类晋升、分类培训等科学化管理制度。一是分类招考。针对行政执法类公务员不再考《申论》,取而代之的是执法相关的知识;针对专业技术类进行《专业素质测试》,比如气象专业技术进行《气象专业素质测试》。二是分类考核。根据不同类别实施考核,重点考核"能"和"绩"。三是分类晋升。行政执法类公务员晋升前需开展执法业务水平测试,专业技术类公务员晋升前需开展专业能力评估。四是分类培训。根据各职类对公务员能力素质的要求,分类培训。

4. 实行跨类交流的"底部打通"

深圳市为了实现公务员队伍专业化、职业化发展的基本目标,对于不同类别公务员在职级和薪级对应关系的"平级交流"进行了规范,采取了综合管理类和行政执法类公务员跨类交流"底部打通"的做法。即非执法单位的综合管理类公务员进入行政执法类,不论原有的职务级别高低,一律套入执法员七级;执法员进入非执法单位的综合管理类,不论处于执法员的哪一职级,一律套入科员级。而对执法单位内部的执法员和综合管理类的领导职务之间的相互套转,则按照职务晋升管理办法进行,即执法员符合竞争执法单位或系统内综合管理类领导职务以及全市副处级以上领导职务选拔条件的,可以通过领导职务竞争选拔方式转任交流至综合管理类领导职务;执法单位的综合管理类领导职务公务员可以转任交流至相应的执法员级别。与基于分类的招录、考核、晋升、培训管理同步推进。

5. 深圳市公职人员分类管理的优点

(1) 打破"天花板",拓宽公务员晋升渠道。

深圳市进行职位分类管理改革以后,将行政执法和专业技术两类公务员的职级晋升与个人年功积累和工作业绩,以及专业技术任职资格条件挂钩。此举打破了行政执法和专业技术两类公务员晋升的"天花板",只需做好本职工作,就有专门晋升通道,无须再为担心领导岗位有限、职业没有上升空间而担心。行政执法类及专业技术类公务员晋升难问题得到了一定程度的缓解,拓宽了公务员的职业发展空间,提高了公务员管理的科学化水平,搞活了用人机制,优化了人力资源配置。

(2) 提高工作效率和质量。

职级晋升制度的改革使得基层公务员不做"官"也有可预见的职业发展前景,解决了改革前靠提高机构规格、增设机构和领导职数解决公务员职务晋升以提高待遇问题,促进单位"以事为本",科学设置机构和优化内部层级管理。

(3) 解决公务员薪资待遇问题。

深圳的薪级工资制度将每个职级对应若干个薪级,这提高了工资透明度,利于调整和监督。同时,创新工资增长机制,年度考核职称上升一个等次的可在其职级对应的薪级范围内晋升一个薪级,破解长期困扰基层公务员的"级别不提、工资不涨"问题。

(4) 提高公务员管理科学化水平。

在职位分类的基础上,通过对不同类别公务员实行差异化管理,改变了"招考一张卷""考核一把尺""培训一堂课"的模式,提高了选人用人的针对性,加强了公务员队伍的专业化建设。公务员管理从经验管理向科学管理转变,更加符合工作实际。

6. 深圳市公职人员分类管理存在的问题

（1）传统通才培养观念阻碍公务员专业化建设。

深圳改革规定，行政执法类公务员转任本市综合管理类非领导职务的，七级执法员以上职级的确定为科员，任职时间重新计算。该设计旨在让不同职类、职组之间相对封闭和独立，以确保公务员能够在一个序列里积累经验和年资，从而提升公务员队伍的专业性和稳定性。然而传统的干部人事制度强调多岗位轮换以培养通才，跨类交流是我国干部人事制度的重要特点，干部交流管理中品位制观念渗透在用人各个环节，这与公务员分类管理改革形成冲突，基于职位的科学理性价值被打折扣。

（2）公务员队伍人才流失严重。

虽然深圳市对薪资制度进行了改革，规定职级决定工资，但在实际运行中，公务员基本工资由职务工资和级别工资构成，工资的高低主要由职务层级高低决定。基本工资收入占公务员整体收入的比重偏低，工资制度缺乏透明度。级别工资只占公务员薪资收入的一小部分，其余部分几乎全部由职务确定，所以实际上公务员的工资仍基本由职务决定。基层公务员晋升空间小，工资待遇低，这就容易造成人才流失严重，不利于基层公务员队伍的稳定。

六、"互联网＋"背景下公共部门人员分类管理发展趋势

传统的人员分类管理，无论是品位分类还是职位分类，虽然有着无可替代的优势，但各自也具有一定的局限性，且互相存在一定的互补作用，如何实现扬长避短，充分发挥二者的优势，是目前新环境下我们要考虑和解决的重要问题。2015年7月4日，国务院印发《国务院关于积极推进"互联网＋"行动的指导意见》，体现了"互联网＋"与生活工作的密切联系。利用信息通

信技术以及互联网平台与公共部门人力资源管理相结合,会对未来的政务服务等工作提供一个全新的思路。在"互联网+"时代下,组织的运营和管理方式与以往相比有很大改变,公共部门的人力资源分类制度也应该顺应时代的要求做出相应的改变,才能适应时代的发展,有利于公共部门的高效运作。

(一) 品位分类和职位分类进一步融合

从 20 世纪 70 年代开始,实行品位分类制度的国家纷纷吸收职位分类制度的先进方法,使分类更加系统化和规范化。英国作为典型的品位分类制度国家,在 20 世纪 70 年代对其品位分类制度进行了改革,引入了职位分类制度,在原有的公务员分类制度的基础上,将非工业部门的公务员按工作性质划分了综合类、科学类、专业技术类等 10 个职类、26 个职组、84 个职系。美国作为最早实行职位分类制度的国家,在 20 世纪 70 年代对其职位分类进行了改革,将一般职务类(GS)中的 GS15 至 GS18 职等改为品位分类,取消了职等,只设工资级别,实行级随人走,以便于高层官员的职位流动。同时,改变了原来人员只能在职系内流动的状况,允许公务人员像品位分类那样跨职系流动,竞争上岗。

当代公共部门的人员分类管理既强调发展综合性人才,也广泛需要专业性人才。进入互联网时代,单一的知识结构很难适应不断变化的职场环境,因此"互联网+"强调跨界思维,跨界思维就要求公共部门人员精通业务,除了掌握本职行业的知识外,还需要掌握运营管理、业务流程、行业产业链知识以及互联网运用的相关能力,包括互联网思维、大数据处理能力等;同时,随着"互联网+"信息技术和信息传递的不断渗透,公共部门的发展更多依靠员工的脑力劳动,而非机械作业的廉价劳动,职位对员工的专业知识和技能等个人能力的要求逐渐提高。

（二）职位分类方法更加科学化

公共部门对于公共部门人力资源管理中人员分类管理，需要充分考虑信息获取的来源及方法。而大数据是能够实现将不可计算的、非结构化、非量化的信息科学数据化和精准量化的过程，可以对人力资源管理过程中的数据信息进行规律性分析。因此，我们可以结合互联网、数字化趋势、人才开发信息化，运用现有的互联网大数据技术，思考信息的传播以及存储更新问题，提高部门运用相关信息的能力。数据化的人才管理成为公共部门人员分类管理的重要内容。利用大数据，对职位自身的工作性质、繁简难易程度等因素进行量化分析，设置更加科学化的人员岗位体系，同时利用大数据设计出与职位系统最为匹配的能力系统，成为人员的选聘标准，有利于剔除人力浪费，从而提升人才匹配决策的科学性。

（三）人员管理精细化

传统的公共部门人员分类管理实行的是"粗放式管理"，对综合管理类、行政执法类和专业技术类采用统一且粗犷的管理制度。在"互联网＋"的趋势下，公共部门可以充分利用大数据资源和技术，对公共部门的员工进行"精细化管理"，提高管理科学化水平，在职位分类的基础上，通过改变传统的"招考一张卷""考核一把尺""培训一堂课"的模式，对不同类别公务员实行差异化管理，采用网络培训等方式，提高选人用人的针对性，加强公务员队伍的专业化建设。

（四）分类管理制度逐步简化

随着新公共管理运动的开展，越来越多的国家对公共部门的工作效率越来越看重，效率的高低成为衡量政府好坏的主要标准。因此，许多国家开始简化分类制度，以提高公共部门人力资源的管理效率。加拿大对其原有的职位分类制度进行了改革，废除了原有的72套职位分类标准，代之以一种能适应所有公共部门工作特征的评价体系，简化了人员分类，使其更具灵活性。在"互联网+"趋势的影响下，公共部门人事管理更多借助智能工具，包括使用App签到、考勤、请假等；利用大数据工具抓取相应评价指标，设计出更为合理且适用于所有公共部门的评价体系，能够极大地降低管理成本，提高公共部门人力资源的管理效率。

（五）打破部门界限和岗位职责界限

"互联网+"改变了原有的金字塔式、命令式的协同方式，形成了新的自动交互协同，流程化、团队化运作模式，实现了人与岗位之间、人与人之间以组合交互的方式进行劳动和合作的创新。在这种发展背景下，为了最大限度地满足客户的需求，提高公共部门的工作效率，其需要打破部门界限和岗位职责界限，使公共部门的管理转变为流程管理和团队管理，同时实现人员分类进一步简化，实现公共部门在"互联网+"下的去中心化、扁平化管理，使得传统公共部门上层拥有权力和话语权的局面发生极大改变，每一层级的员工都可能成为公共部门运作的中心。

第六章 公共部门的人员招聘与任用

一、公共部门人员招聘概述

（一）公共部门人员招聘的含义

人员招聘，是"招募"与"聘用"的总称，目的是为组织中空缺的职位寻找并甄选合适人员①。招募与甄选是公共人力资源管理人员招聘过程中最主要的两个环节，也是本章主要介绍的内容。

所谓招募，是指公共部门为了吸引更多的应聘者所组织的一系列活动，如发布招聘信息、接待应聘者咨询和登记、接收应聘者的工作申请书等。招募是招聘过程的重要组成部分。这一阶段主要包括两项主要活动，即信息发布和接受应聘者申请。

所谓甄选，是指组织为了从求职者中选拔出最有可能胜任某一工作岗位者，根据一定的原则，通过各种信息途径和技术方法来确认合格人选的过程。

所谓公共部门人员招聘，是指根据公共部门的职位需求，通过收集信息、招募甄选等活动，把具有一定能力和资格的符合职位要求的合适人选吸纳到公共部门空缺职位上的过程。简单地

---

① 萧鸣政. 人力资源开发与管理——在公共组织中的应用 [M]. 北京：北京大学出版社，2005.

讲，公共部门人员招聘就是吸引符合公共部门空缺职位任职资格的候选人①。

(二) 公共部门人员招聘的目标和原则

1. 招聘的目标

人员招聘的目标是满足公共部门发展的需要，弥补岗位的空缺。最直接的目的是获得组织发展所需要的人，并降低招聘成本，规范招聘行为，确保人员质量等②。

公共部门人力资源管理最重要的是要实现"人与工作的匹配"。只有实现人与职位之间的良好匹配，才能产生较好的工作绩效以及其他的组织绩效。公共部门的招聘是在人力资源规划与预测的基础上，为组织吸收、任用和提升新的合格人才，以维持组织人员自然循环，确保组织任务和目标实现的重要工作。作为人力资源的入口管理，它是整个人力资源管理过程中的关键环节，在整个人力资源管理中具有重要的意义③。

2. 招聘的原则

公共部门人员的招聘是一项政策性和社会性较强的活动。目前在公共人力资源管理中，政府部门工作人员与非政府公共部门工作人员（如非营利组织、公共企业和国际组织等部门的职员、临聘人员等）的招聘原则基本相似。

关于政府部门工作人员的招聘原则，以公务员为例，我国《公务员法》提出："公务员的管理，坚持公开、平等、竞争、择优的原则，依照法定的权限、条件、标准和程序进行。……公务

---

① 刘帮成，胡近. 公共部门人力资源开发与管理 [M]. 上海：上海交通大学出版社，2009.

② 傅夏仙，吴晓谊. 公共部门人力资源管理基础 [M]. 上海：上海人民出版社，2005.

③ 鄢龙珠. 公共部门人力资源管理 [M]. 厦门：厦门大学出版社，2010.

员的任用,坚持任人唯贤、德才兼备的原则,注重工作实绩。……机关聘任公务员,应当按照平等自愿、协商一致的原则……"① 我国现行《公务员录用规定(试行)》(2007年11月)中提出:"录用公务员,坚持公开、平等、竞争、择优的原则,按照德才兼备的标准,采取考试与考察相结合的方法进行。"总的来说,目前政府部门工作人员招聘中"公开、平等、竞争、择优"的原则较为深入人心。同时,公务员考试录用制度的应用与完善,提高了招聘政府工作人员的素质,优化了政府人才队伍的结构,也促进了整个政府和谐有序的发展,"逢进必考"的原则也随之形成。

非政府公共部门工作人员的招聘原则在某种程度上参照了公务员等政府部门工作人员的招聘原则,但在招聘形式上,非政府公共部门工作人员相对更加灵活多样,有时非政府公共部门人员的招聘工作也会参考一般企业的招募渠道和甄选方法。

不同的公共部门虽然有不同的招聘机制,但普遍都从招聘需求、招聘方式、测评方法、命题规范、聘用管理、甄选方式等多环节进行科学设计和组织,以适应各自不同的用人需求。总的来说,公共部门人员招聘基本上共同遵循的原则概括起来有以下几点[②]:

(1) 公开原则。

公开原则体现在考试公开和录用公开。所谓考试公开,是指招考单位将招考的种类、数量,报名考试的资格条件,考试的形式、科目、时间和地点等事宜向社会广而告之,使考试公开进行。所谓录用公开,是指公开考试合格者的名单进行公示,并正

---

① 中华人民共和国公务员法(2017 修订)[EB/OL].(2018—07—26)[2018—10—10]. http://xinchang.zjcourt.cn/art/2018/7/26/art_1317390_19649464.html.
② 傅夏仙,吴晓谊. 公共部门人力资源管理基础[M]. 上海:上海人民出版社,2005.

式通知合格者本人。考试人若对考试评分或录用环节有疑问,可以提出申诉,要求复核或依法裁决。

遵循公开原则一方面有利于公共部门在最大范围内动员社会各种人才参加考试,从中选拔优秀人才;另一方面也有助于对考试录用工作实施广泛的社会监督,以防止考试录用过程中不正当行为的出现。

(2) 平等原则。

所谓平等原则,一方面是指凡具备报考条件的社会公民的法律地位平等,都应享有平等的参与竞争的权利和机会,而不应由于一些人为的因素(如人际关系、性别等因素)而受到不同的对待。只有遵循平等原则,才能真正做到不拘一格选拔人才。另一方面,平等原则还具体表现为用人部门和应聘者之间的双向选择。双向选择是人力资源科学配置的基本原则,公共部门根据发展的要求自主地选择自己所需要的人力资源,同时求职者也可以根据自己的条件自由地选择职业,对劳动力和用人单位来讲都是非常有好处的。例如,在现在的公务员录用方式中,用人部门会先根据自己的用人需求整理发布招录岗位表,求职者会再结合自己的自身条件与求职意向从中选取适合自己的岗位进行报考,最后用人部门会从报考的人员中甄选出最适合自身部门用人需求的人员进行录用,这一过程就充分体现了公共人力资源在招聘中的双向选择原则。在采取聘任制的公共部门中,平等原则也是实现"平等自愿、协商一致"的招聘结果的前提。

(3) 竞争原则。

所谓竞争原则,是指通过竞争性的考试和审核鉴别确定应试人员的优劣,做到对应试人员的择优录用。只有通过竞争,优胜劣汰,公共部门才可能选拔到真正优秀的人才。实现公平竞争的原则,择优是保证,没有择优,竞争原则就是一句空话,不可能得以实现。

(4) 择优原则。

择优原则是指甄选和录用部门根据报考者的综合条件择优选择。我国的公共部门人员考试甄选，不仅要考虑报考者的文化知识和业务能力，而且要考虑其政治态度和思想品质。在公开、平等的前提下，对报考者按照德才兼备的标准进行资格的多层次评价，综合考察报考者的知识、能力、政治立场、道德品质等素质，并以考试、考核结果为依据，择优录用，从而实现"任人唯贤、德才兼备"的效果。

上述原则的贯彻执行需要有切实的保障。一方面是法律保障，即制定相应的法律法规，并做到严格执法，从制度上堵塞漏洞，防止录用过程中种种问题的出现。法律保障还表现为对公共部门人员录用过程的监督，各级政府的监察以及有关的专门性监督机构要对各公共部门的人员录用程序实施监督，并受理对公共部门管理人员在录用环节中违法违规的申诉和控告。另一方面是技术保障。为了避免公共部门在考试录用过程中不正当行为和不公正现象的出现，需要精心设计考试录用的各个环节，包括部门人员需求预测，考试事项的广泛宣传，以及命题、报名、资格审核、组织考试、判卷、录取和录取通知的发放等环节。做到科学、规范、严密和公正，通过各个环节的科学设计测试出应试人的真实能力和水平，使考试真正具有竞争性，同时也使各种不利因素无隙可钻。

（三）公共部门人员招聘的一般程序

公共部门人员的招聘是一个复杂、完整而又连续的程序化的操作过程，这一程序的每一组成部分都是为了保证组织人员招募甄选的质量，确保为公共部门录用到合格、优秀的人才。人员招聘的程序一般包括准备、招募、甄选、录用和评估五个阶段，具体流程如图6-1所示。

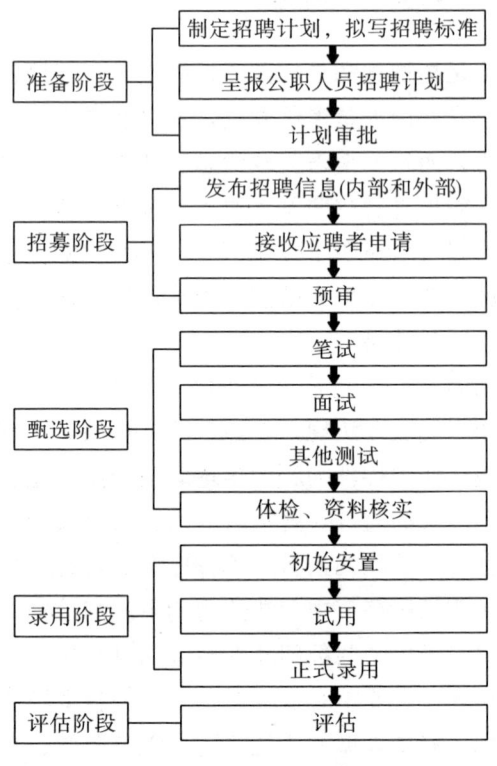

图 6-1 公共部门人员招聘程序流程

1. 准备阶段

(1) 招聘的需求分析。

公共组织中出现职位空缺,由此提出人员增补需求,人员招募甄选工作开始。根据人力资源预测和现有人力资源配置状况分析,通过制订人员招募计划,准确把握组织对各类人员的需求信息,确定人员招募的数量、质量、种类和结构。

招聘需求的产生可能有三个原因:一是组织人力资源自然流失,即因员工的调动、离职、退休、休假等产生的岗位空缺;二是组织业务量变化,因组织成长发展导致的岗位空缺;三是现有人力资源配置不合理,即人与岗位不匹配导致的岗位空缺。

(2) 确定招募甄选的负责部门。

制订招募实施计划,一般由人力资源管理部负责人员招募甄选,也可由具体职能部门负责制订实施计划,包括招募人数、招募标准、招募对象、招募经费预算、参与人员等。

(3) 确定招募方式。

根据组织的具体情况,选择合适的招募方式、方法,可以几种方式结合使用,如学校招募、网络招募、内部招募等。

2. 招募阶段

(1) 招募信息的发布。

由于需招募的岗位、数量、人员要求、招募对象来源和范围、招聘预算不同,招聘信息的发布时间、方式、渠道和范围也不同。常见的信息发布的方式包括通过线下宣传海报、报刊、电视等传统媒介发布,通过微信、微博、网页、流媒体等新兴媒介发布。无论是哪种形式的信息发布,都必须遵守"涉及广、及时性、层次性"的原则。以广安市2017年上半年公开考试录用公务员(参照管理工作人员)为例,其公开考试录用公务员的公告同时发布在四川人事考试网(www.scpta.gov.cn)、广安市人力资源和社会保障局门户网站(www.gahrss.gov.cn)、广安人事考试网(www.gapta.gov.cn)这三个官方网站,并被学宝公务员考试资讯网(http://www.chinagwy.org)、中公网校(http://www.eoffcn.com)等教育考试类官网转发,在四川华图、四川中公教育等教育考试类官方微信公众号和官方认证微博上也相继被转发。

(2) 接受应聘者的申请。

在此阶段需要:①确定应聘者的申请方式;②明确职位申请表的内容;③确定职位申请表的作用。

3. 甄选阶段

公共部门人员的甄选,包括资格审查、初选、面试、测试、体检、个人资料核实、职务安排等环节。这些环节大致分为前期、中期和后期三个阶段。

（1）前期：资格审查和初选。其中，资格审查是对求职者是否符合职位的基本要求的一种审查。审查对象是求职者的个人资料或填写的应聘申请表。

（2）中期：笔试、面试。这是甄选工作的重点。通过这两个步骤，公共部门往往能够对应聘者有较全面的了解，从而从中选出合适的公职人员。

（3）后期：体检、其他测试、个人资料核实。这是对申请者身心健康和资料真实性的确认。

4. 录用阶段

由于公务员的任免在公共部门人员录用中具有代表性，因此，公务员任免是指依照法定程序，任命或者免除公务员单位的某一职务。

第一，任职方式：《公务员法》规定了我国目前主要采用的三种任职方式。

·选任制：通过民主选举的方式任用公务员。

·委任制：由任免机关确定任用人选，并直接按法定程序以任命方式指定其拟任一定职务。

·聘任制：对于公务机关所需要的特别技术人才所采取的合同制任命方式。

另外还特别规定了领导任期制和严格限制机关外兼职的任职方式。

第二，公务员的职位聘任制度。

适用情形：公务员聘任制度的对象只能是非涉及国家机密的且专业性较强的职位和辅助性职位。

聘任方式：公开招聘和直接选聘。

制度特征：

- 订立聘任合同，协议工资制。
- 任期1~5年（试用期可约定1~6个月）。
- 人事争议仲裁解决争议。

包括公务员任职在内，公共部门人员录用的通用流程一般包括三个步骤：

首先，合格者成为组织的试用人员。在试用之前，需接受初任任职培训。通过多种形式的任职培训，试用人员可以充分了解组织和工作职位的状况。掌握工作所需要的有关知识技能。

其次，试用人员上岗试用。目的是通过工作实践进一步考察试用人员的工作适应能力。同时，也为试用人员提供深入了解组织和职位的机会。事实上，试用期间，组织与试用人员仍可双向选择，双方不受任何契约影响，试用期可为2个月至1年不等。

最后，正式录用。试用期满后，对试用人员的工作绩效和适应性进行考核。合格者正式录用为组织人员，双方签订任用合同或其他契约。

5. 评估阶段

对招聘活动的评估主要从两方面进行：一是对招聘结果的成效评估，即对照招聘计划对实际招聘与录用的结果从数量和质量两个方面进行评估总结，检验公共部门是否获得了其理想的人员匹配；二是对招聘工作效率的评估，即对时间效率和经济效率进行评估，以便及时发现问题、分析原因、寻找解决的对策、及时调整有关计划并为下次的招聘工作总结经验教训。

二、公共部门人员招募的渠道与甄选的方法

（一）公共部门人员招募的渠道

公共部门人员招募的渠道有很多种，实际采取哪种形式应视成本和效益而定，从大的方面讲，主要有两种基本类型：外部招

募和内部招募。

1. 外部招募

外部招募是根据一定的标准和程序,从组织外部众多工作申请者中选拔符合空缺职位工作要求的公职人员。这里我们介绍几种常用的方法:

(1) 网络招募。

网络招募的优势在于形式灵活多样、信息传播快、成本低。通过网络进行招募可以通过多种媒体形式和展示手法发布形式多样的招募信息。同时,与线下招募复杂的人员物资安排相比,它能省下很多管理费用,节省大量的招募成本和时间,还会使应聘者很快就能掌握用人单位的职位要求和工作内容及薪酬等自己所关心的信息,从而更容易通过信息的比较来确定自己所要应聘的组织和职位。

这一形式的缺点是网络本身存在众多不稳定、不安全的因素,这可能影响公共部门人员招募信息发布的安全性,求职者在获取网络信息的过程中也会面对信息筛选的困扰。但由于网络技术的发展速度快,其不足之处也在快速被修复,如今的公共部门都应该把网络作为一种有效的手段在人员招募中加以充分利用。为了提高保险性和拓宽招募渠道,公共部门应把网络招募与其他招募方式结合起来。

通过互联网进行招募是 21 世纪以来日益广泛使用的招募方式,如今互联网已经融入社会的方方面面,在"互联网+"的大背景下,公共部门的人员招募将会变得更加高效,在形式上也将更加方便灵活,网络招募成为大多公共部门招募的首选方式。"互联网+"背景下公共部门人员招募与甄选的新内容将在本章第三节进行详细介绍。

(2) 传统广告媒介招募。

在传统广告媒介上发布广告虽然不是政府部门常用的招募方

式,但在众多非营利组织和公共企业中依然经常使用,其载体主要选择受众广泛的媒介,如报纸、杂志、电视、广播等。但这种方式如今正在大量地被网络招募所替代。

这种方式的优点在于:信息发布广泛而安全,流通量大,招募到理想人才的机会也较大。缺点在于:广告留存时间短,成本较高,信息容量少。其需要注意三个方面:

一是要选择适宜的传播媒体。广告媒体的选择一般根据招募工作岗位的类型和组织自身情况而定:低层次的职位可以选择地方性的传媒;高层次的职位应选择全国性的传媒;如果要招募专业人才,那最好选择专业性的传媒。

二是在招募广告中应把诸如工作内容、工作时间、工资收入、工作环境、资格条件等主要的招募内容展示出来。

三是在设计广告时,为了突出创意,招募广告的结构一般应当遵循 AIDA 四个原则,即注意(Attention)、兴趣(Interest)、欲望(Desire)和行动(Action),从而引起应聘人员的欲望并应征行动。

(3)学校招募。

每年从大学毕业的专科生、本科生和研究生是公共部门所需的付诸实际的人员的优质来源。经由学校的学生工作处或就业部进行人员招募,是我国公共部门传统的、主要的人员招募方式。组织的人力资源部门应与高等院校的毕业生就业管理部门保持较好的联系,及时掌握其专业设置和毕业生情况,定期去校园开展人才招募活动。

这种招募方式的优点在于:应聘者的素质大都比较好,知识结构比较新,具有很强的发展潜力,素质有一定的保证;同时,应聘的人数很多,公共部门人员选择余地比较大,可以有计划地进行招募甄选。缺点在于:学校毕业生急于找工作,通常会同时应征多份工作,如果遇到更好的工作,通常的结果是被选中者很可能选择其他组织而临时拒绝聘约，使聘任工作前功尽弃；同时，校园招募在时间上有一定的限制，缺乏灵活性，不适合急需填补的职位空缺招募。

因此，为了获得高素质的人才，组织在采用校园招募方式时应注意以下几个方面的问题：一是要选派工作能力强的人参加招募，因为他们在应聘者面前代表着组织的形象和信誉；二是要尽可能采取多种形式宣传组织情况，充分展示组织吸引力，特别是要尽可能详细地介绍组织的发展前景、能提供给员工的发展机会、组织的知名度等毕业生所关注的情况；三是对工作申请者的回复要及时，否则会对申请者的决心产生不良影响。

（4）社会中介组织和社会招聘会。

职业介绍所和人才交流中心等社会中介组织和各种层次的社会招聘会，在过去是连接组织和求职人员的主要有效桥梁。但随着"互联网+"的发展和推进，公共部门发布信息的平台变得丰富多样，求职者获取信息的方法也灵活多变，这一招募渠道的重要性不再显著。

这种方式的优点在于：公共部门在招募过程中省时省力，不需要进行前期宣传，社会中介组织和社会招聘会能很快给组织募集大量应聘者。社会中介组织还能代为初步筛选工作申请者，同时，一些没有设置专门的人力资源部的组织可以在此得到专门的咨询和服务。它的缺点在于：费用相对较高；同时，职业介绍所和人才交流中心的信誉有待加强，一些不规范的操作也可能使组织失去一些高素质的员工而引进不合格的人员。

随着我国市场经济体制的建立和政府职能的转变，这一形式或许会在"互联网+"的浪潮中变化出更多的模式，其在公共部门人才招募中的应用也许会迎来改变。

（5）转业军人的安置。

在我国，转业军人的安置是公共部门的一项政治任务。因此，从转业军人中招募所需人员，也是公共部门招募人员的主要渠道之一。目前，转业军人已在公共部门工作人员占相当比例，有的还担任了重要领导职务，对公共部门事业的发展做出了重要贡献。但转业军人大多缺乏公共部门所需的专业知识，只能从事后勤等辅助性部门的工作。为了改变这种不相适应的状况：一方面公共部门对转业军人招募与录用同样应经过严格的甄选，而不能仅仅由上级来分配；另一方面也要重视对转业军人的培养和提高，以培养更多能够适应新时期公共部门工作的合格人才，供其甄选。但是，这一问题的根本解决，还要靠我国军队管理体制的改革。

（6）内部职员推荐。

在我国这样人情文化比较浓厚的国家，部分公共部门会通过现有职员或朋友介绍人选来填补职位空缺。这种方式存在一定的好处：在理想情况下，推荐人清楚组织的运作及职位要求，因此所推荐的人员多数都符合职位要求；另外，应聘者已于事前从推荐人那里了解到了工作环境、要求及前景，加上碍于推荐人的情面，会在录用后更加努力工作，且不会随便离职。因此，这种招募形式在理想的情况下不仅可以节省招募人才的广告费和付给职业介绍所的费用，还可以获得忠诚而可靠的员工。

但在我国，这一形式的缺点就在于：让现有职员介绍家属或者朋友来填补职位空缺，很容易形成小的私利集团，影响组织利益；另外，这一形式存在较多的暗箱操作和人情运作的可能性，因此并不被广大公共组织所推崇。

2. 内部招募

内部招募就是从组织内部来选拔合适的人员来填补空缺或补充新增设的岗位。公共部门员工的内部来源主要包括内部提拔、调用、工作轮换和内部竞聘等。

（1）内部提升。

内部提升是指组织中有些比较重要的岗位需要招聘人员时，让组织内部符合条件的员工从一个较低级的职位晋升到一个较高级的职位的过程。这种方法的优点是：对员工的激励性强，省时、省力、成本低。缺点是选择范围较小，容易导致近亲繁殖。

（2）职位转换。

职位转换是指组织从内部的其他部门选择合适的人员补充到组织空缺岗位的过程，包括工作调换和工作轮换。工作调换又称"平调"，即职员的职务级别不发生改变，只是工作岗位发生改变，一般适用于中层管理人员，可以为职员提供在组织内从事多种相关工作的机会，为职员今后的职业晋升与发展奠定基础。工作轮换则适用于一般职员，既可以使有潜力的职员在各方面积累经验，有利于今后的晋升，又可以减少职员因长期从事某项相同的工作而带来的枯燥感。职位转换的缺陷是如果处理不当，可能会影响职员的工作积极性。

（3）内部竞聘。

组织内部竞聘通常采用职位公告和职位投标的做法。职位公告是指通过公告或组织的报刊向员工通告组织空缺职位的情况。通常，职位公告应该包括职位的职责、义务、必需的资格、工资水平及其他有关信息，如截止申请的日期、申请的程序、测试的内容等。职位投标是指允许那些自认为具备资格的员工申请公告中职位的自荐过程。这种方法提供组织内部公平竞争的机会，有利于调动全体员工的积极性，同时也可以实现更高程度的"人职匹配"。但这项制度最大的缺点就是甄选与调用周期较长，延长职位空缺的时间[①]。

---

① 赵曼．公共部门人力资源管理[M]．北京：清华大学出版社，2005．

（二）公共部门人员甄选的方法

在遵守招聘原则的基础上，我国公共部门的常用甄选方法有以下几种。

1. 笔试

笔试是最古老、最基本的人员甄选方法。它是通过让应征者在试卷上笔答事先拟好的试题，然后依据解答的正确程度或成绩进行测评的方法。它是考核应聘者学识水平的重要工具，这种方法可以有效地测评应聘人员的基本知识、专业知识、管理知识、综合分析能力和文字表达能力等素质和能力。

笔试法一般分为两类：一类是论文式笔试法，也叫主观性笔试法，这种测试法采用应试者依据题目写论文的形式进行答题，阐述其对于某一问题的主张和见解；另一类是短答式笔试法，也叫客观性笔试法，其做法是让考生在规定的时间内通过填空、选择和判断等方式，用简明的文字或符号回答很多问题。

以我国国家公务员考录制度为例，其方式是笔试和面试相结合。笔试内容包括公共科目和专业科目，具体如表6-1所示。

表6-1 我国国家公务员考录制度笔试内容

考试类型	考试项目	考试内容	负责部门
笔试	公共科目	行政职业能力测试	中央公务员主管部门
	公共科目	申论	中央公务员主管部门
	专业科目	按需设置	省级以上公务员主管部门
面试	结构化面试	按需设置	省级以上公务员主管部门
	无领导小组讨论	按需设置	省级以上公务员主管部门

笔试的优点表现在：一是经济性。笔试可对大批应试人员在不同空间、不同时间内实施，测评效率高。二是广博性。笔试的试卷内容涵盖面广、容量大，一份笔试试卷常常可以出几十道乃

至上百道不同类型的试题,因而通过笔试可以测试出应聘者的基本知识、技能和能力,测试的信度和效度都比较高。三是客观性。这是它最显著的优点,考卷可以密封,主考人与被测者不必直接接触,评卷又有可记录的客观尺度,考试材料可以保存备查,这较好地体现了客观、公平、公正原则。总之,采用笔试的方法,机会均等而且相对客观,这是其他方法难以替代的。

笔试的缺点在于:偏重于机械记忆,不易发现个人的创造性和推理能力,不能全面地考察应聘者的工作态度、品德修养以及组织管理能力、口头表达能力和操作技能。因此,笔试一般不能单独使用,还必须采用其他测试方法作为补充。

2. 面试

面试是应聘者在主考人面前,用口述方式现场回答问题,主考人根据应聘者在面试过程中的行为表现及回答问题的正确程度进行测评的一种方法。面试是人力资源选择过程中最常用的一种选拔手段,据国外的有关资料表明,90%以上的组织在员工选拔中至少要进行一次面试。

通过面试,可以判断应聘者运用知识分析问题的熟练程度、思维的敏捷性、语言的表达能力,并且通过应聘者在面试过程中的行为举止,可以了解到应聘者的外表、气质、风度、情绪的稳定性等特质,此外,通过面试还可以核对应聘者个人材料的真实性,具体内容如表6-2所示。

表6-2 我国国家公务员考录制度面试内容

考试类型	考试项目	考试内容	负责部门
面试	结构化面试	按需设置	省级以上公务员主管部门
	无领导小组讨论	按需设置	省级以上公务员主管部门

依据面试的方法不同,可以划分出多种类型的面试方法。

第一,非结构化面试。面试人员依自己兴趣随意向应聘人员提出问题，这种方式可以广泛地发掘应聘者的兴趣所在。

第二，定型式面试。面试人员依据预先设计好的一系列问题向应聘者发问，这种方式有利于确保了解所有需要了解的重要信息。

第三，结构式面试。面试人员所提的问题都是与工作有关的问题，且事先已确定应聘者可能有的答案，面试人员依据面试者的答复，当场做出不理想、普通、良好、优秀等结果评价。

第四，系列式面试。由组织不同层次的人员先后同应聘者进行面谈的面试方法，各个面试人员依个人观点提出不同问题并做出评价，最后进行综合。这种方式有利于形成逐步深入、内容丰富的面谈。

第五，陪审团式面试。由多个面试人员（一般3～5人为最佳）同时跟应聘者面谈。

第六，压力面试。由专业的面试人员依据工作的重要特征，向应聘人员施加压力，测试应聘者如何应付工作压力。典型的压力面试是以穷追不舍的方式向应聘者发问，逐步深入，直至应聘者无法回答，以考查其机智程度和应变能力。使用压力面试，需要面试人员熟练掌握这方面的技巧，并确定压力的确是工作的一个重要特征。

第七，模式化行为描述面试。由面试人员向应聘者描绘出一幅"时间图画"，要求应聘者描述其在这种特定情景下的行为方式，面试人员依据应聘者的行为是进取性的、武断性的还是被动的，归纳出其行为模式，并与空缺职位所期望的模式进行比较，得出评价结果。"时间图画"中的行为模式可以是与职业选择有关的，也可以是与事业发展有关的。

第八，计算机辅助面试。计算机辅助面试的基本方法是向应试者展示一系列有关他（她）的背景、经历、受教育程度、知识水平和工作态度的问题，这些问题与应试者受聘后的具体工作有关,问题多采取多项选择形式,每次一个问题,要求应试者通过键盘选择屏幕上的问题作答。

3. 心理测试

根据"特质理论",每个人的个性基本机构的单元是特质,特质表示在不同时间和各种情况下,人的行为的某些类型及其规律。心理测试就是基于上述理论,通过对人的一组可观察行为样本,进行有系统地测量,推论人的心理特点。

心理测试有许多类型,但甄选过程中所用的主要是能力测试和个性测试两种,因为这两种测试的结果对预测未来的工作绩效有较大帮助。

(1) 能力测试。

能力测试分为普通能力测试、特殊能力测试和成就测试。

普通能力测试主要是测试应聘者的思维能力、想象力、记忆力、推理能力、分析能力、数学能力、空间关系能力及语言能力等,一般通过词汇、相似、相反、算术计算、推理等类型的问题进行评价。在这种测试中得高分者被认为具有较强的能力,善于找出问题症结,能取得优良的工作业绩。需注意的是,某种特定的测试也许只对某类特定的工作有效。

特殊能力测试用于对特定能力或才能的测试,如空间感、动手灵活性、协调性等,另外还包括一些专业的基础知识,常用的方法有斯特龙伯格灵敏度测验、明尼苏达操作速度测验、普度钉板测验等。

成就测试是考察一个人已经拥有的能力,主要测试应聘者已经具备的有关工作的能力水平,比如测试一名打字员每分钟能打多少字。

(2) 个性测试。

一个人的工作能否做好,不仅仅取决于一个人的能力高低,个性品质也会对工作绩效的好坏产生很大的影响,因此,把对应聘者的个性测试纳入招募、甄选过程中就十分必要，对于那些需要比较多人际交流的职位更是如此。个性品质主要包括人的态度、情绪、价值观、性格等方面的特性，对个性品质的测试主要有影射法、个性品质问卷调查法和兴趣盘存法等。

第一，影射法。影射法是让受测者看过一个不明刺激物，如图片、墨迹等之后，要求他们诠释其意义或观察他们有何反应，因为刺激物相当模糊，所以应聘者所做的诠释，实际上是他们内心状态的一种影射，他们会将自己的情感态度及对于生活的理想要求融入诠释中，由此可以测试出应聘者的个性品质。此外，属于影射性的测试方法还有：要求应聘者编造或创造出一些东西或故事；图画的构造法；要求应聘者完成某种材料，如句子的完成法；要求应聘者依据某种原则对刺激材料进行选择或排列的选择排列法等。

第二，个性品质问卷调查法。个性品质问卷调查法是通过让应聘者对个性品质调查表中的问题进行回答，依据得分统计判断应聘者的个性品质倾向。调查表中的问题一般包含与行为、态度、感觉、信仰等有关的陈述式问题。典型的调查表有明尼苏达多项个性调查表、爱德华兹个人偏爱顺序表、卡特尔16因素测评等。

第三，兴趣盘存法。兴趣盘存法是将应聘者的兴趣进行逐一比较，判断应聘者适合从事什么工作。其理论依据是，假如应聘者在兴趣方面与绩效优异的在职人员相雷同的话，应聘者将来也可能有良好的表现。

总之，个性品质测试的根本目的是通过对应聘者个性品质的考查，判断应聘者的工作动机、工作态度、情绪的稳定性、气质、性格等素质是否与空缺职位的要求相近或相同，若是，就是合适的人选。

4. 行为模拟测试法

它也称情景模拟法,是指根据在一种情景下应聘者所表现出的与职位要求相关的行为方式,判断应聘者是否适合空缺职位的一种测试方法。这种方法比较适合用于评价具有某种与职位相关的潜能,但又没有机会表现的应聘者,通常采用的行为模拟方式有:

(1) 文件筐处理。

要求应聘者对文件筐中的各类信件、便笺等进行处理,并做出决定,制订计划,组织资源和安排工作,要求合作、撰写回信和报告,依此测出应聘者的工作主动性、独立性、敏感性、组织规划能力、合作精神、分析判断能力、决策能力等。

(2) 分析模拟。

分析模拟是向应聘者提供有关某种情况的资料,要求其进行分析并提出合理的行动程序,以此观察应聘者筛选数据、分析问题、进行决策的能力,并进行评价。

(3) 面谈模拟。

面谈模拟是由应聘者扮演一个角色,评价员扮演与之相对的角色,进行与工作相关的某种情景下的模拟行为和对话,依此来评价应聘者的组织能力、领导能力、灵活性、口头表达能力、控制能力及压力下的工作能力等。

并非所有的甄选都需要采取行为模拟测评方法,它一般是作为面试法的补充,是否运用它还要取决于甄选的时间及预算的许可度。

(4) 工作抽样法。

工作抽样法是指将空缺职位所涉及的工作的几个关键环节抽样出来,让应聘者在无预先准备和无他人指导的情况下,进行实地操作,以考查其实际工作能力和绩效。科学的工作抽样法比其他甄选方法都有效,因为这种方法所得到的信息更直接、更真实,评价结果也更客观、更公正。

(5) 评价中心。

评价中心在这里实际上是一个运作概念,而不是一个地理概念或机构名称,它是指将应聘者(如应聘者过多,可经筛选后进行)集中起来,采用多种评价方法进行集体评价,然后从中甄选出合格人员的过程。评价的地点可以是一间会议室,也可以是一间特殊的房间,评价中心要求有10多名评价员,以保证结果的公正性,评价员一般是在暗中进行评价,也可通过录像进行评价,评价的时间需2~3天,评价中心一般包括下列项目:

分类工作——让应聘者实际面对担任空缺职位时所要面对的一堆报表、备忘录、信件、电话以及其他文件,要求应聘者逐一处理,如写信、记备忘录、安排会议日程等,然后,由经验丰富的评价员对工作绩效予以评价。

无主持的群体讨论——给一群应聘者一个问题,让应聘者一起进行讨论,并做出群体决策,然后由评价员对应聘者的沟通技巧、领导能力、个人影响力以及群体接纳程度进行评估。

管理竞赛——让应聘者各代表一个组织,模拟这些组织在市场上存在着的激烈竞争,然后让应聘者依据所代表的组织的状况做出一系列管理决策,以此评价应聘者的决策能力、组织能力、沟通能力及领导能力。

口头报告——让应聘者就某一主题做一个口头报告或演讲,以此评价应聘者的沟通技巧和说服能力。

客观测试——对应聘者进行一系列的内心测试。

面谈——每位应聘者至少都有一位评价员与其面谈,以发掘应聘者的背景、过去的工作绩效、目前兴趣以及行为激励状态。

需要注意的是,评价中心一般费用较高,比较适合于规模较大的组织。

总之,招聘中的甄选方法有很多,至于选择何种方法,要依公共部门的具体情况而定,这包括公共部门的招聘目标、招募的规模、时间、预算的许可度等影响因素。

但有一个问题是所有甄选方法都需注意的,那就是测试的效度和信度。效度是指测试的结果和工作相关的程度,也就是测试的结果能否预测出应聘者任职后的工作绩效;信度是指测试的稳定性和一致性,也就是对同一应聘者用内容相似的测验再去测试,所得到的分数也应相似。没有效度和信度的测试是不能在招募甄选中采用的。

(三)福建省公职人员招聘与任用的案例

为了增强福建省的公务员考录制度的公平性,提高考录制度的有效性,近些年来,福建省不断地尝试对公务员考录工作当中的各项环节来进行完善,当中包括了引进高效的信息化技术,使用更为公平的评分方式,采取了更为合理的分类考试等方法[①]。

1. 公务员面试工作信息化

2013年开始,为进一步改革与规范公务员面试组织程序,福建省开始采用"计算机局域网监控无纸化要素评分系统",并结合"中央控制同步录音以及录像专门设备",去对所有的考室进行集中同步监控与评分信息实时及时收集汇总并保存,以及进场考生与考官将分别采用专门订制的"二代身份证识别签到系统"来进行验证,这确保了快捷、安全、可靠。

在评分过程中,考官只是对考生的各个项目测评要素进行逐一独立评分,并不打总分,而是由电脑按设定的计算方式去进行自动的累加计算总分,成绩将当场打印并分别交由考官从及考生签字确认。近期,福建省将计划在公务员人考试录用工作中引用

---

① 盛晓宇. 福建省公务员考试录用制度改革研究 [D]. 泉州:华侨大学,2016.

人脸识别系统。

2. 对公安类考生进行细化分类招考

从 2016 年始,福建省对于公安机关人民警察的考录制度进行优化,在优化后,福建省公安机关人民警察的招录考试将分为全国统一招警考试、省四级联考以及各种类型的专项招考此三种方式。

第一,全国统一招警考试。

面向范围:公安院校公安专业的 2016 年应届的毕业生。由于本年度全国有着 564 名福建生源学生即将毕业,而为了提高本批毕业生的入警率,福建省预计招录 454 人(大约为生源数的 80%),并且所有职位都设置为面向了本省生源。

考试环节:笔试、心理测试、体能测评、面试、职位选择、体检以及考察。

笔试内容:公共科目(申论、行测)加专业科目(公安基础知识)。各个科目的分值所占比例暂时定为 4∶3∶3。

面试:面试将采取定性考核的方式,结果划分为"合格"与"不合格"两种。面试成绩将不计入考试总成绩。

职位选择方式:各个项目环节均合格的考生,将按照笔试总成绩高低的顺序,在全省范围之内选择职位。

第二,四级联考。

面向范围:公安院校公安专业往届毕业生和非公安院校公安专业应届以及往届毕业生与面向社会招考的非公安专业考生。

考试环节:与过往类似,包括笔试、心理测试、体能测评、面试、体检以及考察。其中,在心理测试环节,除了国内安全保卫、反恐怖、技术侦察等等涉密要害职位之考生测试不合格将直接淘汰外,其他职位之考生若是测试不合格,仍然可以继续参与后续环节测试,如若面试完仍然为拟录用人选,则需再参加省里统一组织之心理专家测试的环节,经过心理专家判断定为合格后，则可正式作为拟录用人选，若心理专家断定不合格，则须淘汰。

笔试内容：招考职位划分成综合管理类、执法勤务类以及警务技术类此三种。综合管理类和警务技术类的职位，笔试考核公共科目（申论、行测）即可；而执法勤务类职位，笔试除了有公共科目（申论、行测），还需额外加测的科目（公安基础知识）。各个科目分值所占的比例暂定为4∶3∶3。

第三，各种类型的专项招考。

维语人才的专项招录：会由福建省人社厅统一组织后赴新疆招录维语的专门人才。

特警人才的专项招录：往年是由国家层面统一组织的，从武警部队反恐分队退役人士兵等人员当中录用公安机关的人民警察工作，而从2015年起改由各省自行组织实施。为此，福建省将此项工作和特殊技能的特警招考相结合起来，组织特警人才的专项招录。

（四）当前公共部门人员招募与甄选中的问题

第一，权力过度集中，等级观念过强。招聘权力集中，把求职者放在不明朗的应聘状态中，使得在招聘初期便注定了用人信息无法直接和明确地传达给求职者，使得求职者得不到公平、全面、准确且客观的评定。另外，我国个别公共部门在招募甄选时，受由上而下的论资排辈等错误的观念影响，也容易导致以某一人的偏好为主导来设置岗位。

第二，没有相关甄选标准，单一服从领导意见。当一个公共部门的人力资源招聘时单纯依靠部门领导的个人眼光时，人才的发掘就存在极大的局限性。一个求职人员本来可以通过自我推荐、自我提升、自我学习从而满足职业技能需求这一晋升路线，但就是因为没有固定有效的甄选标准加上一味服从领导个人之言，就使得大量的人才流失和禁锢，甚至出现了小集体、唯亲所用的现象。

第三，拥有明确的择人标准却难以实施。目前我国公共人力资源管理有很大一部分都拥有自己明确的责任标准，然而在实施中却因"人治"实施起来困难重重。当法制化、规范化和科学化的择人标准遇到一个能力不足的实施者时，也就是招聘负责人的职业技能不足时，往往出现选择了能力强的应聘者，道德规范不足，道德素养高的应聘者，职业技能有缺失。当然有时相对完美的求职者也是可遇不可求，但事实是招聘负责人的水平确实很大程度上影响了招聘质量[①]。

公共部门在目前的招募与甄选过程存在的上述问题可以用"互联网＋"的思维和方法解决。因为"互联网＋"时代呈现出即时性、透明性、多样化的特点，运用互联网技术招募、甄选人员，可以有效避免例如上述"暗箱操作"中招聘过程不公正、甄选标准固化等类似问题，从而提高人才筛选和录用的效率、透明度和满意度。与"互联网＋"协同发展，是公共人力资源管理模式发展的必然趋势。

三、"互联网＋"背景下公共部门人员招聘的探索

科技的进步对公共组织和员工产生了巨大的影响，近年来互联网技术的迅猛发展深刻影响着公共人力资源管理的变革。互联网技术渗入公共人力资源管理的各个环节中，对公共部门人员招募与甄选也产生了巨大的影响，促进了公共部门人员招募与甄选方式的变化和效率的提升，也有利于解决在以往的招聘过程中难以避免的问题。

---

① 裴思瑶. 论我国公共部门人力资源管理的改进 [D]. 延安：延安大学，2013.

(一)"互联网+"背景下的公共部门人员招聘

1. "互联网+"公共部门人员招聘的机遇

在"互联网+"背景下,我国互联网招聘市场成长迅速,招聘更加便捷、方式更加多样。借助移动互联网技术和智能手机,使得招聘从电脑端延伸至手机端,可以方便求职者随时随地掌握最新信息,伴随着网络融合加速,信息类型和数量激增,公共部门人员的招聘迎来了许多机遇:

(1)招募信息发布更快,成本更低。

在"互联网+"背景下,公共部门借助门户网站或是专业化的招聘网站发布信息。通过前期准备工作,只需要简单的操作就可以发布招募信息。同时在微博和微信等平台上散布信息,也可以通过网络渠道迅速传播。

(2)简历筛选精准方便。

利用互联网平台进行简历的筛选,大大降低了人工操作的要求,可以在短时间内处理大量简历。同时,标准化的筛选方式也有利于公共部门精准定位到所需要的人才。

(3)测评方式灵活。

"互联网+"时代,通过网络技术可以实现大量的在线专业测评,涵盖了求职者能力、性格等多个方面,测评方式灵活、有效。在"互联网+"背景下的甄选测评方式有心理测评、在线笔试和面试等。

(4)人员智能选拔,岗位精准匹配。

人员是公共部门的核心,"互联网+"背景下,公共部门可以结合大数据,分析人员的背景、性格、心理素质、能力、工作经历等,判断人员的岗位胜任力及培养潜力,从而筛选出合适的人员。同时不同人的特点导致其适合的岗位存在差异,为充分利用人力资源,实现最大最优化,利用大数据分析结果,对未分配岗位人员进行合理配置，同时需对在岗人员进行定期分析，以提高人岗匹配度。

2. "互联网＋"公共部门人员招聘的挑战

尽管"互联网＋"给公共部门招聘带来了许多便利，但同时也需要承担一定风险，面临新的问题：

（1）人员竞争更加激烈导致工作量加大。

公共部门通过互联网发布信息，意味着网络时代的招聘信息数量更多，而公共部门通过互联网渠道进行员工招聘，这些人员来自不同领域、不同地区，意味着竞争会比传统的招聘更加激烈。

（2）对甄选测评区分性要求提高。

"互联网＋"时代，信息更加公开化和透明化。面对着不同背景的求职者，公共部门需要在最短时间内有效测评人员和公共部门职位的匹配程度，这就对测评内容和方式提出了更高的要求。求职者可以很容易搜索和获取招募需求，在一定程度上也降低了测评的可比性，会影响招募的效果。

（3）对招聘工作的公平性要求更高。

"互联网＋"时代，公共部门和求职者的关系更加密切。公共部门进行人员招募的同时也在树立和传播自身形象。求职者给予公共部门的反馈可能在第一时间通过互联网渠道发酵，如果有不实消息散布，会危及公共部门的形象。在流程和信息更加公开透明的今天，求职者对于求职单位会有更高的期望，因而公共部门应更加重视招聘工作的公正性。

（4）技术和服务体系需进一步完善。

"互联网＋"背景下，虽然公共部门人员招聘管理的效率有所提高，但是互联网招聘的服务体系还处于初步发展阶段，需要进一步发展改进。另外，个人或公共组织网络上输入的信息有可能被他人窃取利用，给求职人员和公共部门带来名誉、经济等的损失，目前并没有对互联网招聘负责的部门，也缺少规范互联网招聘的政策法规，因此"互联网+"背景下的公共部门招聘管理面临着许多风险。

（二）"互联网+"公共部门人员招聘模式的分类

李燕萍等人在总结前人经验的基础上，汇总了六种类型的电子招聘模式，其中包括综合招聘、社交招聘、垂直招聘、移动网站招聘、分类信息招聘以及其他电子招聘[①]。徐汝婷等人提出，"互联网+"时代的公共部门招聘基于移动互联网技术，展开综合招聘、移动招聘、社交招聘、垂直招聘和分类信息招聘等一系列招聘模式[②]。

从招聘信息的发布、简历的搜集筛选，到电子面试以及在线测评等都依托于网络技术。这使得"互联网+"时代的招聘既体现了技术的优势，大大降低招聘成本，又具备了及时性、交互性、定制性等特点。基于我国当前情况，第二种分类更为适用，本节将介绍其中的几种招聘模式。

1. 综合招聘模式

综合招聘模式是指通过综合性人才招聘网站，以数据的形式记录存储公共部门的招聘信息和求职者的个人信息。它类似于线上版的报纸招聘板块，是网站加人工的半自动化产品。代表性的综合招聘网站有前程无忧、智联招聘等。

2. 社交招聘模式

社交招聘是"互联网+"时代应用相当广泛的招聘模式。它指的是在社交网络平台上开展的具体招聘行为。在社交招聘网络

---

① 李燕萍，齐伶圆．"互联网+"时代的员工招聘管理：途径、影响和趋势[J]．中国人力资源开发，2016（18）：6—13+19

② 徐汝婷，蔡晓晶．"互联网+"时代的员工招聘[J]．人才资源·管理视窗，2015（42）：37+32．

中，招聘方和求职者可以进行多角度的互动，双方联系更加紧密，从而更有利于双方的需求和要求达成一致。但这种方式在公共部门的招募管理中应用较少。

3. 垂直招聘模式

垂直招聘模式是一种利用爬虫程序到其他招聘网站去搜集职位的方式。其最初的模式是竞价排名、网络广告，之后演变成为可以吸纳简历发布招聘信息等。它没有自己的数据，最大的特点是依托各大招聘网站的海量数据，因而核心是搜索，而不是招聘。

4. 移动招聘模式

移动招聘模式是将移动通信和互联网二者结合为一体的一种新型招聘模式。很多社交招聘网站或垂直招聘网站都有自己的手机客户端，通过移动互联网来连接和匹配用户的需求。

（三）"互联网＋"背景下公共部门人员招聘的主要流程

1. 电子招募

"互联网＋"时代组织招聘管理的首要目标是吸引和留住有价值的员工。伴随着信息技术的发展，越来越多的新技术也被运用到公共部门的员工招聘中来，运用技术进行招聘通常被称为电子招聘（E-recruiting），其中最主要的形式就是网络招聘。这样的招募方式有利也有弊，和传统的招聘技术相比，网络招聘增加了求职者的数量，但质量上的提升并不大。除此之外，伴随着应征人数的上升，行政和交易的成本也增加了。对于电子招聘的有效性，研究结果表明它并不会提高劳动力多元化程度。总的来说，互联网可以帮助公共部门更好地来寻找到有价值的工作人员，能让招募流程变得简捷，但是是否有利于公共部门人员招募质量和效能的真正提高，还有待进一步研究。

2. 电子甄选

招聘管理的第二个目标是在所有申请某项工作的人中挑选出最具天赋的人,并确保他们能够代表劳动力市场中申请者的多样性。电子甄选(E-selecting)指的是评估应聘者知识、技能和能力与工作要求匹配程度的各种技术(如基于网站的工作申请、测试和面试)。

(1)电子工作分析。

电子工作分析(EJA)让不同地区的主管事务专家提供工作职责的数据和职务要求,然后在一个虚拟的团队中协商工作和行为要求,达成一致。这项研究结果表明电子工作分析实现更综合的工作描述,并且比传统的工作分析方法耗时更短。

(2)电子工作申请。

有许多关于互联网工作申请的研究,这些研究检验了网站特征对申请意愿的影响。其他的研究评估了申请内容的规范性、申请系统行政使用的情况以及影响使用率的个人因素。除此之外,一项关于行政因素的研究发现用于关键词的标准并不完全以工作分析为基础。对于在线申请系统的使用和接受程度存在年龄、性别和种族等区别。

(3)电子性格测试。

相比于纸质的测试,电脑上的情景判断测试呈较低的平均分和较高的可变性,电脑上情景判断测试有更高的内部一致性估计,与纸质测试相比和其他的测量关联度更高。"互联网+"背景下,公共部门可以充分运用信息技术手段,在招募和甄选工作人员时采用科学的电子测试等手段,选用更适合公共部门工作的具有健全人格的人员。

(4)电子面试。

"互联网+"背景下,公共部门可以运用不同类型的信息技术来进行工作面试(例如电话、视频会议等),这能提高公共部门甄选工作人员的效率，降低时间和费用。视频面试等信息技术方式较传统的面对面方式缺少丰富的信息（例如肢体语言、面部表情），因而并不总是有效。

3. 电子评估

对于招聘工作的评估是招聘环节中的最后一环，也是不可或缺的环节。评估过程是招聘流程的改进和员工报酬提升的前提。在"互联网＋"时代，依托互联网技术，评估过程全盘或大部分电子化，形成了电子评估（E－evaluation）。通常，评估的有效性同时间和成本挂钩。"互联网＋"公共部门的评估系统是一个可以用于绩效评价的在线测试平台，可以是一个只有公共部门管理者有使用权限的"管理支撑系统"，也可以是管理者和员工共同使用的系统。员工不仅能够在评估过程中给予反馈，还能够帮助招聘流程的改进和提升。此外，公共部门也会运用互联网平台进行评估，这不仅仅针对招聘效果，也可用于员工绩效的考核。

（四）"互联网＋"公共部门人员招聘与传统招聘的比较分析

1. 影响范围更广

传统招聘和"互联网＋"时代的招聘在参与者方面存在一定差异。从求职者的年龄和教育水平来说，一般基于互联网的招聘能够吸引到更多年轻的、具有较高教育水平的求职者，能够为公共部门的人才库注入新鲜血液。如果求职者本身不上网，自然无法参与到网络招聘中来。传统招聘的影响范围受限于发布信息的平台和方式，参与者较少，公共部门可选择的人员较少。

在网络招聘中，网站等新媒体的辐射面广，可以使得网络使用者更多地参与到招聘过程中来。网站功能多样，有更广阔的用户覆盖面，公共部门通过网站（如政府部门运营的各种政务网站），不仅可以招聘主动性高的求职者，还可以在无形中扩大公共部门的人才储备库。

2. 招聘效果更好

"互联网+"时代招聘的优势是显而易见的。首先,互联网的及时性和便捷性大大提高了招聘的效率,可以在动用较少资源的前提下达到较好的招聘效果。利用网站等平台发布求职信息,招聘周期大大缩短。其次,对于公共部门而言,互联网招聘有无可比拟的海量信息,具备更多的选择,求职者之间有更加紧密的联系。传统招聘中,公共部门和求职者处于相互独立的状态,而在"互联网+"背景下,对于公共部门和求职者两方而言,信息更加公开化,招募信息和流程等的透明度也有所提升。

3. 发展潜力更大

公共部门的宗旨和目标之一就是要为社会提供公共服务,满足社会需求。在信息技术更新换代速度不断加快、"互联网+"新常态到来的今天,公共部门的人员招募管理模式无疑是需要不断变革以适应时代发展的。公共部门的"互联网+"招聘管理的兴起是技术发展的必然结果。传统的招聘方式在特定行业和领域依然有其存在的必要性,但从整体上看,对于公共部门而言,基于互联网技术的招聘将会成为主流。

(五)"互联网+"公共部门人员招聘的发展趋势

1. 增加人性化方面的考量

互联网技术在各个领域的应用都面临着一个使人与人之间面对面沟通和情感沟通减少的问题。互联网背景下的网络招聘实践可能是公共部门使用静态、单向沟通的技术。这些技术并没有让应聘者有机会真正接触公共部门或者进一步咨询。因此,网络招聘实践可能是非人性化、被动的,并且在应聘者和公共部门之间设置了人为的鸿沟。互联网招聘技术的另一个局限在于对公共部门而言它是一个被动的过程,例如发布信息等待应聘者申请工作。未来，互联网时代的公共部门招聘将会更主动并且使用网络平台来识别简历、认证适合组织发展的应聘者并联系他们填补职位空缺，向着更加人性化的、互动更频繁高效的方向发展。

2. 降低因求职者焦虑对测试效果的影响

在电子甄选系统方面，该系统能否录用最优才能的应聘者和提高劳动力多元化并不明朗。电子版测试不仅测试了应聘者的认知能力，也涵盖了他们的电脑技能和电脑焦虑度。此外电子面试并不总是有效，对于应聘者来说也不如面对面的方式效果好，这可能是因为视频面试无法提供丰富的信息（例如面部表情），会对面试中的推断造成阻碍。面对面的方式更加私人化，可以保证更多的交流。当然，基于这一点，随着技术不断更新和进步，在未来公共部门可以购买更先进的技术来解决这个问题。

3. 开发交互技术的利用

与传统的单向技术相比，一些新的交互技术能够提高网络招聘的人性化程度，并提高总体的效用。在"互联网+"时代，应聘者能够参与虚拟招聘市场，同公共部门建立联系，并且预先体验虚拟的组织生活。在互联网时代的员工招聘中使用交互技术对于公共部门而言能够营造一个温暖正面的形象，并且有利于招聘符合组织的目标。

在"互联网+"背景下，公共部门人员招募模式进行创新和变革，是公共部门顺应时代的必由之路。虽然我国网络招聘的起步较晚，但是发展得十分迅速。对于公共部门来说，在"互联网+"时代进行招聘管理并不仅仅是适应技术革新带来的变化，更为重要的是，招聘系统如何吸引合适的求职者，甄选过程基于可靠的可度量的标准以及和现有体系的融合问题。公共部门应当注意到，不仅是企业的人力资源部门和管理层需要适应"互联网+"背景下文化和行为的变化，公共部门也应如此。未来在招聘管理中，公共部门的人员招募应该将网络招聘与传统招聘相结合，互补优势，才能有利于公共部门吸引并留住真正适合组织发展的人才，确保公共部门的发展和服务水平在优秀人才保障下不断提升。

第七章 公共部门人力资源的绩效管理

一、公共部门人力资源绩效管理概述

(一) 绩效管理

根据美国国际人力资源管理协会的定义,绩效管理包括组织对员工进行管理的所有活动,通过这些活动把组织和个人联系在一起,以完成组织的使命,注重员工成功达到组织目标的方法和过程,强调沟通、辅导及员工能力的提高。

按照现代管理学之父彼得·德鲁克的观点,绩效管理是管理者和员工保持双向沟通的过程,管理者和员工通过认真平等的沟通,对未来一段时间(通常是一年)的工作目标和任务达成一致,确立员工未来一年的工作目标,在更高层次的绩效管理里用关键绩效目标和平衡记分卡表示[①]。

(二) 公共绩效管理

公共组织的组织目的、愿景侧重于社会目标的培养与达成,即社会的公平与稳定。因此,公共绩效管理的目的是找出影响公共部门人员效能的因素,找出公共部门在管理和服务中存在的问

---

① Drucker P F. Knowledge-Worker Productivity: The Biggest Challenge [J]. IEEE Engineering Management Review, 1999, 41 (2): 79-94.

题,提供高质量的公共管理和服务的建议,改进公共部门及其人员服务能力,如图7-1所示。

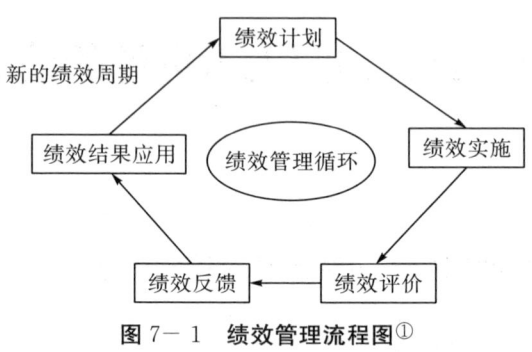

图7-1 绩效管理流程图①

(三) 公共部门绩效管理的地位及作用

1. 公共部门绩效管理的发展

绩效管理从企业中诞生和发展,从20世纪20年代到70年代不断进步和成熟,逐渐形成完善的体系,是人力资源管理的重要部分。绩效管理使组织进一步成长和发展,为其在公共部门改革中的借鉴奠定坚实基础。20世纪80年代,在西方国家的"重塑政府"运动中,绩效管理被引入政府管理领域。

我国的公共部门人力资源绩效管理自1992年开始逐步开展。党的十四大提出,要按照机关、企业和事业单位的不同特点,逐步建立健全分类管理的人事制度。1993年,《国家公务员暂行条例》的颁布标志着中国公务员制度的正式建立,到1994年3月,国家人事部发布了《国家公务员考核暂行规定》,其中对绩效考核内容和标准都有具体规定:"对非领导成员公务员的考核,坚持客观公正、注重实绩、实行领导与群众相结合,平时与定期相

---

① 张良. 公共部门人力资源绩效管理问题及对策 [J]. 北京行政学院学报,2011 (1): 48-51.

第七章 公共部门人力资源的绩效管理

结合,定性与定量相结合的方法,按照规定的权限、条件、标准和程序进行。"自此我国公共部门绩效管理制度的基本框架宣告建立。之后,我国于 2006 年 1 月施行新中国成立以来首部公务员人事管理的综合法律——《公务员法》。该法律将考核的内容进行延伸,变得更宽泛,从"德、能、勤、绩、廉"综合考核,其中"廉"更是首次明确被纳入考核体系,考核结果的等级从三个增为四个,考核结果更加明确。

随着 2002 年党的十六大提出政事分开、政府与事业单位的体制分开,事业单位管理模式也发生了划时代变革,普遍采用聘用制、招聘制,对事业人员的管理上主要采用了绩效考评、绩效管理机制。我国以事业单位为主的公共组织普遍采用的绩效管理形式是将劳动报酬与绩效考核挂钩,增加一部分浮动工资;以绩效考核作为事业单位劳动报酬的标准,使岗位工资与绩效工资合并,成为员工的总工资[①]。但由于事业单位种类繁多、服务对象不同等特点,因此没有一致的考核方式。以公共卫生方面的公共组织为例,疾控机构与社区卫生服务机构的考核对象和内容倾向不同,疾控机构主要是对机构整体绩效进行考核,而大部分社区卫生服务机构的研究是对个人绩效进行考核;疾控机构绩效考核内容包括后勤服务、服务量等量化指标,社区卫生服务机构则较少有定量指标,主要是多位专家访谈或咨询等定性的考核,主要原因也是由于两方的工作重心和方向不相同。

2. 公共部门绩效管理的重要性

绩效管理在公共部门人力资源管理中处于核心地位,是基于组织构架、组织目标将员工目标和组织目标进行统一的过程,是

---

① 傅琼. 公共事业单位绩效管理问题研究 [C] //中国行政管理学会 2011 年年会暨"加强行政管理研究,推动政府体制改革"研讨会论文集. 中国行政管理学会,2011:1082−1086.

事前计划、事中管理以及事后反馈所形成的三位一体的系统。

作为人力资源管理系统中各环节的重要依据，公共部门人员绩效管理是公共部门人力资源管理许多环节做出重大决策、调整和操作的依据。现代公共组织管理核心多是围绕着组织绩效目标而进行的，制定合理、有效、动态的目标，在此基础上进行人、财、物的配置和管理，使得组织管理更具有针对性和效能。

此外，绩效管理也是员工改进工作及谋求发展的重要途径。通过绩效考评，员工可以明确自己所担负工作的职责和要求，员工的工作成绩需要获得组织的赞赏和认可，员工在工作中需要获得组织的理解和帮助，并了解组织对自己的期望和未来的工作要求，从而及时找出差距，调整工作方式，以期更好地完成任务[1]。当员工认识到绩效管理不仅仅是讨论绩效本身引发的问题，更是讨论员工的工作成就、成功和如何进步，是一种帮助而不是一种责备体系时，组织中的许多冲突就可以得到有效避免。

3. 公共部门绩效管理的作用

绩效管理的总体目标及其主要作用在于实现组织绩效。通过绩效管理，组织可以准确地了解员工工作任务的完成情况，建立管理者和员工之间的沟通渠道，表达管理层对员工的工作要求和发展期望，获得员工对管理层、对工作以及对组织的看法、需求和建议，并共同探讨员工在组织中的发展和未来的工作目标，最终达到提高个人绩效和组织绩效的目的。

建立科学的竞争和激励机制，可以更好地对公共部门组织和人员进行评价和激励，使各类公共部门的人员更加了解组织的目标和为组织目标服务，也有助于促进组织成员的发展，发掘公共部门人员的潜能，加强公共部门人员的自我管理能力，为人事决

---

[1] 王启峰. 简析公共部门人力与企业人力资源绩效管理比较[J]. 现代管理科学，2009（6）：34—36.

策制定提供重要参考。

二、绩效管理的原则与常用方法

绩效管理系统建立在工作流程（Work Flow）、工作分析（Job Analysis）、组织结构（Organizational Structures）等基础之上，组织绩效管理理论方法体系主要包括发展较早的关键绩效指标法（Key Performance Indicator，KPI）及20世纪90年代初产生并被广泛应用的平衡计分卡法（Balance Score Car，BSC）等，本章主要对这两个方法进行介绍。

（一）关键绩效指标法

关键绩效指标法是用于沟通和评估被评价者绩效的定量化或行为化的标准体系，它是一种以战略为导向的、较为先进的绩效管理指标体系。关键绩效指标体系能通过层层分解量化，将组织战略目标细化并具象成为可度量的指标，将对个人的工作要求与部门能效、组织战略相互联结，层层分解又层层支持，最终实现组织目标。它具有战略导向、分解关联、突出重点、聚焦方向、分段量化等突出特点。

关键绩效指标以"二八原理"为基础，强调被管理者20％的行为决定80％的工作绩效，只要注重这20％的关键行为，就能极大程度地提高绩效。

同时，关键绩效指标遵循SMART原则，即：

S-Specific，即指标应具体明确，指标的明确不仅利于绩效考评的客观、易行，也能让个人对自身要求有更加明确的定位。

M-Measurable，即指标应是可量化的，能通过指标明确绩效的结果，通过一致的数据化结果监控绩效，同时可以设置有一定梯度的数据标准。

A-Attainable，即能达到的，但应该注意的是，这里的能达到指的是"垫一垫脚"能达到,而不是"弯一弯腰"能达到,只有一定的挑战性,才能给个人发展的空间,体现出价值。

R—Relevant,指标的确定是根据实际情况设立,站在被管理者和组织的角度综合考虑,而不是"拍脑袋"的行为。

T—Time-bound,时间限制能让绩效管理在一定程度上发挥最大的优势,只有在一定的时间限制内,指标的时限性能提高被管理者的警觉性。

关键绩效指标法通常使用的方法有"鱼骨图"分析法。该分析法由日本管理大师石川馨先生发明,因为其分析工具形似"鱼骨"而被译为"鱼骨图",在应用上又被称为"因果图"或"石川图"。它将现存的问题放在"鱼头"部分,分类分析问题下的原因,将之放于"鱼身",更具体的原因被放在"鱼刺"部分,这样的形式不仅利于体现各个原因之间相互的影响,也能让管理者快速发现其中重要的原因,简洁客观,清晰实用。

关键绩效指标法在公共部门绩效评估中的应用既有利于正确评估出公共部门整体和个人的工作绩效,也有助于个人对战略目标、工作计划的理解与执行。在完备的制度框架之下,通过对组织目标的层层分解,找到并关注重要的绩效指标,赋予指标不同的权重,这样既能使个人的行为得到有效的度量,也能在一定程度上起到激励作用,如图7-2所示。

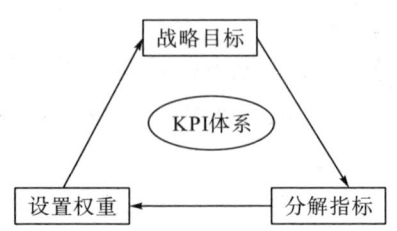

图7-2 KPI体系下的战略目标分解图

（二）平衡计分卡

1990年美国诺顿研究所进行了一项题为"衡量组织的未来绩效"的课题研究，美国哈佛大学的罗伯特·卡普兰教授和美国复兴方案公司总裁戴维·诺顿参与其中并提出的一整套用于评价企业经营业绩的财务与非财务指标体系。紧接着，卡普兰和诺顿于1992年、1993年和1996年先后在《哈佛工商评论》杂志上发表了《平衡计分卡：提高效绩的衡量方法》（The Balanced Scorecard – Measures That Drive Performance）、《平衡计分卡的应用》（Putting the Balanced Scorecard to Work）和《将平衡计分卡用于战略管理系统》（Using the Balanced Scorecard as a Strategic Management System）等论文，并在此基础上结合美国一些企业应用计分卡的实施经验和新的研究进展，分别出版了《平衡计分卡：一种革命性的评估和管理系统》和《战略中心型组织》两本专著，系统阐述了平衡计分法（The Balanced Scorecard，BSC）的中心原理，提出了组织中存在的问题并且给出解决建议[①]。

平衡计分法最开始广泛应用于企业的绩效评估，强调需要结合财务和非财务指标进行全方位的绩效评估，其核心思想就是通过财务（Financial）、客户（Customer）、内部流程（Internal Business Process）和学习与成长（Learning and Growth）四个维度来搭建指标体系，并根据这些指标以及指标间的因果关系链全面考评组织的业绩。平衡计分法通过诠释愿景和战略、沟通与联系、设计目标值和战略反馈与联系这四个管理程序，将组织的战略目标落实为成员的日常行动，并通过围绕战略的四个维度的

---

① 张定安. 平衡计分卡与公共部门绩效管理［J］. 中国行政管理. 2004（6）：69—74.

指标设计来进行绩效管理，有效解决了战略与行动脱节的普遍问题，为战略管理系统的实施奠定了坚实的基础，其中非财务指标会对财务指标进行有效补充，而不会取代其首要地位[①]。

随着平衡计分卡的不断发展，公共部门逐渐吸取企业经验，并结合自身特点进行相应的改进：

第一个阶段（20世纪90年代—21世纪初），主要是以罗伯特·卡普兰和戴维·诺顿的平衡计分卡为基础，研究不断改善，并进一步广泛应用，研究的内容集中在企业业绩增强及其作为企业战略管理工具的应用上，这些理论为下一阶段的拓展应用奠定了基础。

第二个阶段（21世纪至今），《平衡计分卡在阿富汗卫生服务中的应用》一文成为该领域被引次数最多的文献，标志着平衡计分卡在公共部门的应用逐步成为该领域研究的着眼点[②]。这一阶段的研究主要是平衡计分卡拓展到公共部门的绩效管理中如何适应与优化上，如设计适合的平衡计分卡指标体系，使公共服务评估与监管标准化。

在公共部门的绩效管理过程中，首先确定其战略目标，然后通过分解战略目标至四个层面的指标确定战略的布局，再将具体的任务细分到部门和个人，形成相应的部门计分卡，从上至下，层层呼应，通过定期和不定期的反馈，调整和规范绩效指标，使其不断更新，增强有效性。平衡计分卡的应用能有效增强公共部门人力资源的利用，减少纵向和横向的摩擦，使公共部门的战略目标能统一。同时制定计分卡的过程也是不断思考自身公共性的过程，有利于公共部门的进一步学习和成长。以位于美国北卡罗

---

① 韩阳. 平衡计分卡在我国政府部门绩效考评中的应用研究 [D]. 青岛：中国海洋大学，2012.

② 谢媛媛，魏诗嘉，寿志勤. 平衡计分卡在公共部门的应用研究 [J]. 领导科学，2015（35）：43—47.

来纳州的夏洛特市的绩效管理改革为例,夏洛特市在20世纪七八十年代进行的政府层面改革就是利用平衡计分卡的绩效管理方式打开突破口。夏洛特市政府首先在四个层面上选择了与城市发展息息相关的五个战略主题作为未来城市关注的主题,之后市政府各个部门根据相应的主题进行四个层面的指标体系建立,例如由专门的项目小组选择特定的顾客,即部分城市居民,在顾客层面选出最符合公众期望的指标,表7-1为夏洛特市警察部门四个维度的指标。在建立体系的过程中,由上到下层层分解主题,以顾客为主,并选择能落实到员工日常工作中的指标。在维持指标体系的持续性上,以年度为期限,每年根据战略目标选择有激励作用的指标。

表7-1 美国夏洛特市政府警察部门的平衡计分卡[①]

层面	目标
顾客层面	降低犯罪率、迅速回应市民的报案电话; 增进对社区安全的保障、增进市区街道交通安全。
财政责任面	筹集资金来源从市政以外进行。
内部程序层面	推广社区自治的问题解决; 发展与公民协管机构的联盟关系; 警察巡逻服务的流程再造; 改善财务协管服务; 发展人力资源模式、强化社区导向政策制定; 强化对警务人员行为不当投诉处理程序。

---

① 张定安.平衡计分卡与公共部门绩效管理[J].中国行政管理.2004(6):69—74.

续表7-1

层面	目标
学习与成长层面	发展快捷的咨询和沟通科技； 增进公务人员在社区问题导向的政策制定技能； 建立一个充满激励和授权的环境提高员工对社区安全目标的回应度。

(三) 其他公共部门绩效管理方法

除此之外，还有其他以此延展的理论与常用的方法，本小节将选取目标责任制、标杆管理法进行具体介绍和阐述。

目标责任制：首先确定工作的最终目标——组织目标，然后从部门到个人逐层分解最终目标，各层级部门的目标、管理目标、个人目标都应与最终目标方向一致，通过目标责任制将责任通过目标的分配落实到组织每一层，形成协调统一的目标体系。我国于20世纪80年代将目标责任制引入政府管理中，将其作为绩效评估的重要手段。目标责任制刚引入我国时，由于缺少规范性，中央也未出台统一的要求，所以主观性和资源性较强；20世纪90年代到21世纪初，目标责任制虽然仍是当时占主导地位的绩效评估方式，在我国大力发展经济的国情下，公共组织尤其是政府主要以GDP或地区经济发展为重要目标，同时公共组织意识到绩效评估只是绩效管理的一个部分，逐渐开始重视绩效反馈和改革；21世纪初之后，公共组织开始不断适应变化的社会，绩效管理方式百花齐放，结合国情和各种评估工具，以服务为导向，开始关注于构建完善的指标体系。现阶段，我国公共部门中的目标责任制主要体现在行业组织绩效评估以及专项组织绩效评估[①]。行业组织绩效评估是指应用与行业内部的评估,主要由政府主管部门负责设计指标体型并对所属事业单位进行相应评估,有单向性的特点,例如教育部为各级学校设立的教育质量评估指标;专项组织绩效评估主要集中在专项活动或专项工作,组建专门的小组进行相应的绩效管理,例如科技部制定的"高新区评价指标体系"。

标杆管理法是指公共组织通过横向或纵向的对比寻找到合适的标杆,通过学习标杆的优点和可借鉴的地方进行不断改进和提升的方式,通过这样的对比,不仅为组织带来一定程度的竞争机制,使其尽快向学习型组织转型,同时也能促进组织的不断改变和创新,提高组织的绩效。例如,山东省烟台市林业局在 2010 年便开始尝试标杆管理法,并于 2011 年出台了《烟台市林业局对标管理方案》。

三、传统公共部门人力资源绩效管理

(一)绩效计划

绩效计划是指根据组织目标设定的有关绩效管理的一切规范,包括绩效目标、考核方式、考核周期、指标范围和定义、目标值、评价尺度、计分方法、考核关系、数据来源、奖惩幅度、反馈方式等,其中最为重要的是绩效目标的确定。绩效计划是绩效管理中最开始也是最重要的环节,它是绩效管理其他过程进行的重要依据。

我国公共部门中通常是年初时上级规定下级的绩效计划,或

[①] 周志忍. 公共组织绩效评估:中国实践的回顾与反思 [J]. 兰州大学学报(社会科学版),2007 (1):26—33.

根据岗位、职责制订绩效计划。绩效计划在制订过程中,目标设定同样遵循 SMART 原则,目标的合理与否将直接影响员工的工作状态,甚至影响整个部门的最终成果。

(二)绩效监控

传统的绩效监控指的是在绩效考核管理期间管理者持续关注、跟踪、评估和监督组织内部成员的各项活动,帮助其不断改进工作方法和技能,纠正下属与目标偏离的行为,并对目标和计划进行跟踪和修正的一系列活动。在我国公共部门则是上级领导以及专门的监督机构对公共部门的绩效成果进行时间段型的检查,并结合日常生活中的相互监督等方式进行的。此外,一般来说,绩效监控无法做到时时刻刻监控。

绩效监控是绩效管理中自计划开始实施到反馈结束都贯穿始终的过程,其重要性不言而喻。计较监控的作用对组织来说是发现工作中的失误及时改正,保证组织任务最终保质保量地完成;对个人来说则是完善自身职业发展规划,及时改正职业行为中的不足并发现自己的长处加以优化。而受限于传统绩效监控中的技术手段,对个人发展的作用难以体现,更多的只是集中于对组织任务完成情况的监控,缺少人性化。

(三)绩效评估

绩效评估是绩效管理的一个重要环节,它是指对考评主体对照工作目标或绩效标准,采用科学的考评方法,评定员工的工作任务完成情况、工作职责的履行程度和员工的发展情况,并将评定结果反馈给员工的过程,仅仅涉及事后考评工作的结果。绩效评估强调理念与价值观影响下的反馈与影响,其出发点在于关注过去、现在和将来,注重分析结果与价值判断过程,注重绩效的改进和被评估者能力的培养。

我国公共部门绩效评估的法律依据主要为《公务员法》，其中包括德、能、勤、绩、廉五方面的原则性评估方向，并没有具体的标准要求和细则。在实际的评估操作中，规范化、科学化的工作分析、职位分类和职位说明书是人力资源考核的客观依据。但目前我国公共部门中普遍存在对于工作分析和职位分类十分欠缺，对领导职务、职位之间的划分较为模糊等问题，容易导致考核时难以分清评估重点。并且当前公共部门职位分类缺乏具体和正式的规范性文件，虽然在评估方式上，我国公务员考核制度规定了相关基本程序，如进行年度考核时，必须设立考核委员会或考核小组，年度考核要经过个人小结、群众评议、部门领导人评语、考核委员会审核、部门负责人确定考核。但由于评估的临时性和集中性，容易导致评估小组成员与被评估的人员对绩效评估产生倦怠和随意的心理，在评估过程中凭借少量资料和大量的自我感觉进行评价，且评语多借鉴于网络等弊端。

（四）绩效反馈

绩效反馈是指在进行绩效监控和绩效评估之后，针对不同的评估结果对部门成员进行专门的反馈过程，这是事先预防、事中控制、事后纠正的重要环节。通过对评估结果的沟通，帮助部门成员清楚地掌握自己在工作上的重要程度和所处位置及职责，从而对其自身职业发展和未来规划产生长远影响。但在我国公共部门内，存在过度重视绩效考核而忽视绩效反馈的倾向，导致绩效管理的推行和开展出现个人脱钩的情况，无法起到绩效管理应有的作用。

（五）传统公共部门人力资源绩效管理的问题

1. 绩效目标偏差

当前我国传统公共部门人力资源绩效管理存在目标偏差。一方面是公共组织绩效目标本身出现了偏差。作为最大的公共组织，政府要增长地区的经济，注重效率，要兼顾公平，保障公众的利益。在公平与效率平衡中，领导人的绩效考核就代表地方的绩效，然而若以地方经济发展的效率为主，则容易忽视地区发展的可持续性。虽然能够在暂时的绩效考核中获得成绩，但纵观全国的长远发展，并不利于国家持久的发展。另一方面是公共组织的绩效目标和部门成员个人目标的偏差。绩效考核的结果作为薪资和晋升的重要依据，既有统一组织和个人目标提高效率的作用，又有激励个人、使成员不断前进的作用。但目前我国公共组织的个人绩效考核以岗位指标为主，在一个岗位上的考核指标趋于一致，对部门成员自身诉求重视不够，如基层公务员为完成个人考核指标、团队考核指标、领导考核指标，不得不加班加点工作的情况相当普遍，如不进行相应的跟进和改变，反而会使部门成员的工作效率、工作热情和工作自主性降低。

2. 绩效指标不合理

由于历史性原因，我国政府一直处于自上而下、层层分解的科层体系设置。在指标分配上，这样的体系设置导致下级部门的绩效往往由上级部门考察，部门的绩效等同于部门领导人的绩效，而领导人拥有分配任务、分配下级绩效目标的权利。容易导致这样的问题，当领导人想要获得上级部门青睐时，会通过向下级分配超额任务的形式达成绩效。如此层层下移之后，基层政府不免会分得超额绩效任务，为达成绩效，甚至会出现作假或损害公共利益的行为。

在指标体系设置上，由于公共部门人力资源绩效管理的目标各不相同，因此指标体系设置也难以形成广泛适用的绩效指标。以政府为例，作为最大的公共部门，政府部门涉及的事务繁重、涉及的主体也趋于多样化，不同的部门面对不同类型的社会公众、社会组织或市场，各级政府为了将绩效管理落到实处，使人员绩效得以公平、公正、公开考核，颁布了《公务员法》，特别指出需要从"德、能、勤、绩、廉"五个方面考核，考核等级也有所划分。但到目前为止，各地区各层级公务员绩效管理的指标划分仍然没有形成一套成体系的绩效指标。因此，在公共部门人力资源绩效管理的指标体系设置上存在定性与定量指标的比例不科学、指标与实际工作脱节的情况。

3. 绩效管理结果缺乏反馈

绩效反馈是绩效管理最后一步，也是闭环的关键之处。而我国目前的公共组织绩效管理更加重考核轻反馈，甚至止步于考核，只是根据考核结果进行相应的奖惩，却较少对其背后产生的原因进行考究，忽视与部门成员的沟通，从而使绩效管理浮于表面，并未真正提升组织的效率。

四、公共部门人力资源绩效管理的应用

（一）绩效考核结果的应用原则

1. 以法治环境为依托

随着我国逐渐进入新的发展时期，党的十九大提出"全面依法治国是中国特色社会主义的本质要求和重要保障"，其中，依法治国的四个重点：有法可依、有法必依、执法必严、违法必究，均体现了法律制度对公共部门的重要性。

在公共部门的管理过程中，绩效考核结果是反映公共部门治理能力的重要指标之一。为了使考核结果能准确表现公共部门的绩效，那绩效管理整个过程必然是在法制规范之下，同时考核的结果又反过来影响法律，倒逼法律体系的完善与改进。

2. 重视内部成员需要

绩效考核在新的时代下应该是双方商议结果下的考核，即绩效计划既是组织对个人的要求，也是个人自我发展的要求。只有

重视内部人员的需求，才能抵消相互之间的抵触，形成共同的目标。结合互联网时代的技术和手段，绩效结果更为精准与细化，政务人员能清楚地通过绩效反馈发觉自己的长处与潜力，组织也能通过不同人员的特点进行人力资源的优化与改进。对个人来说，个体的发展得到满足，对组织来说，人员的合理配置也能得以实行。

3. 技术支撑公众参与

互联网时代，不论是通过门户网站还是各种官方微博、微信公众号，都能实现公共部门同公众的相互沟通交流，而且，通过大数据等的统计与分析能减少公众评估的随意性与片面性，这些技术都能极大地提高公众参与度的有效性。通过提高公众的参与程度，公共部门绩效评估的结果才具有说服力和效力。

以深圳市设定的行政效能评估体系为例，电子政务发展任务之一就是建立网上公众监督和第三方评估机制。要利用电子信息手段，畅通党政机关民意沟通渠道，接受社会公众的监督、评议、投诉；同时通过电子网络，加强人大代表、政协委员对人民群众关注的热点难点问题以及政府重要工作落实情况的监督[①]。

（二）绩效结果的基本用途

1. 激励依据

绩效管理的最终目的之一是通过对员工的工作状态追踪后设立合适的激励制度，提高员工工作激情，进而提高组织工作效率。公共部门的激励分为晋升激励、物质激励和荣誉激励，不同的绩效结果应与不同的激励制度相结合，满足不同的员工对不同方面的需求。除激励之外，绩效结果也与惩罚有关，一定的警示作用可以帮助偏离轨道的员工及时纠正方向，并且结合大数据的

---

① 姚国章，吴倚天. 中国电子政务案例［M］. 北京：北京大学出版社，2007.

背景，员工绩效监控是时时刻刻的，容易找出原因，对症下药。

2. 员工发展计划

公共部门的考核往往是累加性的，即考核结果可以跨年度有效。通过一定时间的绩效变化过程，在对公共部门成员绩效考核结果深入、客观、全面分析的基础上，制订出适应于部门人员个体化、差异化发展的培训计划，从而不断开发个人潜能，最终对公共部门组织绩效产生更大作用。虽然这个过程较为复杂，操作难度大，经常被忽视，但在"互联网＋"与政务结合的条件下，这将变得更加可视化和精准化。

3. 人员流动机制

美国著名经济学家摩尔根曾经提出"一般只要有10％～15％的不同层次的人处于流动状态，就可达到一切实际目的"。人员流动、岗位调整是非常必要的，在公共部门中也是同样的道理。一直以来公共部门是公众眼中的"铁饭碗"，这样的思想持续到现在，容易造成人浮于事的现象。针对这样的情况，需要通过客观公正的绩效管理过程发现员工是否胜任目前的职位，是否有更好的岗位需要进行调整，将人力资源的利用最大化，将不符合公共部门标准的人员逐步隔离出去，启用合理的人员流动机制，做到因事择人，对于保证个人的心理积极健康和组织的高效运转非常有利。

五、"互联网＋"背景下公共部门人力资源绩效管理设想

"互联网＋"无疑是新时代中最热点的关键词之一，网络的发展、数据挖掘技术的进步等一系列新鲜而迅速的改变给我国各行各业带来了翻天覆地的变化，也给各个领域注入了新的活力和动力。"互联网＋"下的信息已经不是简单的堆积，而是指数量、维度、呈现方式的全方位提升。通过互联网将海量的、不同来

源、不同形式、包括不同信息的数据轻易地整合和分析，原本孤立的数据变得相互联通，实现数据资源共享，人们通过"互联网+"的各种方式和平台能够发现传统时代很难发现的新知识，从而创造出新的价值。"互联网+"下信息收集和利用的全面提升足以给公共人力资源绩效管理带来新的动力和发展。

（一）基于数据分析的绩效计划

在"互联网+"时代下，数据的应用已经进入大数据时代，大数据将更有助于提升绩效计划制订的科学性与合理性。首先，大数据的资源整合对于绩效计划的制订者有着促进作用。绩效计划者可以通过对人力资源绩效数据信息间的规律分析，发现员工日常的工作特征，对人员调配、员工培养、职业发展进行合理规划，以支持组织人才战略的决策[①]，对绩效目标进行适当的调整来适应人员现阶段的工作期望。

其次，在制订计划的过程中，可以通过数据信息同人员的相互交流沟通，进行相应的调整和协商，在SMART原则的基础上增加公共部门人员自主性，达到自我管理的目的。

最后，大数据和电子政务等"互联网+"技术也有利于公众信息的收集和分析，增强公众参与的程度，使公共部门的绩效目标中有效涵盖公众参与的指标。

（二）实时信息分析的绩效监控

首先，在"互联网+"背景下，利用大数据将工作流程细分并进行系统评析，通过对这些节点和动作进行实时监督和控制，实时传输结构化和非结构化的各种多元信息，使绩效管理的颗粒

---

① 徐辉. 基于大数据的公共部门人员绩效提升与管理模式创新[J]. 中国软科学，2017（1）：50—58.

第七章 公共部门人力资源的绩效管理

度更细、涉及面更广、时效性更强,从而实现监督与评价并行,在重要数据的时刻反馈中提高监控的效力。

其次,对个人而言,高效全面的多样数据统计、计算、跟踪与检错较大程度地提高了绩效管理的精细化程度,使人员自我管理的自觉性大幅提升。大数据技术能在过程中实现互动监测、实时预警,提醒员工工作绩效的情况,及时提高工作效能,实现了管理从自知到自省再到自觉的目的。

最后,基于开放平台的大数据技术绩效监管能高度集中多元数据集群,实现数据集中分析,在数据存储、运输、处理等环节面向广大群众,增大了监督过程的透明程度和公众参与度。

(三) 多元平台促成全面性的绩效评估

"互联网+"背景下,电子政务的进一步发展与升级为政府及其他公共部门绩效评估的发展打开了新的局面,注入了活力。它的改变主要体现在对政府绩效评估相关观念、评估主体、重点、方法和频率的改进上。

首先,通过基于门户网站的信息公开和多元评估主体的参与、多元化的信息沟通方式,增强评估的公众参与程度,增强评估过程和结果的公开性。其次,专业化政府绩效评估平台的搭建、流程式实时绩效监控体系和专业软件对数据和信息的处理来实现公共部门绩效评估的专业化程度,丰富了绩效评估的数据来源和可信力,在人力的评估的基础上结合数据分析的自动评估,减少随意性和主观性,极大提升了评估效率;结合电子政务和大数据的背景,绩效评估还可以结合绩效监控,做到监控融合评估,及时发现员工的状态变化,进行专门化、精细化的绩效管理。

武汉市物价局在发展政府绩效评估管理电子化中,受到了上级领导和同类部门的好评,他们在指标的管理上实行绩效指标电子化管理。在运用计算机实现办公管理自动化管理体系中，单独设置了绩效管理配置平台、绩效管理数据输入平台和绩效管理统计平台，专门进行绩效指标的管理。深圳市也有全市统一规划下的政府行政效能的评价系统和电子监督系统，也存在一些部门，尤其是专业性很强的部门，通过建立对服务对象的监控和评价系统来进行政府绩效评估[①]。

（四）个性化激励方案的绩效反馈

"互联网+"公共部门人力资源绩效管理的应用可以使绩效反馈更为到位和精准，运用大数据信息统筹、建构、分析，加深对员工绩效情况的数据收集和挖掘，分析员工绩效数据及其他数据间的潜在联系，通过了解影响员工绩效状况的原因，制订个性化的激励方案和制度，提高员工的认同感和依赖感，进一步激发员工活力，不再只是单纯地将评估结果反馈给员工，而是深入沟通交流，以数据为基础进行个性化的反馈。

---

① 徐双敏，王雪莲. 电子政务对政府绩效评估的推动作用及其完善［J］. 行政论坛，2008（1）：46—49.

第八章 公共部门人力资源的薪酬管理

一、薪酬概述与我国公共部门薪酬制度

(一) 薪酬概述

"薪酬"一词有广义和狭义之分。从狭义的角度来看,薪酬是指个人获得的以工资、奖金以及金钱或实物形式支付的劳动回报。美国著名薪酬管理学家乔治·T. 米尔科维奇和杰里·M. 纽曼认为:"薪酬是指雇员作为雇佣关系中的一方所得到的各种货币收入,以及以间接货币形式支付的各种具体的服务和福利之和,主要包括四种形式:基本工资、绩效工资、短期和长期的激励工资、福利和服务。"[1] 广义的薪酬则包括经济性的报酬和非经济性的报酬。经济性的报酬是指工资、奖金、福利待遇等;非经济性报酬是指个人对工作本身在心理上的一种感受,如在工作中参与决策。广义的薪酬侧重于对员工劳动贡献的一种补偿,包括货币形式和实物形式。薪酬的主要功能为保障功能、激励功能和调节功能,通过利益的驱动对公职人员的绩效、流动等发挥重要作用,从多个方面保障公共部门的合理、高效运行,具有很强的功效性。

---

[1] [美] 乔治·T. 米尔科维奇,杰里·M. 纽曼. 薪酬管理. 9版 [M]. 成得礼,译. 北京:中国人民大学出版社,2008.

近年来,由于报酬支付形式趋于多样化,各种显性和隐性的报酬形式层出不穷,随着现代薪酬管理在实践中的不断发展,当前发达国家普遍引入总收入的概念,亦称全面薪酬、总体薪酬,把劳动者从组织获得的所有形式的报酬都归在总收入中。总体薪酬,不仅包括企业向员工提供的经济性报酬与福利,还包括为员工创造的良好工作环境以及工作本身的内在特征、组织的特征等所带来的非经济性的心理效用,逐渐与广义的薪酬概念趋同。

本章主要研究的是狭义薪酬即经济型报酬,其中对公共部门人员的薪酬界定是指公职人员以其知识、技术、能力、时间为国家或公共部门服务,国家或相应公共部门根据按劳付酬的原则,以货币等形式对公职人员的劳动支付报酬。

(二) 薪酬的组成与功能

一般而言,可以把狭义的薪酬分为直接薪酬和间接薪酬两个模块。其中,直接薪酬又分为基本薪酬和可变薪酬两大模块,间接薪酬分为基本福利和特殊福利两个模块。具体薪酬构成如图8-1所示。

第八章 公共部门人力资源的薪酬管理

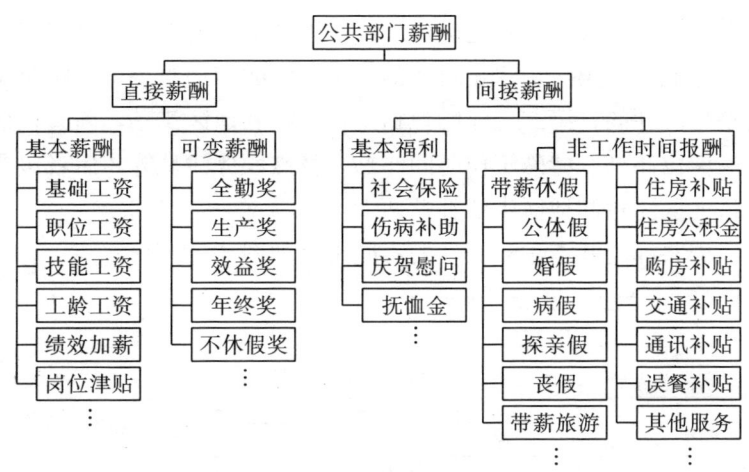

图 8-1 公共部门薪酬的构成[①]

1. 基本薪酬

基本薪酬：以员工劳动的复杂程度、劳动强度、熟练程度及工作责任为基准，在充分考虑员工工龄、职务、技能、学历和基本生活费用的基础上，按照员工实际完成的劳动定额、工作时间或劳动消耗而计时支付的劳动报酬。

基本薪酬通常也包括绩效加薪和岗位津贴。其中，绩效加薪，亦称业绩薪酬，是对员工过去绩效的一种奖励，以员工的基本薪酬为基础，不需要也不可能与员工事先协商，一旦确定，就会永久性地增加到基本薪酬之上，产生累积作用。绩效加薪不同于可变薪酬，后者往往以影响员工未来行为为目的，奖金计算方式、日期等事先确定，并且只是用于员工和企业约定的一个绩效周期，不存在累积作用。

岗位津贴则根据员工的工作特性、特殊劳动条件或特定条件下工作的额外生活费用而支付的一种劳动报酬，目的在于引导员

---

① 李涛. 公共部门人力资源管理 [M]. 桂林：广西师范大学出版社，2012.

工在工作条件较差的特定岗位上或工作环境下流动。这里需要区分两组概念：第一，津贴对应的是生产性的劳动报酬，补贴对应的是生活性的；第二，津贴包括工作津贴和地区津贴，前者包括特殊岗位津贴、特殊工作时间津贴、特殊职务津贴等，后者包含边远地区津贴和地区生活补贴两大类。

公共部门基本薪酬制度的不同组合如图8-2所示。

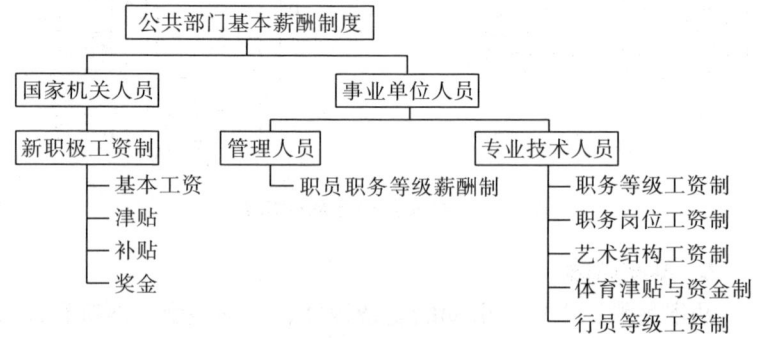

图8-2 公共部门基本薪酬制度[①]

基本薪酬体现了薪酬的保障功能和稳定功能，是工作本身的价值体现，与员工的态度、经验等因素，以及员工具体的成果关联不大。同时，与基本薪酬相对应的工作任务或劳动定额是劳动者在法定工作时间和正常条件下一般都能够完成的，从而在不同情况下都可保证劳动力的恢复、发展和延续。

2. 可变薪酬

可变薪酬，亦称激励工资或变化工资，是组织对员工超额劳动部分或劳动绩效突出部分所支付的奖励性报酬，包括个体绩效、团队绩效和组织的整体绩效，具体的支付形式即为奖金。

相对于基本薪酬而言，可变薪酬形式更多样、数额相对不固定、支付时间随机，是薪酬中最难设定的部分。若使用得当，能

---

① 李涛. 公共部门人力资源管理［M］. 桂林：广西师范大学出版社，2012.

发挥巨大的激励作用，提升组织整体效益。

在形式上，可变薪酬可以以时间为单位，分为月度奖、季度奖和年终奖；按奖励对象的不同，可分为个人奖和团队奖；按奖励内容来划分，可分为综合奖和单项奖；按奖励目标的时间来划分，可分为短期可变薪酬（季度奖、年终奖）和长期可变奖，如股票分红等。组织可变薪酬水平及其制度的影响因素有很多，如奖励条件、奖励计划、奖励指标、奖励范围和周期以及计奖单位、奖金兑换的流程与规章等。

可变薪酬是薪酬体系中与绩效直接挂钩的部分，是一种鼓励性的货币奖励，也是一种灵活、有效的报酬形式，是薪酬激励功能的体现。由于其激励作用常常能够带来具体的经济效益，因此它在人力资源薪酬管理制度中极其重要。

3. 间接薪酬

间接薪酬又称福利薪酬，是指员工作为组织成员所享有的、组织为员工提供的一系列有关安全健康、生活保障、社会保险及退休养老等方面的支持和保障，包括基本福利和非工作时间报酬（见图 8-1），目的在于提高员工对组织和工作的满意度和忠诚度。它与直接薪酬（包括基本薪酬、可变薪酬）存在一个明显的不同，前者的福利与服务与员工向企业供给的工作时间无必然关系。

从间接薪酬的性质来看，组织的间接薪酬可分两类：一类是政府立法规定应由用人单位实施的法定福利项目，另一类是单位根据自身情况有选择性地提供给员工的福利项目。从内容角度划分，福利可以分为健康与安全方面的福利、居住待遇、休养娱乐待遇、生活设施待遇和其他关怀待遇等几种类型。从支付对象上看，福利可分为全员性福利、特种福利和特困补助。

全员福利是所有员工都能享受的待遇，其分配基础是平均率；特种福利是针对单位中的高级人才设计的，如高层经营管理人员或具有专门技能的高级专业人员等，其分配基础是贡献率；

特困福利是为有特殊困难的员工提供的,如工伤残疾、重病等,其分配基础是需要率。

实际上,福利是一个内容广泛、性质多元和具有一定强制性的范畴,主要有以下几个功能:其一,它是对员工生活方面的一种平均的、满足其需要性的照顾;其二,它带有一定的社会保险和职业安全保护的强制性内容;其三,它在一些项目上实行差别性的发放,成为激励性薪酬的一个部分,并因为一些高福利的项目而成为吸引人才和留住人才的重要手段。

(三)公共部门人力资源薪酬制度

我国的公共部门主要包括国家机关和事业单位两大主体,相应的公共部门工作人员的薪酬主要包括两个部分,即公共行政部门工作人员的薪酬和公共事业单位工作人员的薪酬。本节接下来将就这两大主体分别阐述其薪酬制度的内容。

1. 公共行政部门薪酬管理的原则

《公务员法》规定,合理的公务员薪酬水平,有利于充分调动公务员的积极性,进一步优化公务员队伍。我国公务员的薪酬制度是一个复杂的系统,必须依靠一系列相关原则才能使其规范运行。

(1)按劳分配原则。

按劳分配原则是社会主义市场经济体制下个人消费品分配的主要原则。公务员工资制度贯彻按劳分配的原则,体现工作职责、工作能力、工作实绩、资历等因素,保持不同职务、级别之间的合理工资差距[①]。

---

① 中华人民共和国公务员法(2017 修订)[EB/OL].(2018-07-26)[2018-10-10]. http://xinchang.zjcourt.Cn/art/2018/7/26/art _ 1317390 _ 19649464.html.

(2) 正常增资原则。

公务员的工资水平应当与国民经济发展相协调、与社会进步相适应，建立公务员工资的正常增资机制。

(3) 平衡比较原则。

国家实行工资调查制度、定期进行公务员和企业相当人员工资水平的调查比较，并将工资调查比较结果作为调整公务员工资水平的依据。

(4) 法律保障原则。

工资报酬权是公务员的基本权利，受到法律的保护。公务员工资、福利、保险、退休金以及录用、培训、奖励、辞退等所需费用，应当列入财政预算，予以保障。

(5) 物价补偿原则（亦称价格补贴原则）。

物价补偿是指政府为弥补因价格体制或政策原因造成价格过低给生产经营带来损失而进行的补贴，它是财政补贴的主要内容。从补贴对象上看，它包括生产资料价格补贴、生活资料价格补贴和进口商品价格补贴。

(6) 试用期工资。

试用期是指包括在劳动合同期限内，用人单位对劳动者是否合格进行考核，劳动者对用人单位是否符合自己要求也进行考核的期限，这是一种双方双向选择的表现。劳动者在试用期的工资不得低于本单位同岗位最低档工资或者劳动合同约定工资的百分之八十，并重申试用期工资不得低于用人单位所在地的最低工资标准[①]。

---

① 中华人民共和国劳动合同法 [EB/OL]. (2012-12-28)[2018-11-20]. http://www.mohrss.gov.cn/Syrlzyhshbzb/zcfg/flfg/fl/201605/t20160509_239643.html.

2. 公共行政部门薪酬制度的内容

（1）薪酬构成。

国家公务员的工资主要由职务工资、级别工资、基础工资和工龄工资构成，分别体现工资的不同职能，其中职务工资和级别工资是工资构成的主体。国家公务员按照国家规定享受地区津贴和其他津贴。

职务工资：按公务员的职务高低、责任轻重和工作难易程度确定，是职级工资制中体现按劳分配的主要内容。我国公务员的12个职务层次对应12个职务工资档次，每个档次又划分为不同层次。

基础工资：按大体维持公务员本人的基本生活费用确定，各职务层次、各级别的公务员均执行相同的基础工资。

工龄工资：按公务员的工作年限确定，随着工作年限的增加逐年增长，一直到离退休当年为止。

级别工资：按照公务员的资历和能力确定，每个级别对应一个级别工资标准。27个级别共对应27个级别工资标准。

需要注意的是，2006年国家进行公务员工资制度改革，将上述基础工资、职务工资、级别工资和工龄工资四项合并调整为职务工资和级别工资两项。

按照1993年国务院批准的工资制度改革方案，要通过建立地区津贴制度，体现不同地区的工资差别；对在特殊岗位工作的公务员实行岗位津贴，体现对这部分人员额外劳动的补偿，如对公安干警实行值勤岗位津贴，对基层审计人员实行外勤工作补贴等，公务员调离特殊岗位后，相应的岗位津贴即行取消；对年度考核为称职以上的公务员，在年终发放一次性奖金，奖金数额相当于本人当年12月份的月基本工资。

海南、深圳、珠海、汕头、厦门五个经济特区的公务员还有特区津贴。公务员调出经济特区后，不再享有特区津贴。对人民警察、海关工作人员、驻外使领馆工作人员实行国外职务工资制。国外职务工资按照外交职衔（即国外职务）共划分为十个级别，每个级别设置3~5资档次。驻外使领馆工作人员还实行地区津贴和配偶补贴。

（2）薪资水平。

由于我国区域经济发展不均衡，造成不同地区公务员的薪资水平待遇也存在着较大差异，大致可分成以下三类区域：

第一类：上海、深圳等高薪地区（公务员工资在6000~8000元）。

第二类：内地省会城市、沿海地级市等（公务员工资基本在3000~5000元）。

第三类：内地其他城市（公务员工资在1000~2000元）。

我国公务员工资水平标准基本按"3581"的原则，即一般的公务员基本工资是3000元，副科级干部类的是5000元，科级干部以上等是8000元，最高不超过10000元，但是这个并不包括其他收入。但是由于各省市地区的经济条件等因素，一般沿海城市的公务员工资会比内陆地方高出不少。而其他经济较差地区，连达到国家规定发放的3000元也十分困难[1]。

（3）增资制度。

我国《公务员管理条例》第六十五条规定："我国国家公务员实行定期增资制度，凡在年度考核中被确认为优秀、称职的，可以按照规定晋升工资和发放奖金。"具体说明为，我国公务员的职级工资制，按照领导职务和非领导职务的不同，一职一薪，共设27级，每一级别再设6~15个不等的档次，主要反映公务员的工作实绩和资历。公务员的级别根据其职务和工作年限、资历等情况确定，在考核合格的情况下，每五年可以晋升一个级

---

[1] 李涛. 公共部门人力资源管理[M]. 桂林：广西师范大学出版社，2012.

别,每两年则可在其级别内晋升一个档次。这种设置使得公务员能够通过工作年限、资历的增长,在职位有限的情形下使工资档次也能得到一定的提升,为广大公务员尤其是基层公务员的工资增长提供了更为广阔的空间。

3. 公共事业部门的薪酬制度

我国的公共事业单位都是从事某种专门业务的实体,多数是为生产和生活服务,以及提高人民科学、文化水平和提供基础保障的组织。事业单位的薪酬制度参照公务员的薪酬制度,但又有所区别。

(1)事业单位工资制度的分类管理。

根据特点和经费来源,事业单位可以划分为全额拨款、差额拨款、自收自支三种不同工资制度类型的事业单位,分别实行不同的管理办法。

第一,全额拨款单位,没有稳定性的收入或收入来源较少,各项支出全部或主要依靠国家预算拨款,执行国家统一的工资制度和工资标准。其工资构成中固定工资往往比重较大(70%左右),浮动部分比例较低(30%左右)。而且这类单位往往依据单位内部的岗位编制来核定和拨付工资,实行工资总额包干,采用"增人不增工资,减人不减工资"的薪酬管理模式。此外,节余的工资,单位可自主安排使用。

第二,差额拨款单位,有一定的稳定收入,但不足以满足本单位的经常性支出,支出大于收入的差额需要国家预算拨款补助,按照国家制定的工资制度和工资标准执行。这类组织工资结构中固定部分也比较重,一般在60%左右,浮动部分一般为40%左右。按照国家有关规定,差额拨款单位实行工资总额包干或其自身特点的管理办法,促使其逐步减少国家财政拨款,向经费自收自支过渡。

第三,自收自支单位,没有固定的财政拨款,需要依靠自身稳定的收入来抵补本单位的经常性支出。与其他事业单位相比，这类事业单位拥有较大的财务自主权，工资结构中的固定比例和浮动比例也可自主确定，以发挥薪酬的激励功能，调动广大员工的工作积极性。有条件的可实行企业化管理或企业工资制度，做到自主经营、自负盈亏。

（2）事业单位的工资形式。

国家机关和全额拨款的事业单位，严格按国家规定的工资政策执行。差额拨款和自收自支的事业单位，根据按劳分配与按生产要素分配相结合的原则在实践中已经探索建立了形式多样、自主灵活的内部工资收入分配制度，主要形式包括以下几种：

1）职务等级制。

职务等级制是根据员工的工作职务来确定薪酬标准的一种薪酬等级制度，通常由职务业务标准、统一名称表、薪酬标准表组成。

职务等级制中职务的处理方法有两种：一是对具有相同工作性质的职务实行同一职务薪酬标准表，每个职务内部再划分为若干薪酬等级，某些等级可跨越两个相邻的职务；二是对不同类型的单位（如不同产业、地区、规模等）中的相同职务，确定不同的薪酬等级，各职务之间的薪酬标准不上下交叉。

在实际操作中，职务等级工资制一般演化为专业技术职务等级工资制、专业技术职务岗位工资制两种形式。

其中，教育、科研、卫生、农业、林业、水利、气象、地震、设计、新闻、出版、广播电影电视、技术监督、商品检验、环境保护以及图书馆、博物馆、档案馆等事业单位的专业技术人员，实行专业技术职务等级工资制。专业技术职务等级工资制在工资构成上主要分为专业技术职务工资和津贴两部分。专业技术职务工资是工资构成中的固定部分和体现劳动分配的主要内容。专业技术职务工资标准按照专业技术职务序列设置，每一职务分别设立若干工资档次。津贴是工资构成中活的部分，与专业技术人员的实际工作数量和质量挂钩，多劳多得，少劳少得，不劳不得。国家对津贴按规定比例进行总额控制，并制定指导性意见。各单位根据本单位的实际情况，在国家规定的津贴总额内享有分配自主权，具体确定津贴项目、津贴档次及如何进行内部分配，合理拉开差距等。

此外，地质、测绘、交通、海洋和水产等事业单位，根据工作人员在野外或水上作业岗位责任明确、条件艰苦和流动性大的特点，实行专业技术职务岗位工资制。专业技术职务岗位工资制在工资构成上，由专业技术职务工资和岗位津贴两部分组成。专业技术职务工资是工资构成中的固定部分，根据专业技术人员的水平、责任和贡献确定。专业技术职务工资标准依据专业技术职务序列确定。地质、测绘专业的技术人员，依照高级工程师、工程师、助理工程师、技术员四个职务分设若干档次。交通、海洋和水产事业单位的船员，按照船长、轮机长、大副、二副、三副职务序列分设若干档次。岗位津贴是工资构成中浮动的部分，根据岗位的工作条件、劳动强度和操作难易程度确定。

2）结构工资制。

结构工资制主要适用于文化艺术表演类事业单位。其制定基于文化艺术表演团体的表演人员成才早、舞台青春期短、新陈代谢快的特点。在工资构成上，艺术结构工资制主要分为艺术专业职务工资、表演档次津贴、演出场次津贴三部分。艺术专业职务工资主要体现艺术表演人员综合艺术水平的高低，是工资构成中的固定部分。工资标准按照艺术专业职务序列设置，共设立五级职务，并分别设立若干工资档次。表演档次津贴根据演员、演奏员、指挥等人员的表演水平确定的，是工资构成中浮动的部分，有领衔主演、主演、次主演、演员、演出辅助人员五个档次。设立表演档次津贴，可使艺术专业职务不高但已成名并担任主要角色的年轻演员的工资通过浮动的部分得到补偿。演出场次津贴根据艺术表演人员演出场次的数量计发。

3）津贴、奖金制。

根据体育界竞争性强、淘汰快、在队时间短、退役后需重新分配工作的特点，在体育部门中实行体育津贴、奖金制。体育津贴、奖金制在构成上主要分为体育基础津贴、运动员成绩津贴和奖金三部分。

其中，体育基础津贴是按照运动员的不同水平设置的，是运动员基础水平的综合体现。运动员成绩津贴则是根据运动员在国内外重大比赛中获得的成绩情况（包括比赛的层次和获奖名次）发放。运动员退役后，执行新调入单位的工资制度，同时参考本人原来的津贴标准。但对国家某项体育运动的发展做出杰出贡献或获得重大荣誉的个别运动员，可以终身享受突出贡献津贴。

奖金是为鼓励运动员刻苦训练、为国争光，对在各类比赛中取得好成绩的运动员所给予的奖励。对在训练中表现突出的运动员，也可给予适当奖励。

4）行员等级工资制。

除实行公务员制度的中国人民银行外，中国工商银行、中国农业银行、中国建设银行、中国银行、中国人民保险公司及其分支机构等金融单位，根据其职能和金融工作特点，实行行员等级工资制。行员等级工资制在工资构成上分为行员等级工资和责任目标津贴两部分：第一，行员等级工资是按行员的职务等级序列确定，是工资构成中的固定部分。在行员等级工资标准中，设置了七个行员等级，是工资构成中的固定部分，每个等级分别设立若干工资档次。第二，行员责任目标津贴，是在实行行员目标责任制的基础上，按照行员所负责任大小和完成目标任务情况确定的，是工资构成中的可变动部分。

5）项目工资。

以工作项目、技术成果为核算单位，由项目负责人对完成该项目的时间、质量、经费进行总体承包，项目组内人员的收入由项目负责人根据实际贡献进行分配。

6）协议工资。

单位可与被聘员工按年或月工资报酬签订协议，也可以以某一项工作任务完成与否签订报酬协议，单位按协议支付工资报酬。

(3) 工资正常晋升机制。

事业单位的员工工资晋升机制主要有以下四个途径：第一，在职务不变的情况下，可以正常晋升工资档次和工资级别。也可通过年度考核，合格以上人员一般两年晋升一个职务工资档次，考核优秀并做出突出贡献的人员，还可以按职工比例提前或越级晋升。第二，在职务变动后，可以按新的职务晋升到相应的比例提前或越级晋升。第三，在职务变动后，可以按新的职务晋升到相应的工资档次和级别。第四，国家根据经济发展、企业相当人员工资水平、物价水平和财力情况，对工资标准适时进行调整。第四，随着工资标准的提高，相应提高津贴水平，保持工资结构的合理性。

二、公共部门人力资源管理的福利制度

（一）公共部门福利的内涵

福利有广义和狭义之分。所有能够改善人们物质文化生活的公益性事业以及采取的措施都可以统称为福利。广义的福利基本上概括了人们所享受的一切物质待遇，其中也包括了社会保险、社会救济、社会优抚等内容；狭义的福利则是专指国家社会保障体系中除了社会保险、社会救济和社会优抚以外的，致力于改善

人们物质文化生活的事业与相关措施。本节主要讨论狭义上的福利。

公共部门福利，是指公共部门为改善和提高政府及其公共事业单位员工生活质量而采取的一系列措施。公共部门福利一般是通过增加集体福利设施、建立各种补贴制度等方式，以低费或免费的形式来满足公职人员某些普遍性和共同性的消费需要。

以政府部门的公职人员为例，按照《公务员法》第七十六条规定："公务员按照国家规定享受福利待遇。国家根据经济社会发展水平提高公务员的福利待遇。公务员实行国家规定的工时制度，按照国家规定享受休假。公务员在法定工作日之外加班的，应当给予相应的补休。"[1] 这是我国法律对公务员福利的规定，事业单位的福利情况基本和公务员福利相近。

我国现行的公职人员福利包括：

（1）福利补贴和补助制度：如保险、奖金、优惠等。

（2）节假日制度（带薪）：我国公务员依法在国家法定节假日享受带薪休假的福利。

（3）探亲制度。如《国务院关于职工探亲待遇的规定》第二条："凡在国家机关、人民团体和全民所有制企业，事业单位工作满一年的固定职工，与配偶不住在一起，又不能在公休假日团聚的，可以享受本规定探望配偶的待遇；与父亲、母亲都不住在一起，又不能在公休假日团聚的，可以享受本规定探望父母待遇。"

（4）休假制度。如《职工带薪年休假条例》第二条规定："机关、团体、企业、事业单位、民办非企业单位、有雇工的个体工商户等单位的职工连续工作1年以上的，享受带薪年休假

---

[1] 中华人民共和国公务员法（2017 修订）[EB/OL]．(2018－07－26)[2018－10－10]．http://xinchang.zjcourt.cn/art/2018/7/26/art_1317390_19649464.html．

（以下简称年休假）。单位应当保证职工享受年休假。职工在年休假期间享受与正常工作期间相同的工资收入。"第三条规定："职工累计工作已满1年不满10年的，年休假5天；已满10年不满20年的，年休假10天；已满20年的，年休假15天。国家法定休假日、休息日不计入年休假的假期。"

（5）集体生活福利设施：包括集体文化娱乐体育设施、集体食堂等。

（二）公共部门福利的特点

1. 公共部门福利与企业福利的比较

公共部门福利要在本单位就业的工作人员才能享受（有些福利项目公职人员家属也可以享受，但不是全部）。这是因为，福利的直接效用是保障在职工作人员一定的生活水平和提高其生活质量。公共部门提供福利：一方面是为了保证组织的向心力和凝聚力，培养公职人员的归属感和团队意识，促使其乐意发挥主动性，更好地服务于本部门；另一方面有助于提高部门的社会声誉，吸引和留住优秀人才。

公共部门福利一般以普惠制方式向工作人员提供，某些企业或者项目可能会根据公职人员供职时间长短和贡献大小来规定其享受待遇的高低差别，这是因为福利的职能主要在于以互助共利的形式满足普遍和共同的需要（如共同摊费形式，即组织内一人患癌，其他组织成员共同为其出资医疗），它并不是谋生的手段，而只是作为工资收入的一种补充。并且福利的发展趋势是以集体福利为主，因而一般情况下它不体现按劳分配的原则。

公共部门福利资金来源取决于单位的性质，可以是财政拨款，也可以是组织的资金盈利。单位的福利水平主要取决于组织的经济状况。此外，组织领导者的偏好及观念、意识会影响其对工作人员福利的重视程度，并在薪酬组合方式上有所体现。

2. 公共部门福利与社会保险的比较

公共部门福利虽然与社会保险同属于社会保障这一体系，但两者存在着根本的差别。

第一，两者的目标不同。社会保险具有保障性，其目标在于保障劳动者的基本生活水平，所谓基本生活水平，即维持原有的生活水平；而福利的目标则在于使人们的生活水平在原有的基础上进一步得到提高。

第二，两者的作用性质不同。社会保险一般是由国家立法强制实行的，具有强制性、互助共济性；而福利则是既有法定的，也有组织依据实际情况自主施行的，具有自主性。

第三，两者的享受条件不同。社会保险以权利义务的对等为基本原则，要享受社会保险提供的待遇，必须具备相应的基本条件；而福利则不需要享受者为之付出代价。

（三）公共部门福利制度设计的影响因素

第一，国民的经济发展水平与相关法律、法规和政策。公职人员的福利水平要在不违背国家相关法律、法规和政策的前提下，与国民经济发展水平相适应。一方面，公共部门工作人员的福利费用，大都来自国家财政预算拨款，因此国民经济发展水平直接影响并决定福利水平。另一方面，我国福利项目存在不合理现象，一些部门或组织随意提高福利标准，或巧立名目，采用各种方式滥发福利性补贴，导致部门之间攀比跟风，严重损害了国家的利益。所以，健全有关规章制度，使福利制度设计符合国家法律、法规和政策，是十分必要的。

第二，组织的战略目标和经济承受能力。福利制度应符合组织已定的战略目标规划，并与组织承受能力相适应。作为工资的补充形式，福利要与组织的工资、奖金和津贴制度相协调，与组织的战略规划相一致，否则不能起到激励作用，反而会影响组织的战略目标实现；同时，福利虽然属于公益性事业，但仍然需要必要的经济投入，也会产生管理成本，因此，必须充分考虑组织的经济承受能力，尽可能达到福利的管理成本最小化。

第三，工资。福利制度设计要正确处理工资与福利的主次关系。正确认识到，工资在国民收入分配中占据主导地位，而福利只是一种辅助分配形式。根据我国公共部门福利工作的现实情况，发展趋势应是逐渐降低福利在薪酬当中的比重，将一部分福利性补贴纳入工资标准。究其原因，是因为福利在具有某些优越性的同时，也存在与宏观经济管理目标相背离的弊端。比如：过多的发放福利将导致社会成员个人收入差距的不断拉大，进而削弱员工的工作动力；福利属于典型的隐形收入，现有的税收手段很难对其进行有效追踪检查，导致大量税源的不断流失，影响国家的财政收入。因此，公共部门必须正确处理两者的关系，确保工资在国民收入分配格局中的主体地位，员工福利只能是对工资的必要补充。

三、我国公共部门薪酬制度的演变与问题

（一）公共部门薪酬制度改革历程

自1992年，中国开始建立和完善社会主义市场经济体制，个人收入分配理念由效率优先、兼顾公平逐步向效率与公平并重、更强调公平转变。截止到2012年，中国公务员工资制度经历了打破平均主义、强调效率的1993年工资制度改革和更注重公平的2006年工资制度改革。

1. 公共部门薪酬制度首次改革

1992年10月，中共十四大提出建立社会主义市场经济体制的改革目标，在分配制度上强调："运用包括市场在内的各种调节手段，既鼓励先进，促进效率，合理拉开收入差距，又防止两

极分化，逐步实现共同富裕。"[①] 但是，当时的公务员工资制度无法与之相适应，存在以下问题：

第一，1985年工资制度改革以后，工资绝对水平逐年有所提高，但相对水平却呈持续下降趋势，出现了"脑体倒挂"现象，而且平均主义较为严重。

第二，以职务工资为主要内容的结构工资制进一步强化了"官本位"，诱发了机构升级、人员膨胀等现象，从而构成了对财政的巨大压力。

第三，未建立起正常的工资增长机制。中共十四大和八届人大一次会议提出，要建立适应社会主义市场经济体制的工资制度，解决社会收入分配不公的问题，加快机关、事业单位的工资制度改革。

基于对这些问题的思考，1993年4月24日，国务院第二次常务会议审议通过了《国家公务员暂行条例》，并于1993年8月14日正式发布。在此基础上，1993年11月15日，国务院发布《国务院关于机关和事业单位工作人员工资制度改革问题的通知》以及《机关工作人员工资制度改革方案》，决定从1993年10月1日起，对国家机关现行工资制度进行改革。内容如下：

（1）机关工作人员（除工勤人员外）实行职级工资制。

其工资按不同职能，分为职务工资、级别工资、基础工资和工龄工资四个部分。其中，职务工资和级别工资是职级工资构成的主体。

（2）建立正常的工资增长机制。

制度性渠道主要有：①职务晋升的工资增长；②职务工资档

[①] 江泽民. 加快改革开放和现代化建设步伐，夺取有中国特色社会主义事业的更大胜利——在中国共产党第十四次全国代表大会上的报告[J]. 求实，1992(11)：1-16.

次晋升的工资增长；③级别晋升的工资增长；④工龄增加的工资增长。

（3）实行地区津贴制度。

地区津贴制度主要根据不同地区的自然环境、经济发展水平和物价水平等因素，结合对现行地区工资补贴的调整而建立，主要分为艰苦边远地区津贴和地区附加津贴两种。

（4）改革奖金制度。

实行职级工资后，改革现行的奖金制度，在严格考核的基础上，待具备条件时，对优秀和称职的公务员，在年终发放一次性奖金。

1993年的工资制度改革，建立了符合机关、事业单位自身特点的工资制度，实现了机关与事业单位工资制度脱钩，建立了正常的增资制度。此后，国家于1997年、1999年、2001年、2003年四次调整公务员工资标准，各职务起点工资标准提高到130元（办事员）至1150元（国家正职），使公务员工资水平随着国民经济的发展得以提高。

但是，当时为了使收入分配适应各个地区经济发展不平衡的现状，体现"效率优先，兼顾公平"的收入分配原则，提出建立"地区津贴制度"。由于财政限制等种种原因，津补贴并没有全国统一的政策出台，而是各地自行制定了津补贴政策。因为经济水平和物价水平不一，各地区、部门财力不同，所以津补贴实行情况差距很大，种类繁多，名目不同，造成了公务员工资的混乱状态[①]。

2. 公共部门薪酬制度深层改革

社会主义市场经济体制建立以来，在"效率优先、兼顾公

---

① 张力. 我国公务员工资收入决定机制转换［D］. 北京：北京交通大学，2007.

平"的收入分配原则指导下,在居民收入快速增长的同时,也产生了收入差距不断扩大、部分国有部门分配秩序紊乱等问题。尤其是具有地方色彩的津补贴,成为不同地区、甚至同一地区不同部门之间收入差距的重要来源,它在某些地区公务员工资收入中所占比例甚至达到80%。同样是国家公务员,在承担的职责大体相同的情况下,工资水平却存在较大差异,不仅严重违反了薪酬管理的内部公平性(或内部一致性)原则,而且造成了不同地区,尤其是不同政府部门之间的工资攀比,一些单位想方设法筹集经费,用于发放内部补贴,在社会上造成了不好的影响,为腐败提供了土壤,损害了公务员队伍和政府的形象①。

2002年1月中共十六大提出完善社会主义市场经济体制的改革目标后,在分配制度上开始注意调节收入差距。2003年10月,中共十六届三中全会通过的《中共中央关于完善社会主义市场经济体制若干问题的决定》指出:"整顿和规范分配秩序,加大收入分配调节力度,重视解决部分社会成员收入差距过分扩大问题。完善和规范国家公务员工资制度,推进事业单位分配制度改革,规范职务消费,加快福利待遇货币化。"

2006年1月1日起实施的《公务员法》规定,公务员实行国家统一的职务与级别相结合的工资制度。为贯彻落实《公务员法》,根据党中央、国务院批准的《公务员工资制度改革方案》,财政部、人事部联合制定了《公务员工资制度改革实施办法》,于2006年7月1日起改革公务员现行工资制度,具体改革内容主要包括以下几点。

(1)改革工资制度和清理规范津补贴相结合。

一方面,在清理津贴补贴、摸清底数的基础上,结合公务员

---

① 刘昕. 对公务员工资制度改革的几点认识[J]. 中国人才,2006(15):10—12.

职级工资制度改革，将一些地方和部门的部分津贴补贴纳入基本工资，适当提高基本工资占工资收入的比重，优化公务员工资结构。另一方面，对津补贴进行规范，合理确定水平，科学规范项目，分类分步调控，严格监督管理，为规范公务员工资收入分配秩序奠定基础。

（2）简化基本工资结构，增强工资的激励功能。

将公务员基本工资结构简化为职务工资、级别工资，取消基础工资和工龄工资。此后公务员工资分为四块，由职务工资、级别工资、工作津贴和生活补贴共同构成。其中，前两项职务工资和级别工资构成基本工资，实行全国统一标准，由中央财政支付，各级公务员的职务工资从340元（办事员）至4000元（国家正职）。后两项工作津贴和生活补贴由地方财政或各部门财政支付。

（3）适当向基层倾斜。

适当加大不同职务对应级别的交叉幅度，将公务员对应的级别数由现行15个增加到27个，各职务对应的级别数相应增加，科员、办事员从现在的6级别增加到对应9个级别，副科级从现在对应5个级别增加到对应8个级别，给低职务公务员提供了充分的晋升空间。实行级别与工资等待遇挂钩，使公务员不晋升职务也能提高待遇，缓解了因职数限制而晋升职务困难的问题

（4）建立健全正常增资办法，实现工资调整制度化、规范化。

除职务和级别晋升外，按照《公务员法》规定，要建立工资调查制度，定期进行公务员工资水平的调查比较，为调整公务员工资标准提供科学依据。

本次公务员工资制度改革，出现了"阳光工资""同城同待遇""限高、稳中、托低"等关键词，在规范公务员津补贴，确保不同部门以及不同地区公务员之间待遇公平的同时，使公务员

工资水平有了较大提高。2007年公务员实际平均工资增长17.6%，比2006年的9.9%提高了7.7个百分点。通过规范津补贴，省际最高与最低平均工资之比也从最高的2005年的3.37下降到2007年的2.72，地区间的工资差距开始缩小。但是，一方面，工资改革后多年没有提高公务员基本工资标准；另一方面，政府至今没有出台规范津补贴的相应标准，所以各地方政府为适应经济发展和物价上涨，津补贴项目又有增加趋势，2010年后地区间的工资差距又有所扩大。可以看出，公务员工资水平调查制度尚未建全，公务员工资增长缺乏科学合理的依据。

3. 公共部门薪酬水平的演变

1992—2012年，公务员年人均工资显著提高，由1992年的2774元上涨到2012年的46207元，扣除物价因素，实际平均工资年均增长10.14%。

公务员实际平均工资增长，大体可分为三个阶段：

1992—1997年，年均6.82%的中速增长阶段，波动幅度大；

1998—2009年，年均13.11%的高速增长阶段，波动幅度小；

2010—2012年，年均4.63%的低速增长阶段，波动幅度小。

1993年公务员工资改革后，1994和1995年名义工资增速高达141.4%和111.3%，但是由于这两年经济过热，通货膨胀严重，造成1995年公务员实际工资出现负增长，波动幅度较大。由于1997—2003年间的四次工资调整和2006年的工资改革，保证了第二阶段公务员工资快速增长，而且波动幅度较小。此后，因为缺乏正常的工资增长机制，所以在第三个阶段，公务员工资增长乏力，工资低速增长。

(二) 我国公共部门的薪酬制度管理存在的问题

现阶段我国公务员分类管理、人才评价引进机制改革取得重大突破，工资管理由以往的"大一统"模式转向探索适应不同职业群体特点的工资政策，这些具有标志性意义的改革迈出重要步伐，对于破解制约我们事业发展的瓶颈具有重大而深远的意义。但目前来看，我国公务员与其他行业的薪酬差距越来越大，薪酬满意度低、工资待遇低成为公务员的第一挑战。根据对2000多名国家机关公务员的调查，公务员认为工作面临的最主要的三项挑战是工资待遇低、工作强度大和人际关系复杂，其中工资待遇低被视为第一挑战，公务员薪酬表现出水平低、满意度差、结构不合理、与工作绩效相脱节等问题，迫切需要加以解决①。

1. 薪酬制定标准模糊

公务员的薪酬反映的是在约束条件下公务员人力资本的价值以及公务员在总体经济发展中所做出的贡献。这里所谓的约束条件，是指一国或一个经济体的总体经济规模与国民收入水平。目前，我国的公务员薪酬标准确定的依据是什么？对此似乎没有一个明确的答案。各级公务员的薪酬水平既没有以法律的形式确定下来，也从来没有公开、明确地公布于众。公务员行使的是公共权力，支配的是公共资源，他们的收入来自纳税人，因而，公众有权利清楚地了解公务员的收入水平和经济发展而带来的收入增量，这属于公众的知情权。就目前中国实行的公务员的薪酬制度而言，似乎他们享受的工资标准很明确，每个工资单上都有明确的国家规定的基础工资和补贴，但这部分工资仅仅占总体薪酬的一部分，而其他部分是各种名目的补贴，既包括了国家给予的补贴，也包括了省市等地方的补贴，甚至还包括了不少的单位补

---

① 李涛. 公共部门人力资源管理[M]. 桂林：广西师范大学出版社，2012.

贴。其中，许多补贴是不确定也不透明的。由此可知，这些补贴在不同地域存在不小的差异。据不完全调查，在多数地区或部门中，公务员的基本工资在其合理货币总收入中所占比重低于二分之一，有的仅占三分之一或更小的比重。

2. 薪酬来源不清晰

现行的公务员薪酬主要包括基本工资、国家补贴、地方补贴、单位补贴、奖金以及社会福利，每个大项目中又包括了许多子项目。内部结构名目繁多、内涵混乱。如果要确定合理的工资内部结构，每一项都需要进行深入研究和论证，这是一项极复杂的工作，没有比较充分的信息与薪资管理经验，公正与合理的分配是不可能的。此类的薪酬分配既具有配给特征，又具有市场特征。目前，我国还没有建立起一套科学统一的公务员薪酬的定价标准。合理的薪酬体系的一个重要特征应是薪酬标准的单一性和确定性。而我国现实中，公务员薪酬标准具有极大的随意性。这意味着我国公务员薪酬体系的改革还有较长的路要走。

3. 薪酬体系划分模糊

薪酬体系是指各级公务员之间的薪酬结构，也可以说是公务员工资的外部结构。我国公务员的工资级别在新中国成立之初划分得比较清楚，大致为 24 个级别。但是在计划经济时期，工资趋向于平均分配，因而，每个级别之间的差别不大，尤其是下层公务员之间的工资级别差距甚小。这种薪酬体系不能反映出公务员之间的真实贡献。改革以后，虽然薪酬体系几经调整，各级公务员之间的薪酬差距出现了拉开的趋向，但是，薪酬体系中结构混乱而模糊的积弊仍未得到彻底改观，尤其是高级公务员的薪酬仍然未与其他层次拉开。至今公众对于高级公务员的薪酬改革以及他们的合理薪酬范围不甚了了，而且政府在这方面的信息也不够透明。

4. 薪酬存在较大区域差异

公务员的薪酬受到地域经济发展水平的影响，经济发展水平高的区域薪酬水平也高，这些差异主要表现为区域津贴的不同。津贴在经济发达地区已经成为公务员的主要收入来源，部分经济发达地区甚至利用行政手段为本地公务员制定了更高的工资标准，以吸引素质更高的公务员。与之相比，经济落后地区的公务员津贴则非常少，只占公务员收入的一小部分。这样下去，区域差别会更大。

四、发达国家公共部门人力资源薪酬管理模式借鉴

（一）美国公共部门薪酬管理模式分析

1. 美国公共部门薪酬管理发展历程与特点

（1）美国公共部门薪酬管理发展历程。

美国作为新兴资本主义国家，没有漫长的封建专制历史，直到二战后，美国经济发生重大变化，物价上涨，私企人员工资提高，联邦政府决定采用法律手段定期调整公务员工资。1962年，美国颁布《联邦工资改革法》同意了工资标准，提出了"工资比较原则"与"内部平衡原则"。1970年又颁布了《联邦雇员工资比较法》，这是美国公务员工资法令中最重要的法规。1978年颁布《文官制度改革法》，这是美国现行工资制度的主要依据。1994年，联邦政府出台的《政府绩效与结果法案》通过绩效计划、实施测定、评估以加强政府绩效管理。近年来，弹性薪酬的提出是美国公共部门薪酬管理的一个新举措，2001年，布什总统的管理议程提出"改进联邦政府管理和绩效战略"的最大弹性公务员薪酬管理办法，在确保"同工同酬"的功绩制原则下，弹性自由地形成了几十种不同的薪酬管理制度。

(2) 美国公共部门薪酬管理制度的特点。

美国公共部门薪酬管理制度的总体特征表现为严格依法支薪,决策程序严谨明确,且工资构成中津贴奖金项目比较少,具体特征如下:

1) 法制化。

健全薪酬法规,加强薪酬管理。美国政府十分重视公务员薪酬管理法制化建设。美国政府不仅在《彭德尔顿法》(1883年)、《文官制度改革法》(1978年)中规定了薪酬制度,也出台了一系列与公务员工资、福利、保险、退休有关的配套法规,如《联邦工资改革法》(1962年)、《联邦工资平衡法》(1970年)、《联邦雇员工资比较法》(1990年)、《雇员退休收入安全法案》(1974年)、《家庭及医疗休假法案》(1993年)、《联邦雇员分享法》(1988年)等。

美国公务员现行工资制度的重要法律依据,是1990年11月5日生效的《联邦公务员可比性工资法案》,以私企为参照的美国公务员工资制度就是该法案规定的。

由于通货膨胀,公务员工资每年有个年度微调(Annual Adjustments To Pay Schedules),微调标准必须依据劳工部公布的私企工资成本指数,但公务员工资调整幅度必须低于工资成本指数0.5个百分点。法律还特别规定,只有总统有权动议调整公务员工资标准,但必须报国会批准。调整工资标准的前提是:发生全国性突发事件或严重经济情况而影响普遍生活水准。美国法律还规定了公务员工资封顶制度(Aggregate Limitation on Pay),普通公务员不管何种理由所有项目工资之和超过高Ⅰ级工资标准,该工资不得支付。

2) 高绩效化。

坚持功绩制原则,力求绩效和公平并重的功绩制是美国文官制度的重要特色,《彭德尔顿法》(1883年)、《文官制度改革法》

(1978年）先后确认了功绩制原则。其中同工同酬和绩效工资是功绩制的重要内容。1994年，联邦政府出台《政府绩效与结果法案》，通过绩效计划、实施、测定和评估，加强政府绩效管理。在美国《文官制度改革法》等法规凸显联邦雇员和私营企业雇员薪酬水平平衡问题，力求实现公务员工资的外部公平。确保中、低级公务员的工资与同一地区私营企业的雇员的工资大体相当。

3）分权化。

美国联邦政府实行宽带薪酬，即是对传统的带有大量等级层次的垂直型薪资结构的一种改进或替代。将原来十几甚至几十个级别压缩成几个级别，并将每个级别对应的薪酬范围拉大，从而形成一个新的薪酬管理系统及操作流程。分权式政府通过参与管理，分散公共机构的权力，构建协作性组织。在公务员薪酬管理过程中，美国政府注重吸引雇员、工会参与，通过个人协商和集体谈判，提高公务员薪酬管理的民主性、满意度。

4）弹性化。

按照《重塑人力资源管理》的主张，联邦政府在一般职务序列职等内部实行弹性薪酬，保持一般职务序列的15职等结构，废除每一职等内按照10级序列提薪的硬性规定，设计弹性的职等内薪酬晋级制度，并给予行政机构确定职等内基本薪酬水平的权力。除一般职务序列职等外，高级雇员也实行弹性薪酬，这无疑有助于增强公共职位的吸引力。2001年，美国总统布什推出题为"改进联邦政府管理和绩效战略"的总统管理议程，"实现最大弹性"是该议程的重要原则，公务员薪酬弹性进一步加强。如在确保"同工同酬"功绩制原则的同时，可以形成几十种不同的薪酬制度。

5）市场化。

美国公务员工资制度实质上是由市场决定的，根据通货膨胀率进行微调，各种有关工资薪酬和福利待遇的法律制度也是根据市场变化产生的。利用市场工具，完善薪酬结构工资市场化体现在几个方面：

A. 实施工资调查。工资调查是美国行政机构、联邦人事管理机构"就工资结构向立法机构提出建议并获得批准的基础"。通过工资调查，了解和掌握劳动力市场信息，明确不同社会组织的薪酬差距，据此确立公务员工资标准、层级。工作职位分析、归纳、评估是工资调查的前提。同时，基于国民经济社会发展现状，根据经济发展、财政预算、物价指数、通货膨胀指数等因素，可以灵活调整公务员的工资。

B. 利用市场化薪酬工具。"对私营部门管理方式的重视"是新公共管理运动的重要特征。美国公务员薪酬制度改革过程中，充分利用在私营部门流行的市场化薪酬工具，以增强公务员薪酬的灵活性、竞争性。另外，根据实际情况灵活安排其工作时间，以使一些政府机构雇主采取"买、卖"假期，与雇员进行年休假、假日、病假等方面的交易。

C. 利用市场机制，健全公务员保险体制。美国公务员保险包括健康保险、集体人寿保险等，并实行养老金制度。

6）地区差异化。

美国是联邦制国家，各级政府都只对选举自己的选民和任命自己的议会负责，因此不存在全国或全州官员的统一工资薪酬福利标准（联邦法院薪酬福利除外）。加之由于经济水平不同，各州县郡市雇员的收入水平便产生了巨大的差异。美国公务员的工资薪酬和各种福利待遇（包括医疗保险、残疾保险、人身保险和退休福利、车费补贴等），一般由联邦、州和郡县市镇一个只接受议会监督的专门委员会负责核定，因此，地区差异较大。

2. 美国公共部门薪酬制度对我国的启示

（1）加强公务员薪酬法制化建设。

健全的薪酬法规是公务员薪酬管理的前提和基础。与美国相比，我国公务员薪酬法制化建设明显滞后，仅出台与公务员薪酬相关的条例、方案或规章制度，如《公务员工资制度改革方案》（2006年）、《关于完善艰苦边远地区津贴制度实施方案》（2006年）、《公务员奖励规定（试行）》（2008年）、《机关事业单位工作人员带薪年休假实施办法》（2008年）等。在实施《公务员法》的过程中，有必要结合我国国情，整合相关配套法规，制定《中华人民共和国公务员薪酬法》，详细规定公务员薪酬的形式、结构、设计依据、薪酬变动、管理程序、管理责任等。进一步完善职务工资与级别工资，清理、规范公务员津贴、补贴、奖金。按照公务员福利市场化、社会化、货币化原则，健全福利管理制度，开发内容丰富、形式多样的公务员福利。健全公务员保险制度，保障公务员在退休、患病、工伤、生育、失业等情况下获得帮助和补偿。规范公务员退休程序，适时建立公务员养老金制度，不断提高退休待遇。

（2）完善公务员分类管理制度。

规范公务员薪酬结构健全的分类管理制度是公务员薪酬管理的前提和基础。美国公务员分类管理以职位分类为主，以品位分类为辅，设置了不同的职类、职组、职等、职系、职级。美国政府雇员不仅适应一般职务序列职等，也适应高级公务员序列；不仅包括白领职业，也包括蓝领职业。而我国公务员职位类别分为综合管理类、专业技术类和行政执法类等类别，公务员职务分为领导职务和非领导职务。因此首先，在遵守《公务员法》《公务员职务与级别管理规定》的同时，有必要借鉴美国的公务员分类管理体制，针对不同的公务员职位类别，明确公务员职位的职组、职等、职系、职级。在职位分类的基础上，灵活确定公务员的工资、保险、福利、退休待遇等制度。其次，在条件成熟的地方，可以在一些部门适当设计部分"高级公务员"职位，面向全球或全国公开选聘，并与之签订绩效合同，规定任职期限、工作标准、工作责任和目标，实行绩效薪酬，加强绩效管理。最后应逐渐推广公务员聘任制，健全聘任制公务员分类管理制度，构建与聘任制公务员相适应的弹性薪酬制度。

(3) 改进公务员考核方法，健全公务员绩效评估体系。

公务员考核结果是确定公务员的职务、级别、薪酬的重要依据。不论对于职务序列职等还是高级公务员序列的公务员，美国联邦政府都严格规定了科学、合理的考核方法、程序。随着美国《政府绩效与结果法》的出台，美国公务员绩效管理制度日渐成熟。按照我国《公务员法》，对公务员的考核，按照管理权限，全面考核公务员的"德、能、勤、绩、廉"，重点考核工作实绩。要按照《公务员考核规定（试行）》《体现科学发展观要求的地方党政领导班子和领导干部综合考核评价试行办法》等法规，严格规定公务员考核的主体、客体、范围、内容、程序、等次、纪律，坚持领导考核与群众考核相结合、平时考核与定期考核相结合、定性考核与定量考核相结合。同时，有必要结合我国公共部门人力资源管理特点，学习和借鉴美国公务员绩效评估的方法、手段、技术，构建适合我国国情的公务员绩效评估体系，探索公务员绩效薪酬制度。

(4) 构建分权化、弹性化、人性化薪酬体系。

美国公务员薪酬制度具有分权化、弹性化、人性化等特点。有必要结合我国国情，根据我国公共部门人力资源管理的特点，适度推动公务员薪酬管理权限下放，构建分权化、弹性化、人性化公务员薪酬体系。

1) 分权化。我国各级人力资源和社会保障部门可以将部分公务员薪酬管理权限适度下放至各行政部门和机关首长。在薪酬制度设计、实施、监管过程中，要充分利用公务员或公务员团体的力量，构建公务员、政府部门、人力资源和社会保障部门之间的"合作伙伴关系"。根据部门特点和工作性质，适时推行宽幅度、低层级、绩效为本的宽带薪酬制度。

2）弹性化。弹性化薪酬管理要求突破官僚制，摆脱烦琐、僵化、陈旧的工资管理规则的约束，灵活机动地晋升公务员职务、级别、工资档次。根据公务员的综合素质、岗位特点，结合区域经济发展情况和地方财政实力，构建弹性薪酬体系。

3）人性化。根据马斯诺的需求层次理论，公务员薪酬设计应当基于公务员多元化的物质和精神需求，力求人性化，以缓解公务员工作责任与家庭责任之间的矛盾和冲突。

（5）引进科学、合理的市场化薪酬管理手段。

1）完善工资调查制度。"参照劳动力市场确定工资率"，美国政府通过工资调查，了解和掌握劳动力市场工资比率，据此适度调整公务员工资额度、增速，保持公务员工资与私营部门工资之间的动态平衡，以实现公务员工资的外部公平。因此在工资调查过程中，要科学设计调查问卷，明确调查目的、对象、方法、范围、手段，规范工资调查程序，并利用定量和定性分析方法科学分析调查数据。国家、地区、政府部门要根据工资调查比较的结果，结合国民经济发展、财政状况、物价水平等情况，适时调整机关工作人员基本工资标准。

2）条件成熟的政府部门和地方，适时探索公务员福利市场机制，畅通福利交易平台。公务员薪酬主管部门、行政机构等部门，要依法规范公务员福利交易市场秩序，营造公开、公平、竞争、有序的市场机制。

3）健全公务员保险制度。坚持社会保险和商业保险相结合、自愿保险和强制保险相结合，充分利用市场手段，完善公务员医疗、失业、生育、工伤保险制度，适时构建公务员养老保险制度，依法设计灵活的险种，以满足公务员多元化的需要。

（6）推进公共部门薪酬制度改革。

我国应完善薪酬制度的激励作用，兼顾薪酬制定的内外公平的原则，改革我国现行公共部门的薪酬等级制度，健全公务人员绩效工资制度，构建一支精干、廉洁、高效的领导干部队伍。

（二）法国公共部门薪酬管理模式分析

1945年法国公职管理总局（后更名为行政与公职总局）的设立标志着法国公务员制度的开始，法国国立行政学院的建设标志着公务员队伍建设的起步。1946年《公务员总章程》在法国的发布象征着公务员队伍结构改革的开端。从1946年至今，法国大力实行公务员分类管理制度，以职位分类代替传统的品位分类，公务员职位按地位和任职资格的高低依次分为甲、乙、丙、丁四个类别，逐步形成了统一、完备的公务员制度。

1. 法国公共部门薪酬管理概况

法国的公务员总体上分为政务类和业务类两种。其中，政务类公务员多由人民选举或政府任命产生，代表执政党领导或参与政府的工作；业务类公务员则与我国公务员选拔方式类似，通过竞争性考试进入公务员队伍，实施常任制，职业生涯较为稳定。

根据法国公务员岗位职责的高低层次可将其划分为四类：第一类，超类公务员，包括政务参与长官等。第二类，高级公务员（相当于厅局级以上领导）。第三类，中级公务员（相当于科级以上领导）。第四类，普通公务员（包括办事员、文员等）。各个级别再分若干个档次。

依照《公务员总章程》，法国公务员薪资管理的基本原则是：第一，指数化原则。各类各级公务员工资通过简化，统一在一个工资指数表内，并把工资直接和物价挂钩。法国公务员平均薪资高出最低薪资标准1倍，最高薪资是最低薪资的3.7倍。第二，缩小差别原则。公务员平均薪资与工人平均薪资大致相等，比同等资历的公司职员低30%~40%。第三，协商原则。相较其他国家有所差别，法国公务员薪资调整方式和普通企业职工类似，公务员所在的工会将直接与部门最高行政长官进行谈判，确定薪资调整，而薪资谈判主要涉及基本薪资部分。第四，兼顾国家支付能力和参考私人企业工资的平衡原则。薪资均以国家规定的最低薪资标准作参照，雇员可以和雇主协商薪资标准，但不得低于最低薪资，公务员加班须增加薪资，此外不得有歧视行为。

2. 法国公共部门薪酬制度对我国的启示

法国是西方国家中唯一采取指数工资制的国家（亦称薪点制），这也成为其公务员薪酬管理的最大特点。所谓指数等级工资制，是指工资标准由工资指数和工资基数（亦称指数点）构成。工资指数的等级与公务员的职务等级相对成正比，职务越高，指数越大；工资基数是根据最低生活费用来确定的，随物价的变化而浮动。法国政府规定工资基数不得低于最低生活费用的120%，并高于劳工的保障工资额。该工资制由法令来调节，各类各级公务员工资通过简化，统一在一个工资指数表内，并把工资直接和物价挂钩，有力地维护了法国公务员优越的社会地位和生活水准，为政府吸引并留住了大批优秀人才。

（三）新加坡公共部门薪酬管理模式分析

1. 新加坡公共部门薪酬政策演变

20世纪80年代初，新加坡政府公务员薪酬水平的高低是通过与私营企业进行非正式比较而确定的，但正因为缺乏正式和定期的公务员薪酬比较和调整机制，结果导致新加坡公务员的薪酬水平增长难以与增长迅速的私营企业人才薪酬水平相匹配，政府面临着难以吸引和留住优秀人才的问题，公务员队伍中的优秀人才流失问题也日益严重。规范和正式的公务员薪酬与市场薪酬平衡比较机制始建于1994年。随着新加坡政府及其公务员队伍自1994年的薪酬改革制度实施以来，"高薪养廉"的独特新加坡公共部门薪酬管理模式被外界津津乐道。在国际历年公布的清廉指数（Corruption Perceptions Index）排名中，新加坡政府的廉洁程度始终排在全球前五名。世界银行发布的《全球治理指数》中，新加坡政府在政府效率（Government Effectiveness）指标方面的得分也一直很高，常年保持在99.1分以上，甚至多次达到100分。

1994年10月21日，经过谨慎的思考和激烈的国会讨论，新加坡发布了《以具竞争力的薪酬建立高效和廉洁政府：部长与高级公务员的薪酬标准》白皮书，确立了将部长级公务员及高级公务员的薪酬与市场相当人员的薪酬进行比较的基本框架。这份白皮书确定了两个基准的比较级别：一是行政级别中的特Ⅰ级，即内阁部长初任级公务员（薪酬等级为MR4级）；二是行政级别中的超G级，即普通公务员级别较高的第二级公务员（薪酬等级为SR9级）。作为公务员薪酬水平比较对象的则来自银行家、会计师、工程师、律师以及制造企业和跨国公司中的中高层管理者这六类职业中的企业人员。选择这六种职业的理由则是，新加坡部长及其他较高级别的公务员如果离开政府，是最有可能去从事这些职业的，也就是说，这些职业的薪酬对于争夺政府中的这些高等级公务员来说，是具有直接竞争性的。新加坡政府的公务员薪酬制度改革并没有止步于此，而是根据经济发展状况、公务员流失率等因素继续进行不断调整，具体如表8-1所示。

表8-1　20世纪80年代以来新加坡公共部门薪酬政策演变①

时间	挑战	公共部门薪酬结构	指导政策与法案
1987年前	薪酬体制落后。	固定工资加年终奖金（第13个月工资）。	固定工资制

---

① 刘艳良．公共部门薪酬水平平衡与比较[M]．北京：中国人事出版社，2011．

续表8-1

时间	挑战	公共部门薪酬结构	指导政策与法案
1987年	新加坡经济衰退、市场工资上涨、市场波动起伏。	公务员月薪在每月基本工资的基础上引入了每月可变动部分。	灵活工资制可变动花红
1993年	新加坡公共部门优秀人才流失到私企问题严重。	比照私企建立新的工资标准，调整公共部门薪资水平以增强公共部门薪资竞争力。	《以具竞争力的薪酬建立高效和廉洁政府：部长与高级公务员的薪酬标准》白皮书
2000年	持续来自私企对人才需求的挑战。	调高薪资水平，各级公共部门均获得13%的加薪，包括3/4个月的常年固定加薪，1/2个月的绩效花红，以及常年固定加薪。	"高薪养廉"政策启动
2003年	经济衰退，SARS病毒影响。	削减公共部门工资，削减比例为5%-10%，减少花红。	《薪酬削减计划》
2007年	公共部门较高流动率与离职率。	提高公共部门起点薪酬、绩效花红标准、与私营企业相当人员的薪酬比较标准。	《新的公务员工资改革方案》
2012年	经济危机影响，民众抗议。	降低本届内阁成员的底薪37%。	《胜任且忠诚的政府的薪酬标准》白皮书

2. 新加坡公共部门薪酬制度及对我国启示

新加坡实行议会共和制，一共设有9个国家机构（Organs of State）、1个总理公署（Prime Minister's Office）、15个部（Ministers）、67个法定机构（Statutory Boards）。在所有这些

机构中任职的人被统称为公共部门服务人员——公职人员（Public Service），但公职人员并不全是公务员（Civil Service），新加坡的公务员仅仅包括在前三类机构中任职的人。新加坡政府是新加坡最大的雇主，2014年，新加坡的公务员总数达到143000人，占总劳动力的4%。

实行灵活的绩效工资制和定期调整机制。第一，新加坡公务员的薪酬中除固定工资外，还包含可变动部分，可变动部分主要参考国内生产总值、公务员个人工作绩效、私营企业的薪酬水平而确定。灵活的绩效工资制重视个人发展潜力与绩效表现，不仅有利于提高公务员的积极性和主动性，促进公务员提升工作效率，提供更为优质的公共服务，更重要的是，政府可以通过绩效工资制顺利地发挥宏观统筹作用，弥补与市场挂钩带来的市场失灵。政府可以根据经济形势、社会舆论等来决定公务员薪酬发放的可变动部分，有效地平衡私营企业薪酬与公务员薪酬。第二，绩效工资制主要由月薪和年薪组成：月薪包括月基本工资、每月可变薪以及不供计算退休金的可变薪。年薪包括月薪、年度可变薪、个人绩效奖金、国家奖金，约合20个月的月薪，上下浮动约为6.5个月。事实上，新加坡公务员每年实际领取的薪资都只占到薪酬标准的一部分，比如，2007年4月，初任部长的薪资仅是标准的55%。第三，政府定期比较和调整公务员薪酬，既"涨"也"跌"。政府每年都对公务员薪酬和私营企业人员薪酬水平进行调查比较，并根据国家薪酬委员会的建议确定公务员薪酬调整计划。当公务员与私营企业人员薪酬水平差距较大时，政府会提高绩效工资实现二者的平衡。同时，在国家经济衰退时，政府多次削减各级公务员的薪酬，特别是部长及以上公务员，比如从2001年年底到2005年，政府连续实行四年多的薪酬削减计划，部长及以上公务员每次减薪幅度达10%。

(1) 平均值法。

1994年《以具竞争力的薪酬建立高效和廉洁政府：部长与高级公务员的薪酬标准》白皮书确立了正式、定期的公务员薪酬比较和调整机制。本次薪酬改革源于政府与企业就业市场之间日益激烈的竞争，由于薪酬水平远低于企业高层管理者，新加坡公务员中一部分精英人才投身企业，带来人力资源流失的问题。

一是确定了与市场挂钩的原则。推动公务员薪酬更具有竞争力，将其与公务员离职后最有可能从事的六种职业薪酬水平挂钩：银行家、会计师、工程师、律师以及制造企业和跨国公司中的中高层管理者。

二是确定了规范的薪酬体系。首先，将特级公务员中的初任部长和普通公务员中较高级别——超G级公务员的收入确定为薪酬体系中的两个基点，其他特级公务员、高级公务员、普通公务员根据职级相应确定薪酬标准，比如总理、副总理的薪酬水平分别为初任部长的2倍和1.7倍。其次，确定明确的薪酬标准计算方法。其中，选取上述六类职业每类中收入最高前4人（共计24人），以他们年平均收入的三分之二作为初任部长的年薪标准；找出上述六类职业中所有32岁的薪酬领取者（这些人的收入大致为私营企业部门主管级别人员），以每个职业薪酬水平排第15位的人（共计6人）薪酬的平均值作为超G级公务员的薪酬标准。新加坡公务员薪资情况如表8-2所示。

表 8-2　2011年新加坡公务员薪资情况①

工资级别	职位	月薪（新元）
MX9（超级）	部长（Deputy） 副部长（Deputy Director）	14511～16540 10580～14510
MX10	副部长（Deputy Director） 助理部长（Assistant Director）	9051～10400 6350～9050
MX11	助理部长（Assistant Director） 主任（Manager）	6161～7190 4100～6160
MX12	主任（Manager） 助理主任（Assistant Manager）	2550～5130 /
MX13	管理人员（Management Executive）	应届生最高为2800

（2）中位值法。

2007年，随着公务员辞职率再次攀升，新加坡政府宣布了新的公务员薪酬改革方案，再次提高起点薪酬，并对薪酬标准的计算方法进行调整。不同于以前计算平均值的方法，本次改革采取选取中位值的方法，对六类职业中各排名前8的收入进行排序，初任部长的薪酬标准为排列第24位薪酬的三分之二；对六类职业中32岁人员各排名前8的收入进行排序，直接将排名第15位人的薪酬确定为超G级普通公务员的薪酬标准。薪酬标准计算方法的改进可以排除极端数值的影响，使公务员的薪酬标准更加趋于稳定。同时，本次改革中公务员薪酬大幅提升，特别是较高级别公务员，比如初任部长薪酬在2007年年底达到改革前的1.6倍。

---

① 刘剑. 新加坡公职人员薪酬制度及其对我国的启示 [J]. 怀化学院学报，2013（12）：39-41.

五、"互联网＋"背景下我国公务员薪酬制度改革设想

（一）"互联网＋"与我国公共部门薪酬制度改革

"互联网＋"是指以互联网为主的新一代信息技术（包括移动互联网、云计算、物联网、大数据等）在经济、社会生活各部门的扩散、应用与深度融合的过程，其本质是传统产业的在线化、数据化。这种业务模式改变了以往仅仅封闭在某个部门或企业内部的传统模式，可以随时在产业上下游、协作主体之间以最低的成本流动和交换，将对人类经济社会产生巨大、深远而广泛的影响[①]。

同时，互联网思维正影响着以政府为核心的公共部门的职能与行为。政府在引导互联网健康发展的同时，深入了解互联网、运用互联网，用互联网思维指导日常工作，推动政府职能转型。利用政务微博、微信平台的信息交互以及大数据进行舆情监测，缩短政策制定及落实周期，节约政府运行成本。总的来说，公共部门用平等、开放、包容心态来对待工作，以公开、透明、快速的方式来接受监督，以积极、主动、互动的态度来处理问题，这就是互联网思维在政府转型中的应用，如图8-3所示。

[①] 臧超，任玉帅. 基于互联网＋的电子政务应用框架研究——以长春市公务员培训报名系统为例［J］. 科技创新导报，2015，12（33）：203＋205.

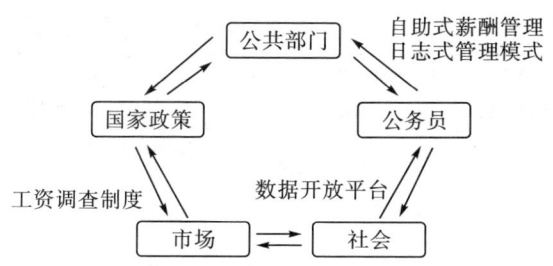

图 8-3 "互联网+"背景下我国公务员薪酬制度改革设想图

我国当前公共部门人力资源薪酬管理过程中普遍存在以下问题：

第一，薪酬定价模糊且不尽合理，法律依据不足；第二，薪酬的内部结构名目繁多，不合理且来源不清晰；第三，薪酬体系不清晰，工资级别差距小；第四，区域差别明显，经济发展水平影响区域补贴水平；第五，缺乏市场机制，工资标准的确定主要依赖行政手段。

面对存在的这些问题与挑战，通过此前对我国公共部门薪酬制度存在问题的分析，结合美国、法国、新加坡等发达国家的薪酬管理模型做比较，提出在"互联网+"背景下的新型模式探索可能性探讨，包括通过大数据云端处理技术改进公务员考核方法；利用数据收集处理技术构建海量数据平台，设置与市场挂钩的分权化、弹性化、人性化薪酬体系；强调注重上下级交互式、民众参与式的，体现开放平等的互联网思维的科学决策流程，具体如表 8-3 所示。

表8-3 "互联网+"背景下我国公共部门新型薪酬管理模式探索

发达国家公务员薪酬制度优点		中国公务员薪酬制度现状	"互联网+"背景下的应对措施
美国	薪酬管理与法制化	管理与法制的水平滞后。	利用网络信息系统不断收集相关信息,完善法律法规,构建法制化管理体系。
	绩效工资与同工同酬(功绩制)	全面考核德、能、勤、绩、廉;隐性收入过高。	重点考核工作实绩;领导考核与群众考核(社交平台);平时考核与定期考核;定性考核与定量考核(数据库)。
	宽带薪酬与弹性化	官僚制、僵化工资管理规则的约束;职位分类的不科学。	根据公务员的综合素质、岗位特点,结合区域经济发展情况和地方财政实力(大数据平台)。
	工资调查与市场化	工资调查制度有待完善。	需要公开明晰的调查分析方法(数据收集与中位值法等)。
	地区差异化	同样存在地区差异。	利用数据平台,掌控不同地区的经济发展实际情况,相应地调整薪酬,缩小不同地区公务员收入差距,并找出差距存在的多个因素。

续表8-3

	发达国家公务员薪酬制度优点	中国公务员薪酬制度现状	"互联网+"背景下的应对措施
法国	指数等级工资制	工资并未直接同物价挂钩。	利用大数据,及时收集物价信息,灵活地调整工资指数。
	维护公务员社会地位	我国公务员作为人民公仆,社会地位较高,但也常常成为社会问题"众矢之的",时常出现公务员负面报道。	借助传播速度快速、高效的信息收集工具,及时接收有关公务员问题的反映信息,并及时解决;在出现公共关系危机时,合理把控社会舆论,维护公务员乃至政府形象。
	谈判与协商	形式主义。	建立信息公开平台,利用职业社交网络,实现政府与社会的交流公开透明化。
	缩小差别	差别大,较明显。	大数据与工龄差异、隐形收入差异。
新加坡	与市场挂钩	不能根据市场及时调整,政策性较强。	积极运用数据平台,及时获取市场物价水平信息,并结合各地区发展实际相应地调整公务员薪酬。
	绩效工资制	绩效考核不够严格,存在工作效率低却又难以主动辞退的低效人员。	完善管理信息系统,实现公务员各方面工作的标准化、指数化,加强绩效考核。
	廉政建设	隐形收入高。	利用电子政务平台,借助"两微一端"及时收集社情民意,坚决打击违法腐败行为。

（二）"互联网＋"薪酬案例分析与改革设想

1. 日志式管理模式

（1）案例呈现。

2013年，浙江省人力资源与社会保障厅（以下简称"浙江省人社厅"）率先探索日志式管理模式，即由公务员每日（周）及时如实地记录平时工作情况，并实事求是进行自我评价，旨在倒逼公务员转变作风，走出一条切实有效、依法创新的治庸之路。2016年年初，《浙江省公务员平时考核办法》出台，明确规定采用日志式纪实方式，实行日志式管理。平时考核可以月或季为周期开展，主管领导每周（月）对分管公务员上周（月）的工作纪实情况进行审核，并根据公务员出勤、工作纪实情况和日常表现，客观公正地对所分管的公务员做出评鉴，确定平时考核结果①。目前，浙江省省直机关已经实现日志式管理覆盖，82家单位实施了网上考核。

如何将日志式管理融入平时考核？这是浙江省人社厅一直在探索的问题。该单位将进一步研究日志式管理在干部提拔使用、人力资源优化配置等方面的运用，薪酬制度改革自然也是其中很重要的一部分。

登录浙江省人力社保厅阳光政务工作平台下的工作人员考核平台，其中，考勤功能是该平台的基本功能，即上班签到、下班签退；另外，工作人员可以在上面分别记录各时间段的工作情况，以及工作完成时限，这些日志都是对全厅工作人员公开的，系统每天会随机抽查一名工作人员的工作日志，挂到平台首页上；同时，该考核平台还具备线上请假的功能，即电子请假条，

---

① 浙仁讯. 浙江：出台公务员平时考核办法 [J]. 人力资源开发，2016（5）：58.

工作人员只要在系统里填写一张"请假条",写明请假原因或者是没有签到、签退的原因,再由分管领导批准。

(2) 案例分析与改革设想。

将工作内容及完成时限录入平台系统并以此作为考核、提拔的依据的日志式管理模式是政府平等、开放的互联网思维的体现,每位工作人员线上操作,自主完成签到、签退、请假等操作,工作人员可以通过这种自主操作进行自我工作核查和自我反思;同时,录入信息的公开化又促使每一位工作人员必须实事求是地反映自己的工作情况,保证了信息的真实性,从而为绩效考核提供有效数据。

需要注意的是,这种线上日志也存在局限性。日志多以描述性文字呈现,如何将这种主观成分较大的工作记录转化为可量化、可视化的指标,从而将其直接作为薪酬定价的标准,还有待探究。

2. 自助式薪酬管理

(1) 案例呈现。

约翰·特鲁普曼于1990年在《薪酬方案——如何制定员工激励机制》一书中提出关注员工参与性的自助式薪酬管理理念。这是一种交互式的薪酬管理模式,是由企业和员工本人共同设计选择自己的薪酬组合方式。就像拥有固定数额会员卡的顾客在超市中购物一样,超市提供了各种各样的商品,顾客根据自身需求在一定总数下自主选择效用最大化的商品组合[①]。

目前,自助式薪酬通常应用于公司优秀员工薪酬方案的制订,可以分为直接薪酬和间接薪酬。前者受到企业考核和计算方法的限制,弹性较小,包含基本薪酬、奖励薪酬和附加薪酬;后

---

① 章宏. 大数据时代下组织激励研究——基于自助式薪酬视角 [J]. 人力资源管理, 2017 (6): 20—21.

者是辅助部分，灵活性较大，发挥前者难以实现的激励效应，包含福利、晋升和发展机遇、工作生活质量和退休计划等四个部分。

基本薪酬一般按照企业的薪资标准，以个人的岗位、技能、职责等要素为参照来确定；奖励薪酬是与业绩相关的奖励性和激励性的收入，主要有奖金、股权、利润分享等形式，是用来奖励员工的杰出贡献，激励员工更加努力地工作；附加薪酬包含各种津贴，是对特殊工作岗位和工作性质、员工的某些特殊技能和知识所做的补偿，如职称津贴、外勤津贴等。

自助式直接薪酬模型主要是通过对基本薪酬和奖励薪酬在总薪酬中的比例设计，向员工提供基本薪酬与奖励薪酬之间的自助选择机会。直接薪酬的各个组成部分通过适当的搭配，就可以组合成不同的薪酬模式，如当前比较流行的年薪制和股票期权制。

据统计，美国目前已有一千多家企业在部分员工中运用这一模式的薪酬管理方案，比较典型的有微软和谷歌，针对自己的核心研发人员采取不同的薪酬组合方案，才能满足员工的特定要求，提高员工的满意度，激励优秀员工长期留在组织并做出贡献。

（2）案例分析与改革设想。

大数据时代庞大的数据量和复杂的数据类型为获取员工信息提供了可能性。过去公共部门收集信息的方式单一，数据储存量不够，很难从有限的样本中分析出单位工作人员需求的多样性，进而设计出可供其自主选择的薪酬组合方案。目前各种社交平台为公共部门收集其工作人员完整信息提供了契机，可以全面调查工作人员基本情况，并持续跟踪，如姓名、年龄、学历、专业、工作经验以及家庭情况，以及员工的兴趣、爱好、价值取向、旅游地点和消费习惯等。

信息处理技术的进步为自助式薪酬模式提供有力支撑。公共部门可以建立每位工作人员的电子档案,并基于上述数据的搜集跟踪进行高效处理和测算,挖掘出员工真实需求,设计能尽量满足员工意愿的薪酬组合方案。同时,也有利于公共部门决策者和管理者数据分析能力的提高,为公共部门实施自助式薪酬制度提供了人力资本支撑。

线上进行的自助式薪酬管理是薪酬制度公开透明化的重要保证。薪酬制度缺乏公开透明性是当前公共部门薪酬制度满意度不高的原因之一,而线上进行的自助式薪酬管理使得工作人员可以通过各种终端了解自身、同事、部门等薪酬水平和组合,既可以让员工体会到自身的价值,激励员工不断改善自身,同时也可以让员工发现自身隐藏的需求。

可以说大数据时代互联网技术的进步为旧的薪酬管理模式向自助式薪酬管理模式转变提供了契机,自助式薪酬管理又为我国公共部门薪酬制度改革提供很有前景的改革方向。但这种模式在我国公共部门的应用还要考虑到诸多因素。首先,这种模式多用于私企优秀员工的方案,以企业丰厚利润为后盾,而我国公共部门薪酬方案的制订以行政手段为主,薪酬水平也受到区域经济水平的限制;其次,我国公共部门薪酬制度长期相对固定,向自助式薪酬管理转变是一个长期过程,并且涉及多个利益主体;最后还要考虑到大数据云端处理技术的普及,以及传统观念的转变。

3. "云上贵州"数据平台模式

(1)案例呈现。

"云上贵州"三大平台是贵州政府数据开放共享的三大平台,可以用"聚、通、用"来概括三大平台的具体运作过程和功能定位。要通过"聚",把分散在各个部门的数据,统一汇聚到一个平台上;要围绕"通",建立数据共享开放标准和机制,解决数据共享开放的体制和技术难题;要紧扣"用",扩大政府数据在政府治理的应用,来带动各部门扩大数据应用,衍生出更多领域的应用，实现政用、商用、民用三用结合①。运用大数据提升政府治理能力，提高公共服务效率。

"系统平台"是贵州省委、省政府为推进政府数据资源整合、共享、开放和利用，推动大数据产业发展，自主搭建的云计算系统平台，也成为全国首个省级数据统一管理、交换、共享的云服务平台，是全国首个实现贵州政府和公共数据"聚通用"的基础支撑平台。系统平台整合政府数据，为实现开放、共享平台提供基础支撑，是政府内部的云计算系统平台。

"开放平台"即贵州省政府数据开放平台是由贵州省卫计委、省人力资源社会保障厅、省环境保护厅、省质监局、省统计局、省住房城乡建设厅、省科技厅、省体育局等11家省直部门提供的数据组建起来的"智慧大脑"。它的"中枢神经"和"云上贵州"系统平台互通，据称存储量能达到3000TB。该平台面向公众用户，公众用户直接通过平台下载公共数据。

在政府数据开放上，采取负面清单管理方式，规定除涉及国家秘密、商业秘密、个人隐私以及法律法规规定不得开放的政府数据外，都应向社会开放。同时，新增政府数据、民生保障服务相关领域的政府数据，以及社会公众和市场主体关注度、需求度高的政府数据，应当优先开放。目前，各级政府部门积累了海量数据资源，掌握着全社会约80%的信息资源。

可以看到，贵州省政府数据开放平台网站首页上有经济、社会、医疗、环境、科教、民生、政府机构和城市建设等八大板块，每个板块都有相应的开放数据，以民生服务为例，可以筛选数据提供部门和资源类型，各资源信息的来源和时间都有明确的标注，例如《贵州省2015年教育事业统计表》的页面上，显示

---

① 周雅颂. 数字政府建设：现状困境及对策——以"云上贵州"政务数据平台为例[J]. 云南行政学院学报，2019，21（2）：120-126.

的有数据摘要、主题名称、更新频率、数据提供方和数据下载，用户可直接点击"数据下载"即可免费获取相应的有政府权威的信息。

"共享平台"已建成法人单位、人口、空间地理、宏观经济四大基础库，超过7760万条数据成功互联互通，贵州也成为全国第一个把四大基础库放在一个云平台上全面共享的省份。面向公众开放了23个省直部门共140项270万条绿色数据资源，按贵州省政府制定的解决入库数据格式不统一的四大标准进行脱敏，绿色数据向公众开放。其中，无条件共享的政府数据，提供给所有行政机关共享使用，使用者通过共享平台即可直接获取；有条件共享的政府数据，仅提供给相关行政机关或者部分行政机关共享使用。无条件共享的数据比重最大，占55.16%。

（2）案例分析与改革设想。

2016年10月9日，习近平总书记在中央政治局第三十六次集体学习时指出，要强化互联网思维，利用互联网扁平化、交互式、快捷性优势，推进政府决策科学化、社会治理精准化、公共服务高效化，用信息化手段更好感知社会态势、畅通沟通渠道、辅助决策施政。"互联网+"政府治理的思维模式强调以人为本、权利平等和公平正义。

贵州省政府数据开放平台一方面整合信息，另一方面公开共享信息，这两个大的方向为公共部门薪酬制度改革提供了新的思维模式。在前两个案例中我们看到日志式管理模式下个人工作情况的收集，以及自助式薪酬管理下薪酬方案的挖掘，而贵州省这一开放平台又增加了向民众进行信息公开的思路。信息公开是民众参与的基础，尤其是在公共部门薪酬制度信息的公开透明化是完善薪酬制度，提高公共部门工作人员薪酬满意度的重要因素。"互联网构建了社会公众参与政府治理的机制，重塑了公众参与的主体地位。充分的公众利益诉求表达，是政府决策的重要基础。""云上贵州"三大平台做的就是信息公开的工作,并以云技术做支撑使得传统的信息以数据云技术储存整合,进一步推动公共部门工作人员参与薪酬管理,同时也能促进民众参与公共部门治理,重塑民众参与的主体地位。

第九章 公共部门人力资源开发、交流与调配

一、公共部门人力资源开发、交流与调配概述

(一) 相关概念界定

1. 公共部门人力资源开发的概念

公共部门人力资源开发这一概念包含着多重具体概念,其着眼于人力资源,其落脚点是人力资源开发,而其视域范围又限于公共部门,即在公共部门领域的人力资源开发。

人力资源开发是指开发者通过教育、培训、管理、文化制度建设等有效方式为实现一定的经济目标与发展战略,对既定的人力资源进行利用、塑造、改造和发展的活动。任何一种人力资源开发活动,都有开发主体、开发客体、开发内容、开发手段、开发时间等一系列要素[1]。

公共部门作为国家权力和国家利益的中枢机构,其人力资源的开发有着特殊的战略性意义。李德志等认为,公共部门人力资源开发是指为充分、科学、合理和有效地发挥公共部门人力资源的积极作用而进行的资源配置、素质提高、能力利用及潜能挖掘

---

[1] 萧鸣政. 公共部门人力资源开发与管理 [M]. 北京:北京大学出版社,2016.

的一系列活动与过程①。陈娟认为,公共部门人力资源开发是指在公共部门人力资源行使国家行政权力,管理国家和社会各种公共事务的过程中,为了充分、科学、合理地发挥其对社会进步和经济发展的积极作用而进行的开发规划、资源配置、效益优先等一系列活动相结合的有机整体②。葛静认为,公共部门人力资源开发主要目标定位于开发行政管理和发展科技、教育、文化、卫生等各项事业所需的各类人才,建立起公共部门与工作人员之间的和谐关系,以高效的管理和优质的服务满足经济社会发展的需要,并满足公职人员个人成长和发展的需要③。

可见,尽管当前学界对公共部门人力资源开发的概念界定颇多,但均有着共同的特点,也是本书对公共部门人力资源开放的定义:第一,公共部门人力资源开发所限制的领域在公共部门,主要涉及行政、教育、文化、卫生等领域;第二,公共部门人力资源开发所进行的是教育培训、开发规划、资源配置和潜能挖掘等一系列的活动;第三,公共部门人力资源开发的目的是满足社会发展的需要,实现一定的经济目标和发展战略。

2. 公共部门人力资源交流、调配的概念

作为人力资源开发的重要管理手段,公共部门人力资源的交流与调配是必不可少的一部分④。著名学者赵曼在其《公共部门人力资源管理》一书中指出:"公共部门人员调配与交流是指公共部门根据工作的需要、锻炼人才的需要或其他法定的原因,依

---

① 李德志. 公共部门人力资源管理与开发 [M]. 3 版. 北京:科学出版社,2016.

② 陈娟. 我国公共部门人力资源开发的行政生态学分析 [D]. 秦皇岛:燕山大学,2010.

③ 葛静. 对公共部门人力资源开发与管理的思考 [J]. 中外企业家,2015(7):193−195.

④ 曹惠民. 公共部门人力资源调配与交流理论分析 [J]. 财会通讯,2009(33):126−129.

据法定的管理程序和方法,对系统内部公职人员的人事流动,以及系统之间的人事流动,进行的组织、控制、协调等管理活动和过程的总称。"①

本书认为,公共部门人力资源的交流与调配是推动公共部门系统的力量,充实公共部门人力资源系统的新陈代谢机制,从而提高公共部门的组织效率与绩效,提升整个公共部门的实力与竞争优势。

(二)公共部门人力资源开发、交流与调配的重要性

1. 迎接知识经济时代到来的挑战

知识经济时代是以信息、知识、资源为内核,知识的使用为外壳的时代,是建立在知识的生产、分配和使用基础之上的经济②。知识的重要性日益凸显,知识经济社会伴随着信息社会,也就意味着人类社会知识更新速度的加快。约翰·奈斯比特说过:"在信息经济社会里,价值的增长不是通过劳动,而是通过知识实现的,'劳动价值论'诞生于工业经济的初期,必将被新的'知识价值论'所取代。"③

公共部门面对知识经济时代、面对信息社会,如何快速地更新自己的知识库、更快地获取知识、更有效地运用知识与管理?学习型组织如何建立并发挥作用?终身教育如何在公共管理部门的人力资源中进行?如何进行交流与调配,推动人员的流动?这些都是这个时代对公共部门人力资源开发带来的挑战。所以,面对知识经济时代,公共部门也不能落后,人力资源开发极具紧

---

① 赵曼. 公共部门人力资源管理 [M]. 北京:清华大学出版社,2005.
② 娄成武,史万兵. 教育经济与管理 [M]. 北京:中国人民大学出版社,2005.
③ [美] 约翰·奈斯比特. 大趋势:改变我们生活的十个新方向 [M]. 梅艳,译. 北京:中国社会科学出版社,1984.

迫性。

2. 培养应对社会治理复杂问题的必要性

孙柏瑛学者在《公共部门人力资源开发与管理》一书中说："与半个世纪以前相比，今天政府面临的种种社会问题要复杂得多，如犯罪、吸毒、失业、环境污染、假冒伪劣产品泛滥、危机冲突等。"[①] 政府及其工作人员在处理社会问题时不仅要处理这些问题，而且还要考虑设计问题的系列反应，全盘考量。同时，21 世纪向服务型政府的转型，要求政府提高服务水平、提高服务效率、提高服务质量，转变政府角色，正确处理好政府与市场、政府与社会组织、政府与个人的关系。所以，面对日益严重的社会问题和行政的改革，公共部门不得不提高管理水平，提高公共部门工作人员素质，这也是社会问题和行政改革对公共部门人力资源开发的要求。

3. 大力发展国家人才战略的保证

萧鸣政学者在《中国政府人力资源开发》一文中提道：人才强国战略是当今中国政府明智的决策，而将我国的人口资源转化为人力资源和人才资源的关键在于中国政府如何进行人力资源开发[②]。早在 2003 年，《中共中央关于进一步加强人才工作的决定》中阐明 2000—2020 年是我国建立全面小康、开创中国特色社会主义事业新局面的重要战略时期，建立一支高素质的公共部门管理的人才队伍至关重要，公共部门人才建设刻不容缓[③]。孙柏瑛学者在《公共部门人力资源开发与管理》中特别强调公共部门人力资源培训与开发已经纳入整个社会、经济发展的长期规划

[①] 孙柏瑛，祁凡骅. 公共部门人力资源开发与管理. 4 版 [M]. 北京：中国人民大学出版社，2015.

[②] 萧鸣政. 中国政府人力资源开发及其战略 [J]. 上海行政学院院报，2007 (3)：72—78.

[③] 徐明. 中国公共部门人力资源开发问题研究 [D]. 郑州：郑州大学，2004.

之中。公共部门人资源是我国建设中国特色社会主义事业的重要力量，是维护政权稳定、促进社会进步的精英力量，因此，公共部门人力资源开发非常重要①。

二、我国公共部门人力资源开发、交流与调配现状

（一）我国公共部门人力资源开发的类型

人力资源开发按照不同标准可划分为多种多样的类型，针对我国公共部门人力资源开发类型，主要可从开发范围、开发时间和开发内容三个角度进行划分，如表9-1所示。

表9-1 公共部门人力资源开发类型

划分依据	开发范围	开发时间	开发内容
开发类型	个体开发	前期开发	知识开发、技能开发、潜能开发、能力开发、智力开发等
	群体开发	使用期开发	
	区域开发	后期开发	

首先，从开发范围划分，有个体开发、群体开发、区域开发三种形式。个体开发是指公共部门从既定的个人特点出发，对其人力资源进行合理的使用、充分的潜能发挥及科学的促进与发展的活动，做到人尽其才、人尽其用；群体开发是指公共组织机构从既定的群体特点出发，采取优势互补、优化组合等配置手段进行人力资源结构上的调整，以此来优化群体人力资源结构、提升功能；区域开发是指为提高一定区域内公共部门人力资源的数量、质量和功效的活动。

其次，从开发时间划分，可分为前期开发、使用期开发和后

---

① 孙柏瑛，祁凡骅. 公共部门人力资源开发与管理. 4版［M］. 北京：中国人民大学出版社，2015.

期开发。前期开发是指公共部门人力资源形成期间及就业前的开发活动，比如学校教育，职前教育等；使用期开发就是指在公职人员任职期间的开发活动，比如在职培训、脱产培训、岗位轮换等；后期开发是指过了法定退休年龄后的人力资源开发活动。

最后，从开发内容划分，可划分为知识开发、技能开发、潜能开发、能力开发、智力开发等内容形式①。

（二）我国公共部门人力资源开发、交流与调配的方式

人力资源开发可以根据开发主体、开发客体、开发内容、开发时间规划等选择不同的开发方式与途径。在我国公共部门中，人力资源开发主要采取的三种方式为：人力资源培训、人力资源教育、人力资源流动。

1. 公共部门人力资源培训

作为人力资源管理的一项基本职能，培训是实现人力资源增值的一条重要途径，也是人力资源开发的重要方式之一。公共部门人力资源培训不仅能提高公职人员的工作效率，而且能强化公职人员的道德和法制观念，端正其工作态度，为社会及人民提供更加优质的服务，促进社会和谐健康发展②。

公共部门人力资源培训是指在相关法律法规允许的前提下，通过各式各样的学习、培训等活动传授公职人员关于其岗位所需的新技能、新方法，更新知识结构、知识领域，提升其岗位技能与工作能力，培养在任人员政治素养及职业道德，提升其综合素质与能力。在人力资源培训的实施过程中，公共部门应综合考虑

---

① 萧鸣政. 公共部门人力资源开发与管理 [M]. 北京：北京大学出版社，2016.

② 吴珩. 浅谈公共部门的人力资源培训定义及其重要性 [J]. 中国管理信息化，2017，20（5）：207.

培训的内容、类型与方法，如表 9-2 所示。

表 9-2　公共部门人力资源培训的内容、类型与方法

培训内容	培训类型	培训方法
政治素质、专业知识、职业能力等	初任培训、在职培训、内容培训、外部培训、线下培训、线上培训等	课堂教学法、案例研究法、研讨法、情景模拟法等

首先，从培训内容的角度来看，公共部门主要是对人力资源的政治素质、专业知识和职业能力等进行培训。政治素质的培训目的是夯实公职人员的理论功底、提高公职人员的政治素养、培养公职人员的职业道德；专业知识的培训则是指丰富和更新公职人员在从事本职工作中所需要的知识与技能、技术与方法；职业能力的培训则是指通过培训活动提高公职人员的分析能力、决策能力、执行能力和协调能力等，以此提高公共部门的综合能力[①]。

其次，从培训类型的角度来看，根据不同的标准，可以有不同的类型，例如初任培训与在职培训、内部培训与外部培训、线下培训与在线培训等。初任培训是指初次任职时，公职人员要进行一般知识与技能的培训，通常采取工作实习和集中培训两种方式。在职培训是指任职一段时间后公职人员进行的培训，内容多以宏观的世界观、工作职能的改变、管理组织能力、政治素养等方面为主，主要目的是更好地满足工作需要，或者是培养能够胜任更高职位的人员。内部培训主要是指以部门内部人员为培训主体，以开展座谈会、集体讨论等为主要培训方式。外部培训是把公职人员送到部门外的组织进行培训，如高等院校、行政学院、

---

① 萧鸣政. 公共部门人力资源开发与管理 [M]. 北京：北京大学出版社，2016.

培训公司，或者到海外完成培训活动等。线下培训是指培训主体与客体面对面交流，传授与接受知识、技能等。线上培训则是将互联网和在线技术应用于人力资源开发领域，完成受训者培训计划和目标。

最后，从培训方法的角度来看，不同的组织采取的方法各有不同，公共管理部门比较常用的方法有课堂教学法、案例研究法、研讨法、情景模拟法。课堂教学法是培训中最为普遍的方法，是培训者通过口头语言向受训者传授知识与技能，包括讲述、讲演、讲读等形式；案例研究法是指给受训者提供相关案例，让受训者对案例进行分析、研究和讨论，以此来找到解决问题的不同方法；研讨法是指受训者根据培训者提供的问题来进行交流和研讨，发表自己的观点和看法，以此来提高与会者对问题的认识，锻炼其思维能力、语言表达能力等；情景模拟法则是指把受训者置于模拟的现实工作环境中，让他们依据现实中的情景做出及时的反应，分析实际工作中可能会出现的问题，解决问题，为进入实际工作岗位打下基础①。

2. 公共部门人力资源教育

在知识经济时代、互联网时代，社会对继续教育、终身教育的需求越来越明显，在公共部门中，教育同样是人力资源开发的一个重要方式与手段。公共部门人力资源教育是指为了充分、科学、合理、高效地发挥公共部门人力资源在行使国家权力、管理国家和社会公共事务过程中的作用，进而在公共部门组织体内外部进行的以人的全面自由发展为核心，在知识、技能、精神、道德等方面给人的培养、改造、提升、充实等一系列活动。

在我国公共部门中，依据教育基本法、单行教育法、教育行政法规、地方教育法规等法律，具体通过三大教育进行人力资源

---

① 石金涛. 培训与开发［M］. 北京：中国人民大学出版社，2003.

第九章 公共部门人力资源开发、交流与调配

开发。一是普通教育，我国一切教育系统都是在为公共部门人力资源教育提供储备和服务；二是专业教育，其中主要包括本科相关专业设置、研究生相关专业设置及专业的党政管理干部学校；三是培训教育，广义的人力资源教育就包括公共部门自身的培训，根据不同的培训目标、计划，采取各种不同的培训方式，以此来进一步开发公职人员的知识、能力、素质、技能等[1]。

3. 公共部门人力资源流动

在社会主义市场经济体制下，使人才资源进入市场进行配置，实现公职人员的"柔性"流动，不仅符合社会主义市场经济的内在要求，同时也是公共人力资源动态配置的实现过程。通过公职人员的流动，不断优化公共部门人力资源与物质资源之间的组合，使潜在的生产力转化为现实的生产力，实现公共人力资本的增值[2]。

公共部门人力资源流动从流动方向来看包括横向流动和纵向流动。从流动范围来看主要包括系统内部交流和人员流入与流出。横向流动主要是公职人员的交流轮岗、转任、调动等。纵向流动主要是公职人员的升迁与降级。系统内部交流是指在组织内部进行人员的流动活动。人员流入主要是通过招聘选拔、外部调入等途径。人员流出则通过辞职、开除、退休、调出系统等形式来实现[3]。

无论是哪种形式的流动，都体现了"在实践中学习"的要求，有利于开发公职人员的潜能，提高其工作能力与综合素质水

---

[1] 李德志. 公共部门人力资源管理与开发. 3 版 [M]. 北京：科学出版社，2016.

[2] 王欣光. 浅析城市管理中公共部门人力资源的开发 [C] //吉林省行政管理学会"加强体制机制创新，建设服务型政府"研讨会论文集（《吉林政报》2008·理论专刊）. 吉林省行政管理学会，2008：61—62.

[3] 李文平. H 市 D 区公共部门人力资源管理问题研究 [D]. 哈尔滨：哈尔滨工业大学，2016.

平,进而提高公共部门的管理效率与服务效能,具体类别如表9—3所示。

表9—3 公共部门人力资源流动类别

划分依据	流动方向	流动范围
流动类别	横向流动、纵向流动	系统内部交流、人员流入与流出

其中,公共部门人力资源的交流与调配是公共部门领域人力资源开发的重要管理手段,是人力资源流动的重要方式。在我国公共部门人力资源交流与调配有三种主要方式:同职交流与调配、异职交流与调配、内外交流与调配。

(1) 同职交流与调配。

同职交流与调配是指同地区的同一性质的职位之间的纵向与横向的调动,这种流动既包括上下级之间的纵向交流,也包括不同地区之间的同级之间和同一系统内部之间的交流。

(2) 异职交流与调配。

异职交流与调配是指不同部门之间的公务员的调动和交流,由于公共部门各个部门之间存在着巨大的利益差异,导致目前的异职流动力度还不够大,这是当下加强公共部门人力资源流动的重点。

(3) 内外交流与调配。

内外交流交流与调配是指公共部门内外的交流。例如,政府官员"下海"就是一种从政府内向政府外的单向交流,公务员的招考是政府外向政府内的交流模式,也是内外交流与调配这种流动的主要形式[①]。

---

① 易红庆. 我国公务员交流问题研究 [D]. 长沙:湖南大学,2007.

（三）我国公共部门人力资源开发、交流与调配存在的问题

当前，我国公共部门的人力资源开发虽然取得了一定的成果，但整体效益不容乐观，远没有达到应有的开发目标，存在着以下几个较为突出的问题。

1. 人力资源开发环境滞后

我国公共部门人力资源开发环境处于一种较为滞后的状态，主要体现在开发理念落后、开发制度不健全、公职人员素养有待提升等方面[①]。

（1）开发理念较落后。尚未完全树立人才开发与利用观念，加上不合理的用人标准，导致人力资源配置比较随意，岗位与专业不对口的情况时有发生。同时，对人力资源开发不重视，资金投入力度不够，公共部门人力资源的继续教育及在职培训，不仅得不到足够的重视，而且在现行的财政体制下专门用于政府人力资源开发与教育的经费比较少，落实起来比较困难，影响了公共部门人力资源的素质与活力。

（2）开发制度不健全。知识经济时代，公共部门将面临越来越多的挑战，这必然要求公共部门的人力资源开发更具有战略性、全局性、长远性。然而，由于公共部门的公共性所致，其人力资源开发的战略性实践不易执行，并且带有逐私利的倾向。同时，绩效考评与管理制度不健全，考核内容过于抽象、标准过于笼统、考核方法较为单一、考核结果使用不科学等问题仍然普遍存在。

（3）公职人员素养有待提升。由于公职人员在其专业领域掌

---

① 刘绪晶. 公共部门人力资源开发的效应及提升途径［J］. 中共云南省委党校学报，2010，11（3）：150－152.

握着一般人无法获知的信息和权力,加上公职人员比一般的民众面临更多的诱惑,部分人员会萌生钻法律和制度的空子和规避其着力点的想法,躲避外部的控制和监督。所以,公务人员的自身道德修养水平就成为影响公共部门人力资源开发的重要因素,而我国少数公职人员的品行和素养并不太高,官僚主义、贪污腐化等违法乱纪、作风不正现象需要得到重视。

2. 人力资源开发水平不高,手段单一

时代在快速发展,公共部门人力资源的开发活动也应随着时代的要求而变化。但是目前我国部分组织的人力资源开发内容滞后于时代发展的脚步,没有根据实践来制订开发内容与计划等,导致人员不能胜任工作的情况仍存在。

此外,人力资源开发的方式及手段虽然有很多,如教育、培训、流动、合理配置、职业发展指导等,但是,目前公共部门人力资源开发手段主要注重教育、培训,而其他手段比较少,没有形成多样化的开发体系,存在重视人员当前岗位知识与技能,忽视了人员的未来职业发展期望的问题。由于人力资源开发关注的是未来,并且可能开发的内容与现阶段工作内容不密切联系,因此有必要通过职业生涯规划、职业发展指导等方式,来充分开发人员的潜能、知识、技能等[①]。

3. 培训体系不完善

近年来,我国政府一直重视公共部门人力资源的培训工作,先后颁布了专门的条例,公共部门人力资源培训趋于规范化、法制化,也取得了一定的成就。但是,随着改革的进一步深入,我国公共部门人资源培训体系中尚存在一些问题。这在一定程度上阻碍了人力资源的开发。

---

① 高原. 事业单位人力资源开发中的职业发展研究 [D]. 北京:首都经济贸易大学,2015.

（1）没有做到按需施教。我国的公职人员培训往往重视培训者的主动性地位，而忽略了受训者的学习，培训的课程、内容、形式都是从培训者的主观愿望出发，使受训者陷入了被动的地位，难以主动参与到学习中去。许多培训工作只是为了培训而培训，没有针对培训的需求分析来展开培训，没有根据公职人员的性质来确定受训者的范围，没有根据公职人员职业生涯的不同阶段来安排不同的培训课程，导致不同性质、不同组织的公职人员接受同样的培训课程，同一个公职人员接受的培训课程一成不变，培训的效果不容乐观。

（2）培训的相关设置不合理。虽然我国的公共部门人力资源培训已经成为一种常规化的活动，但是在培训教师、培训方法、培训内容等方面仍存在一些问题与不足。从培训教师来看，目前在公共部门进行培训的老师，基本上来自各地行政学院、党校任课老师，而就这一师资的来源来说，很难找到既有实践经验又有授课水平的师资，真正能被培训学员肯定的老师很少；从培训方法来看，现在公共部门的培训大部分还是使用传统的授课、听课模式，没有充分利用互联网时代、知识经济时代带来的红利，如网络学习等；从培训内容来看，没有很好地根据公职人员的职业特点、职位和工作要求来合理地设置培训内容，针对性和实用性不强。比如作为公共部门人力资源的一部分——公务员，对其进行培训中，政治理论课程偏多，而与工作实际较密切的公共行政学、公共政策学、管理学、经济学、行政法学、领导管理科学等专业课程偏少。

（3）缺乏培训评估体系。目前我国还没有一整套公认的公职人员培训的管理指标体系，对培训质量的具体方式、培训质量客观指标的设计等问题都还没有深入研究。同时，培训结果也不与人员奖惩、晋升、工资增减等因素结合在一起，这使得受训者缺乏主动接受培训的动力，培训效果大打折扣①。此外，由于目前不少部门的培训活动还处于人事管理阶段，培训负责人没有认识到培训深层评估的重要性，没有在一段时间后对受训者的工作行为、态度改变、绩效改善等方面进行考察，导致很难看见培训的良好结果②。

4. 流动机制缺乏灵活性

人力资源的开发是一个动态的过程，为了更好地使用、开发、激励人力资源，必须建立起一套科学合理的人才流动机制。但是，目前我国公共部门人力资源管理对人力资源的流动机制持保守的态度，人力资源流动机制缺乏灵活性。招聘与录用、内部晋升与降职、辞退制度等方面存在的问题使公职人员得不到有效且科学的流动、得不到有效的激励，因此缺乏工作积极性和个人开发动力，从而影响整个组织的发展③。

三、发达国家公共部门人力资源开发、交流与调配

（一）美国公共部门人力资源开发、交流与调配情况

在美国，公共部门人力资源开发是指有助于公职人员为未来工作做好准备的正规教育、工作实践、人际互动以及人格和能力评价等所有各种活动，主要通过培训、教育、指导与咨询等方式进行，如表9-4所示。

---

① 张云丽. 我国公共部门人力资源培训体系存在的问题及对策研究 [J]. 魅力中国，2011（1）：12.

② 萧鸣政. 公共部门人力资源开发与管理 [M]. 北京：北京大学出版社，2016.

③ 李启成. 企业化激励机制在公共部门人力资源开发中的应用研究 [D]. 福州：福建师范大学，2008.

表 9—4　美国公共部门人力资源开发的主要方式

开发方式	培训	教育	流动	指导与咨询	其他
主要内容	在职培训、网络培训、模拟和角色扮演等	继续教育	交流与调配	沟通与反馈	自学培训、职业辅导、内部专题讨论等

1. 公共部门人力资源培训

美国大部分公共组织都为新雇员提供适应性培训、在职培训以及注入安全规程培训和防范性骚扰等强制性培训。其中，在职培训是最常应用于新员工的培训，它的内容主要是间断或连续性的工作指导，包括详细的辅导和对基本技能快速增强的反馈。其次，网络培训也是一种越来越流行的员工培训的方法。这种方法是指员工和管理者可以通过内容模块工作并能和其他资源或网站链接起来，下载文件、视频等资源，培训老师和学生可以在线交谈，在电子公告板上不定期回复。最后，模拟和角色扮演也是常用来帮助员工获得和完善技能、开发其潜能的一种培训方式。模拟是指在没有扰乱工作进展的情况下员工和管理者去重复工作经验，角色扮演则比较广泛应用在有关顾客服务和员工关系的培训中。

2. 公共部门人力资源教育

在美国，一些组织将教育视为一种吸引和保留高学历员工的有效手段。他们认为培训关注的是使人们更相近，因为他们学习的是相同的技能，而教育更多关注的是使人们更有差异，强调信息、理解、观察、塑造。许多为公共雇主工作的专业人员，为了保有各种证书和许可证，每年至少参加一定时间的继续教育。

美国公共部门会有专门的管理者、监管者和人力资源开发专家做与指导和咨询相关的工作。指导指的是雇员与一个外部咨询顾问、人力资源专家或雇员自己的监管者通过一对一的谈话来改善自己的工作态度或行为；咨询也是另一种开发活动，它能帮助纠正那些以个人为中心而不是以情况为中心的行为或态度，也可以帮助个人开发职业生涯计划，提出咨询方案，也可以是帮助个人解决对他工作绩效产生不利影响的个人危机[①]。

3. 公共部门人力资源流动

美国公共部门的人力资源流动主要是人力资源交流与调配，主要体现在文官的交流与调配上。为提高美国高级文官的综合能力，美国选择采用轮岗交流的方式进行将其调任到其他岗位进行交流与学习，以培养综合性的高级文官，避免一岗定终身，避免官员的职业倦怠。美国文官在内部交流和调配的过程中，主要遵循三个原则：一是功绩制原则，顾名思义，根据功劳和绩效来进行奖励与升迁；二是公开原则，即公共部门内部一旦出现空缺岗位，应第一时间向社会透明公开；三是平等原则，即在人员交流选拔过程中，应注重人员的知识、能力和品行，而不是种族、信仰等其他原因[②]。除了以上的几种开发方法以外，还会有针对临时和兼职雇员的培训、自学培训、交叉培训、职业辅导、内部专题讨论等方式。

总的说来，美国公共部门人力资源开发实施过程中有值得我们学习与借鉴的地方。第一，注重开发与组织战略、雇员本身的紧密联系。比如，在职培训中，如果员工遇到难题，就会给他一个手册和一张高级主管的名片，让他去联系以获得帮助，强调一对一、师生互动，帮助员工将理论应用于实践，提升解决问题的能力。第二，拥有完备的开发计划。部分公共组织有一套全面的人力资源开发计划，包括正式的和非正式的指导、内部的和外部

---

① [美]唐纳德·E. 克林纳，约翰·纳尔班迪，贾里德·洛伦斯. 公共部门人力资源管理：系统与战略. 6 版 [M]. 孙柏瑛，等译. 北京：中国人民大学出版社，2013.

② 刘敬宇. 美国公务员制度的改革与启示 [D]. 青岛：中国海洋大学，2008.

的规划、组织的开发以及与组织目标和每个雇员目标相联系的复杂精妙的追踪系统。第三，多种开发方式并用，实施动态开发。美国针对不同工作性质的雇员、雇员所处的不同的阶段采取不同的开发途径。

（二）日本公共部门人力资源开发、交流与调配情况

"以雇员为本"的日本人力资源管理模式是东方企业成功的典范，日本在学习西方管理思想的同时创造性发展了独具东方文化特色的管理理念，在人本化经营上取得了卓越的成就，人才资源真正得以沉淀、形成组织的核心竞争力。其中，在公共部门人力资源开发方面，日本以法律保障、制度保证、方式推进的独特形式进行，如表 9-5 所示。

表 9-5　日本公共部门人力资源开发

法律和规定	《职业能力开发促进法》、职业能力开发服务中心
制度	终身雇佣制、岗位轮换制
方式	培训、职业健康管理等

1. 制定相关的法律、规定

日本政府除推动教育系统的职业技能培养外，还加强对工作人员职业技能培训的支持，推动人力资源开发。1958 年，日本政府颁布《职业训练法》，之后在对该法案进行了 7 次修改后于 1985 年更名为《职业能力开发促进法》。日本政府还会向相关部门以及职工提供教育培训的相关补贴、津贴、贷款等。同时，政府设有职业能力开发服务中心或办事处，负责提供信息和咨询指导服务。这一系列措施都为人力资源开发提供了制度保障和机构

服务①。

2. 开发制度

第一,终身雇佣制。日本普遍倾向重视并维持稳定的雇佣关系,终身雇佣制确保了组织人力资源的稳定和人才队伍的高素质,同时节约了劳务管理费用,有助于组织对员工推行长期培训,提高企业的生产、经营及研究开发的效率。

第二,岗位轮换制。日本公共部门内部以灵活的工作设计为基础,实施一项培养"全能型人才"和实现"社内人才流动"的人力资源管理制度。这项制度可以避免人员僵化,提升人员创新能力。

日本在公共部门,比如公务员系统中,采用的是终生雇佣制,但也在终身雇佣制的基础上进行适当的人事异动制度,即岗位轮换制。日本公务员法规定,科级公务员一般两年异动一次,科级以下一般三年异动一次,级别越高,异动越频繁。国家机关采取"轮换工作法"对公务员进行定期交流与调配,对公务员在每年固定的时间进行工作交流,其具体的步骤如图9-1所示。

(1) 每年底,人事部门制定关于下一年度人事异动的指导性文件,明确基本方针和工作重点,明确异动目的和方向,规定规则和原则。

(2) 每年1至3月,由相关部门的公务人员提出申请,说明异动的岗位和理由,这种异动可以是横向的人事异动,也可以是纵向的人事异动,人事部根据申请人的意愿再进行调整异动方案,提出异动草案。

(3) 每年3月,人事部发布人事异动名单。

---

① 王胜今,王冠鸿. 日本人力资源开发与经济增长研究 [J]. 东北亚论坛,2018,27 (1): 35-48+127.

(4) 每年 4 月，人事部正式执行人事异动方案①。

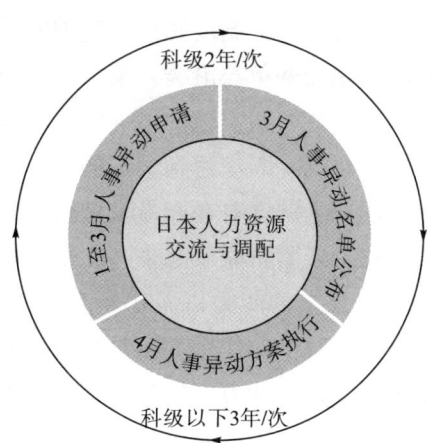

图 9—1　日本公共部门人力资源交流与调配

此外，日本企业形成了一套完备的员工培训体系，包括以应付日常工作为目的的短期培训和长期投资培训等。其主要有三种方式：在岗培训、师带徒培训、自我发展培训。

3. 职业健康管理

人力资源的开发是对人的整体开发，目的是提升人的整体质量。健康是维系人力资源质量的重要因素，良好的健康状态可以提升人力资源的工作能力和工作效率。日本政府先后颁布了《保健机构法》《食品卫生法》《预防接种法》《精神卫生法》《营养改善法》和《劳动安全卫生法》等法律法规，还有之后的《公害对策基本法》《母子保健法》等，保障了国民健康的推进活动，提升了组织的人力资源质量②。

日本公共部门的人力资源开发有其独特的管理理念和制度方

---

① 李婷. 基层公务员交流机制的研究 [D]. 上海：华东政法大学，2016.
② 王胜今，王冠鸿. 日本人力资源开发与经济增长研究 [J]. 东北亚论坛，2018，27（1）：35—48+127.

式的安排，其中有我们可以学习借鉴的地方。第一，较完备的法律制度保障。日本制定的相关制度和法律随着时代的变化更新与完善，比如终身雇佣制的变革与沿袭。第二，较全面的人力资源培训体系。相比中国企业普遍实施的培训体系，日本的培训体系强调整体，培训更加宽泛，既渗透到员工的日常工作之中，又持续贯穿员工的整个职业生涯，对在职员工进行终身教育培训，把企业的未来与员工的未来紧密联系起来，注重挖掘员工的工作潜力、进取精神、与人合作的能力以及小组集体智慧等[①]。第三，重视健康在人力资源开发中的作用。相对日本来说，我国在人力资源开发大部分重视知识、能力、技能、素养等方面的提升与开发，一定程度上忽视了在人力资源中健康这一重要影响因素，但另一方面这也为以后提供了我国公共部门人力资源开发借鉴与学习的可能性。

四、"互联网＋"背景下公共部门人力资源开发、交流与调配

"互联网＋"时代是运用互联网技术连接人与社会、人与组织、人与人的时代，公共部门人力资源开发自然也离不开时代的进步和要求。针对我国公共部门人力资源开发环境滞后、开发手段单一、培训体系不完善、流动机制不灵活等问题，利用信息通信技术和互联网平台，借鉴国外经验，为我国公共部门人力资源开发完善路径。

（一）树立"互联网＋"思维，优化开发环境

"互联网＋"时代，互联网技术不仅对人力资源管理的招聘

---

① 杨润. 日本人力资源管理模式对我国社会团体改革的启示 [J]. 财经界（学术版），2014（9）：274-275.

和培训产生有影响,而且还对人力资源管理决策产生影响。可见,互联网在人力资源管理上的产生由小及大、由局部到整体[1]。所以,树立"互联网+"思维是公共管理部门在当今进行人力资源开发的前提条件。认识互联网是"跨行业的融合与组合、变革与创造力、关注人性"[2]的特征,从本质上理解和认可互联网在公共部门人力资源开发中的作用。树立"互联网+"公共部门人力资源开发的思维和观念,优化公共部门人力资源开发环境。

(二)利用互联网便捷性,增加开发手段

在传统模式下,人力资源培训与开发工作的方式主要以理论培训和实践培训为主,大部分以现场培训开展。而在"互联网+"背景下,人力资源开发则可以多途径开展[3]。

"互联网+"背景下,学习方式呈现碎片化、移动化、游戏化、社区化的特征。抓住此特征,运用O2O(Oline to Offline)培训模式和大数据培训模式对我国公共部门人力资源进行开发。O2O培训模式是一种线上和线下相结合的培训模式,工作人员可以利用闲散时间在任何时间、任何地点进行学习,摆脱了时间和空间的限制。大数据培训模式是指根据工作人员的学习习惯和特点,利用大数据技术对学员数据进行分析,准确识别出每位学员的学习需求、学习行为、学习模式,制定出更科学合理的培训

---

[1] 刘宁,张惠康."互联网+"时代企业人力资源管理的变革[J]. 南京邮电大学学报(社会科学版),2017,19(4):63—70.
[2] 陈熙."互联网+"时代人力资源管理的新趋势探索[J]. 现代经济信息,2016(18):83.
[3] 王睿."互联网+"背景下中小企业人力资源培训与开发的分析[J]. 商场现代化,2018(2):113—114.

策略,促进人力资源开发[①]。

(三)运用大数据技术,改善流动机制

人力资源开发在"互联网+"背景下越来越关注大数据的应用,互联网技术可以用清晰的数据度量方式来开展人力资源开发工作。建立公共部门人力资源数据库,对工作人员的年龄、学历、职业、工作年限、能力素质、培训中的各种表现,以及未来发展潜力等海量数据进行提取和保存,建成个人成长曲线图,并根据个人成长曲线图对人力资源进行合理开发,其中包括人力资源合适部门和岗位的调配与交流,做到科学、合理、公平、公正,从而改善公共部门人力资源开发的流动机制。

[①] 刘宁,张惠康."互联网+"时代企业人力资源管理的变革[J]. 南京邮电大学学报(社会科学版),2017,19(4):63—70.

第十章 公共部门人员的辞职、辞退、退休管理

一、相关概念界定

(一) 公共部门人员的辞职

公职人员的辞职是指公职人员出于本人意愿辞去所担任的职务,即指公职人员根据本人意愿提出,并经过任免机关批准,依法解除其与机关的职务关系,或者担任领导职务的公职人员依照法律规定的条件和程序辞去所担任的领导职务。事业单位职员,则是根据本人意愿提出,并经过其任免事业单位的批准,依法解除其与事业单位的职务关系。

公职人员与事业单位职员的辞职有广义和狭义之分。广义的辞职包括两种情况:一是辞去所担任的领导职务,但仍保留其身份;二是辞去职务,同所在机关或单位脱离联系,失去其身份。狭义上的辞职是第二种。辞职权是公职人员与事业单位职员的一项法定权利,是其实现择业自由权的前提条件,并且辞职必须出于本人意愿,而非他人强迫做出。

公务员辞职流程:《公务员法》第八十条公务员辞去公职,应当向任免机关提出书面申请。任免机关应当自接到申请之日起三十日内予以审批,其中对领导成员辞去公职的申请,应当自接到申请之日起九十日内予以审批。

二、公共部门人员的辞退

对于公共部门中，公务员的辞退主要依据中共中央组织部、人力资源和社会保障部印发的《公务员辞退规定（试行）》《全民所有制事业单位辞退专业技术人员和管理人员暂行规定》执行。辞退分两种情况：一是违纪辞退，二是正常辞退。

违纪辞退在我国目前一般是指用人单位对严重违反劳动纪律或犯有严重错误，但不够开除、除名条件，经教育或行政处分仍然无效的职工，决定解除其工作从而终止劳动关系的制度。正常辞退是指用人单位根据生产经营状况和富余职工的情况，按照有关规定与职工结束劳动关系的一种行为。

三、公共部门人员的退休

公共部门人员退休，是指根据国家有关规定，公职人员因年老或因工、因病致残，完全丧失劳动能力或部分丧失劳动能力，而退出工作岗位。具体添加位置已在稿件中标注。退休公务员的管理是建立有中国特色的国家公务员退休制度的一个组成部分，是国家公务员退休工作的重要内容。根据《公务员法》规定，公务员退休有两种方式，即义务退休和申请退休。义务退休，是公务员达到国家规定的退休年龄或者丧失工作能力，无论自愿与否，都必须办理退休手续，离开工作岗位。

二、公共部门人员的辞职制度管理

（一）公共部门人员辞职的待遇

1. 公职人员辞退后的待遇

根据《关于公务员辞去公职或被辞退以后有关养老保险问题的复函》规定：公务员辞职、辞退重新就业并参加企业职工基本

第十章 公共部门人员的辞职、辞退、退休管理

养老保险后,辞职辞退前原在机关可计算连续工龄的工作年限,可视同缴费年限,并与实际缴费年限合并计算。因为辞职后不再是公务员身份,就可以开始参加社会保险,到新单位或个人去档案托管机构缴纳五险一金,此前的公务员医疗保险则被取消,但是公务员工龄可以折算,在社会保险的养老保险中做视同缴费年限处理,其具体条款如下[①]:

(1)辞退后一年内有单位同意接受的,凭接收单位及主管部门的意见在人才交流中心按有关规定办理人事关系和档案接转手续,辞退前和接转后的工龄合并计算。

(2)辞退后一年内应聘到无主管部门的单位及私营企业等非国有单位工作,或自行开办企业,并愿意委托人才交流中心管理其人事关系和档案的,凭聘用单位的营业执照和聘用意见办理人事关系和档案托管手续。托管后保留原身份,辞职(辞退)前和托管后的工龄合并计算。

(3)辞退后没有接收单位的,其人事关系及档案委托人才中心代理,如未办理人事代理的,其不计算工龄,超过一年还未找到单位,但又未办理人事代理的,其身份和工龄将自行消失。

2. 公职人员辞职后的养老保险

一般公务员的养老保障会比普通职业的高,涵盖的范围也更全面。若提前辞职,以前的养老金是不会变的。依然是可以享受到的,只是一些公职人员的特殊待遇就不能再享受了,如医保报销比例之类的,会根据社会情况而变化。

3. 公职人员的重新就业

《公务员法》第一百〇二条第一款规定,公务员辞去公职的,原系领导成员的公务员在离职三年内,不得到与原工作业务

---

① 关于印发《公务员辞去公职规定(试行)》的通知 [EB/OL]. (2009-07-24) [2018-09-23]. http://law.51labour.com/lawshow-100761.html.

直接相关的企业或者其他营利性组织任职,不得从事与原工作业务直接相关的营利性活动,对于违反的从行政处分和经济处分两个方面进行处罚①。

但是规定的范围比较狭窄,限制的行业过于笼统,在实际执行中易于流于形式。现行的法律法规对公务员退出后行为限制的规定更多的是党纪党规,它只对党员且担任县处级以上领导职务的公务员具有约束力,对于非党员或行政级别低与县处级的公务员就能够逃避一定的惩罚和限制。

(二) 当前公共部门人员离职原因分析

自由择业的权利人人平等。因此,国家机构公共部门从业人员在考虑个人职业发展的过程中可以选择继续做一名公务员,也可以按照一定的程序选择不再担任公务员职务。国家机构公共人员离职主要有两种情形:一是辞去公务员身份,包括领导职务和非领导职务,主要是指同所在机关脱离联系,离开公务员队伍,失去公务员身份;二是辞去所担任的领导职务,虽然依然是公务员,但不再是一名领导干部。公务员辞职需要经过一定的程序和环节。公务员在任何岗位和职位上都承担一定的职责,因此通过程序严格控制公务员的辞职,对于严肃公务员队伍的纪律和保持公务员队伍的稳定都是非常必要的。辞去领导职务比辞去公职的程序更加复杂,要求更为严格。

根据相关统计数据,我国 700 多万公务员中,辞职率大概在 0.015%。公务员辞职原因众多,主要包括职业瓶颈、地域或家庭、权利义务观念等因素。

---

① 中华人民共和国公务员法(2017 修订)[EB/OL]. (2018-07-26)[2018-10-10]. http://xinchang.zjcourt.cn/art/2018/7/26/art_1317390_19649464.html.

第十章　公共部门人员的辞职、辞退、退休管理

1. 受职业瓶颈因素影响

事实上，公务员职业具有明显的围城效应。多年来我国各级政府与公共部门的规模一直在不断扩张，从客观上来看，是一个为国家的公共事务进行人才吸纳的过程。但如今，政府的吸纳能力已经遇到了三个瓶颈。它们分别是财政瓶颈、代际瓶颈、地区瓶颈。

从财政瓶颈来看，目前"财政供养人员"规模庞大。虽然政府机构改革工作不断推进，分流了部分冗余人员，但连年新进的公务员人数不断增加，导致输入大于输出，增加了财政支出压力。

从代际瓶颈来看，改革开放以来，政府人事制度方面最重大的变革是退休制度的建立，以及大力推进干部队伍年轻化和专业化。随着越来越多的年轻人涌入政府部门，职位上升通道相对变得狭窄，竞争变得激烈。毫无疑问，年轻化和专业化已经取得了很大的成就，大量的年轻干部进入领导岗位。年轻化固然是干部培养的需要，但是，持续多年的年轻化进程，也开始出现"自反性"效应。领导还很年轻，距离退休尚远，意味着退休拉动的轮换空间越来越小，对于等待晋升的年轻人来说，则意味着排队时间逐渐延长，开始出现积压[①]。

从地区瓶颈来看，大城市与高层部门中也出现人才拥挤与人才积压，这指的是城市与农村之间、沿海与内地之间、发达地区与不发达地区之间，人员过度向前者集中，造成拥挤。尽管都是公务员职位，但是，人往高处走，依然是绝大多数人的思维惯性。人们竞相涌向北上广，涌向大城市，越是高学历越是这样。从人才使用的角度来看，不但本科生，硕士生乃至博士生，进入

---

① 郭巍青. 公务员职业面临三大瓶颈考验 [J]. 人民论坛，2011 (31): 26-27.

好的地区，进入政府部门，从低级职位和日常琐事做起，都是一种专业浪费。故而，面临的三大瓶颈，如今会对公务员的离职以及个人的职业生涯发展带来各种复杂影响。

2. 受地域及家庭因素影响

部分年轻公务员为了考进体制内，选择了基层或者偏远山区的职位，但年龄渐长后，因为工作地点与家庭间距太远，特别是对于女性公务员而言，为了照顾家庭，只有迫于选择离职。部分公务员因为工作岗位经常加班、出差等，长期这样的工作状态，影响了家庭和谐，也被迫重新选择职业。

3. 权利义务观念淡薄

国家公务员履行职责，执行公务必须具备一定的权利，一方面是与公务员身份相应的身份保障权，另一方面是执行公务的权利。权利与义务是不能分割的，权利与义务是对立统一的，没有无权利的义务，也没有无义务的权利。长期以来，我国公务员的权利观念不强，权利意识淡薄，各级领导对权利的重视不够，对权利的保护制度的建设不力。有很多人不能正确对待辞职，看不到辞职对于保证公务员队伍生机与活力的重要作用，往往会存在一些思想上的误区。如有部分人认为辞职是不安分守己的表现，是不服从组织安排的表现，是无纪律、个人主义的表现等。部分人对于辞职存在一些片面认识，认为辞职是不体面的，是在机关里混不下去的表现、无能的表现。这使得想要辞职的公务员要面临巨大的压力。

三、公共部门人员的辞退制度管理

（一）公共部门人员辞退的条件

辞退不是行政处分，是一种行政处理，没有处理时限的规定。其中，违纪辞退的条件是，根据《公务员法》第八十三条，

第十章 公共部门人员的辞职、辞退、退休管理

公务员有下列情形之一的，予以辞退：

在年度考核中，连续两年被确定为不称职的；不胜任现职工作，又不接受其他安排的；因所在机关调整、撤销、合并或者缩减编制员额需要调整工作，本人拒绝合理安排的；不履行公务员义务，不遵守公务员纪律，经教育仍无转变，不适合继续在机关工作，又不宜给予开除处分的；旷工或者因公外出、请假期满无正当理由逾期不归连续超过十五天，或者一年内累计超过三十天的。

根据《公务员辞退规定》指出，公务员年度考核结果分为优秀、称职、基本称职和不称职四个等次，其中优秀等次的人数，一般掌握在本机关参加年度考核的公务员总人数的15%以内，最多不超过20%。考核以职位职责和所承担的工作任务为基本依据，全面考核公务员的"德、能、勤、绩、廉"，重点考核工作实绩。《公务员辞退规定》还明确指出，公务员年度考核的结果作为调整公务员职务、级别、工资以及公务员奖励、培训、辞退的依据。公务员年度考核被确定为称职以上等次的，在所定级别对应工资标准内晋升一个工资档次；累计5年被确定为称职以上等次的，在所任职务对应级别范围内晋升一个级别；确定为称职以上等次，且符合规定的其他任职资格条件的，具有晋升职务的资格；连续3年以上被确定为优秀等次的，记三等功，晋升职务时优先考虑；被确定为优秀等次的，当年给予嘉奖。连续两年年度考核被确定为不称职等次的予以辞退。

从保护公务员的合法权益，特别是保护妇女的合法权益出发，世界上不少国家对公务员尤其是女性公务员的辞退有专门的限制性规定。根据我国情况，公务员法规定有下列情形之一的，不得辞退公务员：

（1）因公致残，被确认丧失或者部分丧失工作能力的公务员，不得辞退。首先，公务员是在工作中遭遇事故或者因工作原

因接触有害环境,造成了残废;其次,公务员现在的状态是丧失或者部分丧失了工作能力。

(2)患病或者负伤,在规定的医疗期内的公务员,不得辞退。公务员在工作中患了重病,或者在工作中或者生活中负伤,精神和经济的压力增加了,需要所在机关予以特别的关怀和爱护。不同的疾病和伤情,治疗期长短不同,对此应按有关规定执行。

(3)女性公务员在孕期、产假、哺乳期内的,不得辞退。孕期、产假、哺乳期,是女性公务员的特殊时期。规定不得辞退处于此期间的女性公务员,体现了国家保障妇女儿童合法权益的一贯精神,这与劳动法的规定也是一致的,使得女性公务员和企业女职工一样受到了应有的法律保护,完善了我国对妇女的法律保护体系。

(4)法律、行政法规规定的其他不得辞退的情形。这是一个兜底条款,给以后完善辞退制度留下余地。根据该条规定,有关辞退的情形只能由法律和行政法规设定,地方性法规以及政府规章等均不可以设定辞退公务员的情形,这有利于保证把辞退限定在适当的范围内,防止辞退的滥用。

(二)公共部门人员辞退的手续

根据《公务员辞退规定(试行)》的相关规定,公务员被辞退后,应当按照有关规定转递档案。在九十日内重新就业的,应当在就业单位报到后三十日内,按照干部人事档案转递的有关规定,将档案转至有关的组织人事部门保管;在九十日内未就业或者重新就业单位不具备保管条件的,按照流动人口人事档案管理的有关规定转递档案。另外,被辞退的公务员,可以领取辞退费或者根据国家有关规定享受失业保险,其他社会保险按照有关规定执行。领取辞退费的,机关在其档案转出十五日内,将辞退费一次性向接收档案的人才服务机构拨付。

(三) 公共部门人员辞退的程序

公务员辞退一般遵从以下程序进行,详见图10-1公共部门人员辞退流程。

第一,单位提出辞退建议:拟辞退公务员的所在单位审核辞退理由与事实,在此基础上,经领导集体研究提出建议,填写辞退公务员审批表。

第二,任免机关审批:所在单位将书面材料按流程报任免机关,任免机关人事部门在规定的期限内审核,经确认无误,做出是否批准辞退的决定。

第三,通知单位相关人员:做出辞退决定后,任免机关要以书面形式通知呈报单位和被辞退的公务员。最后进行工作交接:被辞退的公务员,在离职前也应办理公务交接手续。必要时,被辞退者也需接受财务审计。

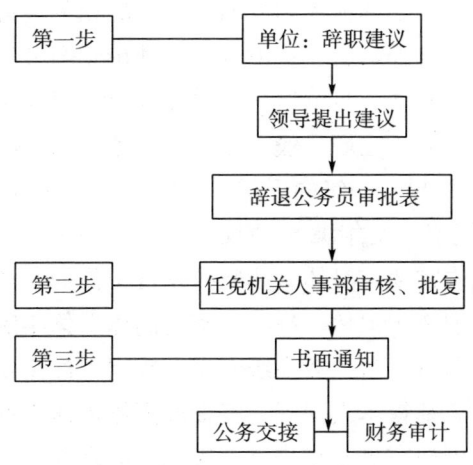

图10-1 公共部门人员辞退流程

三、公共部门人员的退休制度管理

（一）公共部门人员退休的条件

申请退休即提前退休，是公务员具备了法定条件，本人可以提出申请，经机关批准提前退休。

1. 义务退休的年龄

根据 1978 年国务院颁发的《关于安置老弱病残干部的暂行办法》规定，符合国家规定的退休条件，可以退休。义务退休有年龄条件和身体条件两个方面，公务员出现两种情形中的任何一种，都必须退休。可以说，年龄条件是一般性条件，公务员都可能达到国家规定的退休年龄；而身体条件是特殊性条件，对于由于健康或者其他方面的原因丧失工作能力的公务员，必须退休。因此，义务退休的年龄条件仍沿用 1978 年国务院颁发的《关于安置老弱病残干部的暂行办法》和 1982 年中共中央颁发的《中共中央关于建立老干部退休制度的决定》的相关规定：中央、国家机关部长、副部长，省、自治区、直辖市党委书记，省政府省长、副省长，以及省、自治区、直辖市纪律检查委员会和法院、检察院主要负责人，正职一般不超过 65 周岁，副职一般不超过 60 周岁；担任厅局长一级的干部，一般不超过 60 周岁；其他干部男年满 60 周岁，女年满 55 周岁。

若确因工作需要，身体又能坚持正常工作的，经任免机关批准，可适当推迟离休退休。高级专家的离休退休年龄，一般应按国家统一规定执行。对少数高级专家，确因工作需要，身体能够坚持正常工作，征得本人同意，经批准离休退休年龄可以适当延长；副教授、副研究员及相当这一级职称的高级专家，经所在单位报请上一级主管机关批准最长不超过 65 周岁；教授、研究员及相当这一职称的高级专家，经所在单位报请省以上政府或中央、国家机关的部委批准最长不超过 70 周岁；曾任全国人大常委会委员、全国政协常委会委员以及各民主党派领导职务的高级专家和学术上造诣很深、在国内外享有很高声誉、对我国社会主义建设有特殊贡献的高级专家，经国务院批准，可以暂缓离休退休。

2. 义务退休的人群特点

由此，我国公务员义务退休年龄可以归纳为以下特点：一是从性别上来看，退休年龄是男高女低。二是在退休年龄总体一致的基础上又有所区别。如省部级正职可以到 65 岁退休；依照法律和有关规定经选举任职的干部，在任职未满时达到退休年龄的，一般待任期届满后退休。这样，一些在全国以及省级人大、政协担任常委的干部，最迟可以到 65 岁甚至到 70 岁办理退休手续。

3. 申请义务退休的条件

实行申请退休制度，可以使部分服务年限较长而又未达到法定退休年龄的公务员，根据自己的意愿，早于法定退休年龄而退休。这样既有利于鼓励公务员提前退休，以增强公务员退伍的活力，保持公务员队伍的精干，也照顾一些公务员希望提前退休的愿望和需要，赋予公务员在一定条件下自愿选择退休的权利，这实际上是弹性退休年龄的做法。

根据《公务员法》第八十八条的规定，公务员符合下列条件之一的，本人自愿提出申请，经任免机关批准，可以提前退休：工作年限满 30 年；距国家规定的退休年龄不足五年，且工作年限满 20 年；符合国家规定的可以提前退休的其他情形。

由此可见，申请提前退休的条件主要有工作年限和年龄两个方面，其中工作年限是主要条件，年龄是辅助条件。此外，还有一个兜底性的规定，即"符合国家规定的可以提前退休的其他情形的"。这就赋予了国家有关部门根据需要规定其他情形的申请退休条件。例如，对在高度危险、接触有毒有害物质等职位任职的公务员，因其工作环境对身体健康有明显损伤，可以提前退休。又如，在国家机构改革和机构调整，缩减人员编制时，也可以援引此项制定特殊的提前退休条件，以分流人员①。

（二）公共部门人员退休的待遇

1. 公务员退休待遇

公务员退休后享受国家规定的待遇，是指公务员退休后依法应享受的权利，主要是指经济待遇，即退休者应享受的退休金和其他生活福利补贴。退休金是公务员退休后享受的主要经济待遇。

我国《公务员法》第七十七条第一款规定："国家建立公务员保险制度，保障公务员在退休、患病、工伤、生育、失业等情况下获得帮助和补偿。"第七十九条规定："公务员工资、福利、保险、退休金以及录用、培训、奖励、辞退等所需经费，应当列入财政预算，予以保障。"根据我国公务员法的规定，公务员的退休待遇与公务员的福利保险权。同时，公务员退休所需经费，由国家财政予以保障。国家在制定财政预算时，应当将公务员的退休待遇所需经费列入其中。机关对于公务员的退休待遇预算资金，应专款专用，不得挪用。

公务员退休待遇主要包括政治待遇、生活待遇以及住房、医疗等其他福利待遇。第一，政治待遇。根据 1982 年《中共中央关于建立老干部退休制度的决定》规定，老干部离休退休后，"基本政治待遇不变"。以及 2005 年颁布的《公务员法》的相关规定，公务员退休后享有相关的政治待遇。这是我国公务员退休制度的一个显著特点。如果公务员是党员的，其退休后，仍要参

---

① 王科萍. 我国公务员退休制度研究［D］. 上海：上海交通大学，2008.

加党的组织生活，享有党章规定的权利，履行党员的各项义务。国务院有关文件还明确规定，退休干部与同级在职干部一样看文件、听报告、阅读有关资料。

原担任领导职务的同志，可请他们参加有关重要会议，都应当与同级别的在职公务员相当。发挥退休公务员的积极作用，既是他们的待遇，也是其政治责任，正如 1982 年《中共中央关于建立老干部退休制度的决定》指出的："老干部离休退休，虽然离开了原来的工作岗位，不担任行政领导职务了，但在思想上、政治上和组织上并不因此而同样退休，任何一个共产党员的革命意志和组织纪律是绝对不能'退休''离休'的，他们仍然应当是共产主义革命者，仍然肩负着为人民服务、对人民负责的政治责任。"发挥作用的内容可以概括为"一发挥三支持"，即发挥老共产党员的先锋模范作用，支持党的基本路线、支持改革开放、支持在职干部工作。发挥作用的主要形式有关心下一代健康成长、失足青年帮教、政风行风测评等。发挥作用的组织者主要是原单位和社区。

第二，生活待遇。在 20 世纪 80 年代和 90 年代，城镇职工养老保险制度推行大改革，主要有两个交织在一起的转变，即由单位保障变为社会统筹和个人账户相结合，由现收现付制转为部分积累制。社会统筹对应现收现付制，个人账户对应基金积累制。自 1997 年基本定型后，企业养老保险制度仍在进行微调与改进，而公务员退休养老办法仍主要沿袭老制度，即传统的单位保障或国家保障。确定公务员退休生活待遇的依据主要有两条：一条是针对离休干部的，即 1982 年《中共中央关于建立老干部退休制度的决定》规定，老干部离休退休后，"生活待遇还要略为从优"。另一条就是《公务员法》第八十九条前半条的规定，"公务员退休后，享受国家规定的退休金和其他待遇，国家为其生活和健康提供必要的服务和帮助"，具体包括退休金、医疗待遇、住房待遇等。

在退休金上,退休金是公务员退休后的主要收入。对于离休干部,生活待遇上的"略为从优"首先体现在离休金的发放标准和计发办法,其替代率为100%,即全额发放。

在医疗待遇上,离休干部的医疗待遇包括:在医保规定范围内的医药费用,实行实报实销;在医保规定范围内的医药费用,由其个人自负,原单位给予适当补助;在挂号、就诊、配药及住院等方面,给予一定的优先照顾。退休干部的医疗待遇与其他退休人员基本一致,统一纳入社会统筹,其医疗待遇主要与年龄挂钩,即年龄越大,其自负部分越少。

其他待遇包括住房待遇、交通待遇、死亡抚恤待遇等。在住房待遇上,由于各地区情况不同,大、中、小城市的条件差别很大,一般不作统一的具体规定。交通待遇也因地区不同而有所不同,但离休干部的交通待遇一般都包括优惠或免费乘坐公共交通等。死亡抚恤待遇主要包括发放一次性抚恤金和报销部分丧葬费等。

2. 事业单位人员退休待遇

自2017年1月1日起,按6.5%左右提高企业和机关事业单位退休人员养老金标准,并向退休较早、养老金偏低的退休人员和艰苦边远地区企业退休人员适当倾斜。

(1) 公务员退休后的退休费按本人退休前职务工资和级别工资之和的一定比例计发。其中,工作年限满35年的按90%计发,工作年限满30年不满35年的按85%计发,工作年限满20年不满30年的按80%计发。

(2) 事业单位工作人员退休后的退休费按本人退休前岗位工资和薪级工资之和的一定比例计发。其中,工作年限满35年的按90%计发,工作年限满30年不满35年的按85%计发,工作年限满20年不满30年的按80%计发。

(3) 机关技术工人、普通工人退休后的退休费分别按本人退休前岗位工资和技术等级工资之和、岗位工资的一定比例计发。其中,工作年限满 35 年的按 90％计发,工作年限满 30 年不满 35 年的按 85％计发,工作年限满 20 年不满 30 年的按 80％计发。

此次调整是自 2014 年 10 月 1 日机关事业单位养老保险制度改革以来第一次按照基本养老金调整办法调整待遇,也是企业和机关事业单位退休人员第一次同步调整待遇,迈出了统筹各类退休人员待遇调整的第一步,是企业和机关事业单位养老保险制度并轨、增强公平性的直接体现。各地区将按照公平与效率相结合的原则,采取定额调整、挂钩调整、适当倾斜相结合的办法,兼顾企业和机关事业单位退休人员的特点,合理确定调整办法和具体标准。

(三) 公共部门人员退休后的活动

公务员在退休后,可以发挥个人专长,参与社会发展,继续为社会与国家做出应有的贡献,充分调动众多老年公务员的积极性及其他各方面的积极因素,可以为我国改革开放与社会主义现代化事业提供力量支持。

需要指出的是,公务员退休后的生活应当遵守法律特别是公务员法的规定。我国《公务员法》第一百〇二条第一款规定:"公务员辞去公职或者退休的,原系领导成员的公务员在离职三年内,其他公务员在离职两年内,不得到与原工作业务直接相关的企业或者其他营利性组织任职,不得从事与原工作业务直接相关的营利性活动。"

四、"互联网＋"背景下公共部门人员辞退休管理体制的革新

"互联网＋"背景下完善我国公共部门人员辞、退、休制度具有重大的意义和作用。

首先，国家公务员辞职辞退制度的出台与实施，改变了以往公务员录用只进不出，考上公务员即端上了"铁饭碗"的状况，更打破了传统公务员人事管理的封闭体系，使得人才和人员的流动具有了开放性。公务员辞退制度的实施，可以使公务机关通过法律的手段，将那些缺乏责任感和廉洁意识不强的工作人员清理出公务员队伍，从而保证公务员队伍的廉洁性，同时完善了公务员队伍的自我清洁功能，在预防腐败和玩忽职守等职务犯罪的同时让在编的公务员树立起危机意识，进一步调动其工作的积极性和热情。

其次，我国的公务员辞职和辞退制度引入了"优胜劣汰"的市场竞争机制，顺应了改革开放和市场经济发展对人事管理的要求，有利于"官本位"意识的破除，达到人力资源的合理配置，做到人尽其才，实现对公务员队伍管理的科学化、市场化。

最后，国家公务员辞职与辞退制度的实施与完善，将在一定程度上缓解公务员系统中"吐故"不畅的问题，使公务员队伍新陈代谢顺畅，为更多有能力担任公务员岗位的人员提供工作和服务国家的机会，使人才得到合理的利用，使得国家人事制度改革朝着一个更加规范化的轨迹进行。

（一）当前公共部门人员辞退休管理制度存在的问题

当前，我国现有公务员辞职辞退机制同样存在着不足的方面。比如，我国法律法规对公务员退出行为进行了有关规定，其重点在于约束和规范退出公务员进入营利性机构后"公共资源个

人化",即退出后,禁止其利用手中掌握的强大行政关系网、人情关系链、职务影响力等谋取私人利益。如《公务员法》明确规定,公务员辞去公职或者退休的,原系领导成员的公务员在离职三年内,其他公务员在离职两年内,不得到与原工作业务直接相关的企业或者其他营利性组织任职,不得从事与原工作业务直接相关的营利性活动。对于公务员辞去公职或退休后违反上述规定的,《公务员法》虽然从行政处分和经济处分两个方面进行处罚,但其规定的范围比较狭窄,限制的行业过于笼统,在实际执行中易流于形式,具体存在以下问题与挑战。

1. 男女退休年龄限定的合理性

根据我国目前规定,县处级以下(含县处级)的公务员的义务退休年龄为男性 60 岁,女性 55 岁;申请退休的年龄条件为男性 55 岁,女性 50 岁。这两种情况下女性都比男性早 5 年退休,造成不同性别劳动权的不平等。有一种观点认为,女性比男性提前退休的规定是为了照顾女性。但是,由于目前大多是独生子女,家庭和孩子对女性的拖累比以前少了许多,女性也有较多的精力投入到工作中。因此,中国法学会婚姻家庭法学研究会副会长夏吟兰认为男女退休年龄平等是男女劳动平等的一部分。另外,由于一般情况下女性比男性早 5 岁退休,使得女性在职务任免等方面的年龄规定也比男性小 5 岁,如有些地方规定,担任乡科级、县处级等领导职务改任为非领导职务的年龄界限分别为男性 57 岁、女性 52 岁,这些现象都表明当前公共部门人员的退休年龄限定存在一定的不合理性。

2. 退休门槛条件弹性不够

根据《公务员法》规定,公务员职位分为综合管理类职位、专业技术类职位和行政执法类职位。不同类别的职位,对公务员的身体素质、实践经验的要求都不一样。如综合管理类职位,尤其是高职级的综合管理类职位,它对公务员的政治敏锐性、从政经验等的要求较高，对身体素质的要求相对较低。专业技术类职位，尤其是高职称的专业技术类职位，它对公务员的专技能力、研究经验的要求较高，当然有些对身体素质也有要求。而行政执法类职位，是三者中对身体素质要求最高的。目前，我国公务员弹性退休年龄的规定一是体现在申请退休上，即男年满55周岁，女年满50周岁，且工作年限满20年；或工作年限满30年。这在一定程度上考虑到了公务员的个体需求。二是体现在高级别的公务员退休年龄较晚，这也有利于人力资源的充分利用。而上述两个方面都没有考虑到不同职位类别对人力资源的不同需求，也没有考虑到不同类型的人力资本最终退出劳动领域的时间存在差异，在这方面规定上过于死板，弹性不够。

3. 退休金机制的不合理

一是待遇给付不尽合理。退休金以退休时的工资为基数，而这种"点"工资并不能合理体现实际贡献，而且容易出现突击提级、涨工资等弊端。二是退休待遇与个人缴费情况不挂钩，缺乏自我保障意识。目前，退休公务员的基本退休金全部由财政负担，来源渠道比较单一，助长了依靠国家养老的思想，只会造成"国家支付费用增多—人们的待遇要求愈高—财政负担愈重"的恶性循环，导致财政负担沉重。而且，退休待遇标准没有与职工个人缴费多少、缴费时间长短挂钩，多缴少缴与养老金待遇水平没有本质联系，缴费与待遇脱节，公平与效率原则没有体现。三是退休待遇仅随在职人员一起调整，缺乏合适退休人员自身特点的科学正常的调节机制，没有解决退休金增长与社会经济水平相协调的问题。一般而言，退休金的增加幅度不如公务员的工资增加幅度大，这样就使得越晚到龄退休，退休金就越高，造成退休人员之间的不公平。比如，刚退休（60岁）副科级人员的退休金很有可能比5年前退休（现65岁）的正科级人员的退休金还要高，从而产生两个倒挂的现象，即退休者年龄与退休金倒挂，退休者职务与退休金倒挂①。

(二)"互联网+"背景下公共部门人员辞、退、休管理体制的革新

我国政府宣布的"互联网+"计划引发了人们对互联网在国民经济和社会发展中作用的深入思考。在当前"互联网+"背景下，各种新型管理模式的蓬勃发展改变了传统公共部门的人力资源管理模式，在带来机会的同时，也给当前的公共部门人员辞退休管理体制建设工作提出了重大的挑战。公共部门辞退休管理运作随着经济、社会的发展和政治本身的进步，已逐渐成为我国重视的问题，在全球化进程加剧的今天，作为公共部门人力资源增值的重要途径，对其进行探究具有重要的现实意义。

1. 运用大数据分析，优化养老金设计与发放机制

通过大数据分析，探究科学、合理的退休金计发办法和退休金正常增长机制。首先，确立合理的工资基数。第一，把福利津贴纳入公务员的工资基数。大幅地增加公务员的基本工资并不实际，但把福利、补贴也算入工资基数具有一定的可行性。第二，修改工资基数的参照点。不再以退休当月工资中的相关数额作为工资基数，而是以一年内每月工资中的相关项目的平均数为工资基数。第三，计算更为精确的退休金发放比例。通过互联网大数据进行统计分析，在当前社会环境下，结合近年来发放退休所取得的实际效益，来设定当前的退休金的发放比例，从而使公务员的退休所得更加公正合理。

另外，退休金的增长幅度是增长机制中的重要内容，在确定退休金的增长幅度时应考虑以下因素：一是退休金增长幅度与退休前职级的关系。不同职级的公务员对社会的贡献不同，所彰显

---

① 王科萍. 我国公务员退休制度研究 [D]. 上海：上海交通大学，2008.

出的社会价值也不同。所以,退休金增长幅度不能按照统一的标准,而是有分别的依据对社会贡献值来衡量,相对而言,职级越高,其增长幅度相对越高。二是退休金增长幅度与年龄的关系。一方面,年纪较大的退休人员由于退休时间较早,所领取的退休金数额较少;另一方面,年老体弱带来的健康问题可能使得其医疗支出和生活成本逐年增高。因此,合理的退休金涨幅应当与退休公务员的年龄成正相关,即年龄越大,退休金增长幅度越大。

其次,确立科学的养老金替代率。近年来,我国公共部门养老金不断提高,退休养老金替代率也一直保持着增长的态势(养老金替代率,是指劳动者退休时的养老金领取水平与退休前工资收入水平之间的比率。它是衡量劳动者退休前后生活保障水平差异的基本指标之一,也是一个国家或地区养老保险制度体系的重要组成部分,是反映退休人员生活水平的经济指标和社会指标)。为了保障职工退休后的生活水平不至于有大的下降,让退休职工得以分享社会发展成果,实现尊严养老,养老金替代率必须保持在合理的水平上。从我们国家的社会主义性质、职工养老待遇的历史情况、职工和企业的缴费水平,以及国家对公民应承担的养老责任出发,养老金替代率一般应该保持在 80% 以上。低于这个水平就意味着退休人员的生活水平比在职时有了较大幅度降低,生活保障水平较差,分享成果、体面养老、尊严养老就会成为一句空话。

根据《人力资源社会保障部财政部关于 2017 年调整退休人员基本养老金的通知》,决定从 2017 年 1 月 1 日起,为 2016 年底前已按规定办理退休手续并按月领取基本养老金的企业和机关事业单位退休人员提高基本养老金水平,总体调整水平为 2016 年退休人员月人均基本养老金的 5.5% 左右。

2. 强化网络技术,更新信息收集与统计机制

采用"互联网+"统计技术进行公共部门辞、退、休人员信息的收集与更新。"互联网+统计"就是应用云计算、大数据、移动互联网、物联网等信息技术,实现对统计工作的业务创新和管理变革,整合统计生产流程和组织再造,构建新的工作模式。"互联网+统计"的核心是以用户为中心、数据为驱动,本质是统计业务的在线化和数据化,实现了在线化、数据化才能通过大数据指导统计调查、统计服务和统计管理。

在当前公共部门管理改革中,人员的信息收集与及时更新是各项业务开展运行的基础。大数据技术则可以通过获取全面、完整和系统的数据,帮助人员信息统计工作更加准确、客观,突破了统计层层汇总上报和通过局部样本描述与推测总体的局限。同时,通过挖掘大数据之间的相关性来分析事物的统计理论,也是对传统自上而下统计理论的颠覆性革新。

3. 建设多元化信息沟通平台,实现需求反馈高效化

另外,也可利用网络实现统计数据采集与报表的无纸化,实现统计数据存储、交换、更新、查询的自动化,即利用移动网络终端技术手段,使公共部门退休人员的需求得到及时反馈。有效利用信息技术实现网络环境下的网络统计,即在网络环境下进行统计设计和数据的采集、传输、处理、存储、分析、发布,以网络为主渠道,以统计网站为平台,提供多种信息服务。退休人员在离开工作岗位后,可通过利用手机、电脑等移动设备,登录网站,及时查看相关信息,或提供反馈信息。

第十一章 "互联网+"背景下公共部门人力资源管理发展趋势与展望

"互联网+"是互联网思维的实践成果,它推动经济形态不断地发生演变,激发了实体经济新的生命力,为改革、创新、发展提供广阔的网络平台。通俗地说,"互联网+"就是"互联网+各行各业",但这并不是简单的两者相加,而是利用信息通信技术以及互联网平台,让互联网与各行各业进行深度融合,创造新的发展生态。"互联网+"代表一种新的社会形态,在社会资源配置中充分发挥互联网的优化和集成作用,将互联网的创新成果深度融合于经济、社会各域之中,形成更广泛的以互联网为基础设施和实现工具的经济发展新形态。在"互联网+"背景下,现代公共人力资源管理萌发了一些新的发展趋势和展望。

一、公共部门人力资源管理的发展趋势

伴随着我国经济社会的发展步入稳步发展的阶段,爆炸式的信息来源和"互联网+"背景下海量数据的汇集使得公众对公共部门的工作效率、服务质量和期望日益提高。如何采取科学合理的管理方式,提高工作效率已成为公共部门的主要问题之一。"互联网+"的创新发展既为公共部门的人力资源管理提供了便捷,但也带来了各种挑战。本书在前面的十个章节分别从宏观、中观以及微观层面就公共部门人力资源管理的各个环节目前面临的现状以及挑战进行了分析与梳理。在这种情况下,为了适应内

第十一章 "互联网＋"背景下公共部门人力资源管理发展趋势与展望

外部环境的剧烈变化，满足公众对公共部门的期望，公共人力资源管理在"互联网＋"形态下出现了一些新的发展趋势。

（一）人本化发展趋势

传统人力资源管理的核心是"工作"，主要是围绕工作对人才开展选、育、留、用的过程，而在"互联网＋"新形态下，对人力资源管理提出了新要求，其核心由"工作"过渡到"人"。相比传统人力资源管理，现代人力资源管理更加注重开发人才、激励人才、利用人才和发展人才，强调"以人为本"的管理理念，即人本管理。人本管理的核心内容就是把人的因素当作管理的首要因素和本质因素，其出发点和着眼点是人，强调把人作为管理活动的核心和组织最重要的资源，重视人的作用，尊重员工的需要，注重员工的发展，把组织目标与员工的个人目标结合起来，通过发挥员工的主动性、积极性和创造性，更好地实现组织目标[①]。公共人力资源管理的人本管理不仅充实了人力资源管理理论，还在极大程度上提高了政府工作人员的效率，激发了他们的内生动力，从而更好地实现对社会的有效管理。公共人力资源管理的人本化发展趋势主要有以下表现。

1. 人员选拔上任人唯贤

任人唯贤又称任人唯才，指的是用人只选任和提拔有德有才的人。要正确认识任人唯贤应注意以下两点内容：第一，正确处理德与才，任人唯贤与任人唯亲的问题，任人唯贤的关键是"贤"字，所谓"内举不避亲、外举不避仇"，不能以亲疏为标准，简单地认为任人唯亲就是任用自己的亲属，任人唯贤就是只要是人才，不管亲疏远近，都可以选用；第二，公共部门的人力

---

① 刘仁春. 论公共部门人力资源管理发展的新趋势［J］. 四川行政学院学报，2005（6）：16-18.

资源管理应具备竞争机制,通过创设公平透明的竞争环境、制定科学合理的考核规范、按照岗位设置报考要求等一系列措施拓展选人渠道,选拔真正有才之人为组织和国家的发展做出贡献。

2. 岗位配置上人适其职

所谓人适其职,是指人的才能与岗位需求相匹配,人适其职不仅能充分发挥人的能力和潜能,还能使组织获得效益最大化。若员工的能力与岗位需求不匹配,将出现以下两种弊端:第一,若员工的能力大于岗位需求,则人的能力不能全部发挥,造成人力资本的浪费;第二,若员工的能力小于岗位需求,则会造成岗位工作无法正常开展,岗位人力不足的问题。公共人力资源管理未来将制定更为完善的岗位说明书和任职要求,逐步实现人适其职。

3. 教育培训上因材施教

目前,我国公务员的培训主要有六种类型:一是初任培训,针对新录用人员开展;二是晋升培训,针对晋升类公务员开展;三是专门业务培训,针对从事专项工作的公务员开展;四是在职培训,针对全体在职人员进行的更新知识,提高素养的培训;五是专业技术培训,针对专业技术岗位的公务员开展;六是后备领导人员的培训,针对公务员领导梯队和班子建设的培训。公共部门的人力资源培训,不仅有利于提高公共部门人员素养,还有利于加强公共部门的行政能力,因此,因材施教的教育培训体系十分重要,公共部门的人力资源培训将会根据各部门、各群体的实际情况进行设计,更具有针对性。

4. 物质激励与精神激励相结合

传统的公共部门人力资源激励主要体现在物质激励上,而现代的公共部门的人力资源激励不仅应该注重物质激励,还应强调精神激励。物质激励能够满足组织成员衣食住行和安全的需求,精神激励则能增加组织成员的认同感和归属感,增强组织成员的

第十一章 "互联网+"背景下公共部门人力资源管理发展趋势与展望

凝聚力和向心力。未来的公共部门的人力资源激励方式将更趋向于将二者相结合,根据马斯洛需求层次理论,对不同的组织成员和不同情况制定出不同的激励机制。

(二)专家化发展趋势

由于人力资源的复杂性和开放性,人力资源管理的难度越来越大,对人力资源管理的专业化程度要求也就越来越高。这要求人力资源管理者要具备更多的专业文化知识,成为人力资源专家、人力资源开发专家、劳动关系专家以及企业文化专家。未来的公共人力资源管理,应当借助"互联网+"的平台,开展专业的电子招聘、在线培训、信息发布和内部沟通等以此来节约管理成本,提高管理效率,实现专业化的管理。专家化发展趋势主要体现为以下两点:

1. 岗位设计的科学性

专业化的分工主要体现在公共部门人力资源岗位设计上,岗位设计是在工作分析的信息基础上,研究和分析工作如何做以促进组织目标的实现,以及如何使员工在工作中满意以调动员工的工作积极性[1]。岗位设计的内容主要包括工作的责任、权力、方法以及工作中的相互沟通和协作等方面的内容。对工作责任的设计,就是组织成员在工作中应承担的职责及压力范围的界定,对责任的划分要适度,工作量过低,无压力,会导致员工行为轻率和低效,工作量过高,压力过大又会影响员工的身心健康,导致员工的抱怨和抵触。对工作权力的设计,应当与责任对应,实现职权相等,否则二者脱节,会影响员工的工作积极性。对工作方法的设计,包括领导对下级的工作方法、组织和个人的工作方法

---

[1] 蔡青青,潘婷婷. 基于流程优化的岗位设计方法[J]. 咸宁学院学报,2008(4):111-113.

设计等，应具有灵活性和多样性，根据不同的岗位进行具体设计，不能千篇一律。对于沟通设计，包括垂直沟通、平行沟通、斜向沟通等形式。对于团队协作，应予以明确的规定，一个组织是有机联系的整体，是由若干个相互联系相互制约的环节构成的，因此各环节之间必须相互合作相互制约，既有分工，又有合作。科学的岗位设计是公共人力资源管理专家化的体现，是真正实现位得其人、人尽其才、适才适所、人事相宜的措施之一。

2. 管理方法的创新性

在"互联网+"的影响下，未来的公共人力资源管理方法将更具有创新性。如对于员工招聘，可以进行网络视频面试或沟通；对于员工培训，可以通过线上培训、视频录制等方法减少线下培训，降低培训成本；对于工作流程，可以通过网络流程进行，减少纸质办公，实现无纸化办公；对于信息沟通，可以通过内外部网络进行发布，减少信息传递时间，提高工作效率。创新管理方法的目标是提高组织有限资源的配置效率，有助于提高公共部门的工作效率。

（三）多元化发展趋势

在"互联网+"的背景下，公共部门的人力资源管理将日趋多元化。公共部门人力资源多元化管理是源于企业人力资源管理的实践[①]。管理多元化主要是为了实现多元化工作队伍的好处，要认识到员工有不同的需要，必须用不同的方法来满足这些需要。公共人力资源管理多元化发展趋势主要包括员工背景多元化、工作要求多元化、雇佣关系多元化以及薪酬福利多元化。

---

① 刘仁春. 论公共部门人力资源管理发展的新趋势 [J]. 四川行政学院学报，2005（6）：16-18.

第十一章 "互联网+"背景下公共部门人力资源管理发展趋势与展望

1. 员工背景多元化

员工背景多元化是指员工在性别、年龄、相貌、种族、民族、宗教信仰、学历水平、残疾、疾病、家庭等方面的不同特征，可以划分为外在多元化和内在多元化[①]。外在多元化包括性别、年龄、相貌、民族、种族、家庭等，这是先天所形成的，多是员工无法改变的事实；内在多元化包括价值观、宗教信仰、学历水平等，是员工外在多元化基础之上的后天所形成的，具有一定的差异性。

公共部门的员工是从社会招录，且为了更好地服务于公众，就需要员工背景越发多元化，这种员工的多元化使得公共人力资源管理需要针对不同员工进行灵活管理，以实现对每一位员工的充分尊重。

2. 工作要求多元化

工作要求多元化是由员工背景多元化而产生的，由于公共部门员工的知识技能水平、身体条件、家庭环境不同，决定了公共部门工作要求的多元化。工作要求多元化体现在工作时间、工作条件、工作场所的多元化。随着"互联网+"的发展，公共部门不一定要求同一办公地点，如残疾人员可以在家利用网络办公，不出门便可以完成工作。同时，公共部门也可以实行弹性工作制，尤其是针对家中有老人、孩子的员工或是哺乳期的女性员工，可以灵活安排工作时间，使其既完成工作，又照顾家庭。总的来说，未来公共部门在人力资源管理上将更加多元化，以工作绩效为导向，不固定工作地点和时间，对于工作只进行事务性安排，只要员工可以在规定时间内保质保量完成，就可以不限时间地点。这种工作要求的多元化，不仅能体现人文关怀，还能促进

[①] 仵希亮. 公共部门人力资源的多元化管理 [J]. 长安大学学报（社会科学版），2009, 11 (2): 115-119.

组织绩效的提高。

3. 雇佣关系多元化

为了促进公共部门新鲜血液的注入,未来公共部门的人力资源员工关系将更趋于多元化,将逐步打破现有的编制雇佣机制,接收和吸纳更多的编外合同人员。同时,多元化的雇佣关系还体现在由个人雇佣向组织雇佣的转变,公共部门可以将部分工作外包出去,通过签订协议、补贴、税收激励等方式实现,这不仅可以使公共部门精简机构,提高效率,还能促进市场竞争,推动公共部门的良性运作。外包出去的工作将由专业的团队运作,让专业的团队做专业的事情,不仅能发挥各行各业的长处,还能提高公共部门的整体绩效。

4. 薪酬福利多元化

传统的薪酬福利体系仅仅考虑员工的工龄、学历、职务、岗位等硬条件,这很难适应新时代员工对薪酬的要求。未来公共部门的薪酬福利体系将更为多元化。除了对员工的工龄、学历、职务、岗位等硬条件的考核,还增加了对员工知识技能、工作水平的考核,体现多劳多得的公平机制。一方面,薪酬福利的多元化不仅可以激发员工的积极性、提高组织绩效,还能让老员工不得不调整工作方式,吸收新知识以提高自己的工作能力,这有助于提升全员的综合素质和促进学习型政府的建设。

(四)信息化发展趋势

随着信息技术和"互联网+"的发展,公共人力资源管理的信息化管理日趋成为主流趋势。公共人力资源管理不断进化脉络的背后,本质就是通过信息化手段帮助公共人力资源管理逐渐实现"人本"管理。

1. 流程信息化

现如今,工作流程信息化为公共部门人力资源管理的移动办

第十一章 "互联网+"背景下公共部门人力资源管理发展趋势与展望

公奠定了基础,主要基于微信、钉钉、QQ、OA软件等多种形式进行。公共部门可以将人力资源管理的部分工作设计为各种流程进行在线处理,譬如:可通过在线方式对员工出勤、请假等手续进行管理;可将入、转、调、离等业务流程进行在线审批,按照业务流程自动流转。公共人力资源管理的业务流程信息化趋势将有利于员工、部门主管和人力资源主管等各层级、各部门之间可以随时基于某个话题或某个业务进行在线沟通,改善不同角色间的协作体验,并在一定程度上规范流程,优化内部信息沟通网络,提高了工作效率。

2. 决策信息化

信息化在公共人力资源管理中的运用,为公共部门中的各级机构的人事决策提供了更加翔实和丰富的信息来源,让每一项决策都有理有据,避免了仅仅凭借人力资源部门的只言片语所带来的决策盲目化。公共部门在决策前,需要进行内外部信息收集,内部信息主要源于办公信息化所带来的人力资源管理数据库,内部数据库将完整准确地记录公共部门所有员工的人事、考勤、绩效、培训、薪资、福利等各方面信息,为决策提供准确、全面、及时的内部人力资源信息;外部信息的收集主要依赖于信息技术的支持,需要对当前政治、经济、文化、社会需求等方面各种信息的大量收集,并利用各类信息技术进行分类整合和有效筛选。信息化的发展让公共部门在做决策时更为准确、有效,避免了诸多潜在的风险,以减少不必要的损失。

3. 管理信息化

随着计算机和网络技术在人力资源管理中的不断应用,大数据和人工智能在公共人力资源领域的广泛应用,公共部门人力资源管理的信息化水平得到了不断提高。管理信息化的趋势主要体现在公共部门将大力推进各级人力资源部门内部局域网建设和连接各单位的外部网建设,建立公共部门人力资源网站或主页,为人力资源的简历筛选、在线面试、网络培训、信息收集、智能语音交互、趋势性和预测分析等工作提供更好服务。管理工作的信息化能够将公共部门的人力资源从业者逐步从人力资源的日常事务中解放出来,把事务性工作全部交给电脑和机器人去做,而更多地集中于公共部门战略层面的思考。

二、"互联网+"背景下公共部门人力资源管理展望

(一)"互联网+"背景下公共部门的技术层面创新

1. 网络招聘的作用

招聘是公共人力资源管理方面的重要环节,只有招聘到合适的求职者,将合适的人放在合适的职位上,公共部门才可以顺利地开展日常工作和活动。随着"互联网+"这一理念的运用日趋成熟时,公共部门的招聘模式也借助这股力量进行转型升级,从传统的招聘方式过渡到早期的网络招聘,再发展到如今"互联网+"下提供各种模式的网络招聘,招聘模式发生了诸多转变。

在"互联网+"出现以前,传统的招聘通常为报纸广告招聘、广播招聘、电视招聘、人才招聘会等方式,受地域、时间等条件限制。但随着"互联网+"的出现以及大范围的应用,招聘方式出现了巨大的变化,由传统的方式向新型的、以互联网为平台的网络招聘方式过渡,网络招聘模式日渐成为公共部门人员招聘工作的主要渠道,为选择人才带来了许多便捷。

(1)覆盖面广,时效性强。

互联网的覆盖是以往任何招聘渠道都无法比拟的,它可以将招聘信息延伸到世界的每一个角落,在不受时间、地域限制的优势下,获得更多的候选人信息,也可以通过网络远程面试,降低成本,并提高招聘效率。与此同时,网络招聘不仅可以迅速、快捷地传递信息,而且还可以瞬间更新信息,这种基于招聘双方主

第十一章 "互联网＋"背景下公共部门人力资源管理发展趋势与展望

动性的网上交流，于无声无息之间，及时完成互动。

(2) 具有筛选功能，针对性更强。

网络招聘是一个跨时空的互动过程，对供求双方而言都是主动行为，无论是公共部门还是个人都能根据自己的条件在网上进行选择。一方面，网络招聘的方式已经深入人心，成为人们找工作的主要渠道之一，招聘网站都有完备的搜索功能，求职者可以利用此功能快速准确地查找到行业、职位、工作地点、薪水等信息。另一方面，通过简历的筛选，公共部门可以通过对应聘者的基本素质有一定的初步了解，并筛选出更符合岗位需求的人才。这种积极的双向互动，减少了招聘和应聘过程中的盲目行为，让招聘活动更具有针对性。

2. 公共部门网络招聘模式创新的途径

(1) 完善招聘信息。

对于求职者而言，可能并不了解公共部门空缺职位的工作职责或任职要求，为此，公共人力资源管理部门在发布职位信息时应注意信息介绍的全面性。一方面，宏观上详细说明该公共部门的性质、类型、规模等内容；另一方面，微观上详细说明该公共部门空缺岗位的具体工作职责、学历要求、技能要求、工作经验要求等内容。越详细的招聘信息越有助于求职者进行自我匹配，在投递简历时也会更加谨慎，以此提高双方的匹配程度。

(2) 开拓招聘途径。

一般而言，公共部门会有自己的网站，招聘信息可以放在该网站上，但由于公共部门的专业性，使得许多求职者并没有关注到公共部门的网站。因此，应扩大招聘途径，一方面，不仅在公共部门自己的官网上挂出招聘信息，也充分运用各大专业招聘网站，如当下所流行的智联招聘、前程无忧、猎聘网、世纪人才猎头等专业性招聘网站；另一方面，要根据空缺岗位的要求合理筛选招聘信息发布的渠道，若是普通职位，可采用大众招聘网站即可,若是专业性强的职位,可采用有针对性的网站。

(3) 创新招聘方式。

传统的招聘方式多为面对面沟通的形式,但在"互联网+"的影响下,合适的求职者可能来自其他地区,为了节省成本,提高招聘效率,应创新招聘方式。如今,可通过网络视频、网络电话或其他方式进行网络沟通,初步确定双方的意向和匹配程度。如此,可以为公共部门筛选到更为合适的人才。

(二)"互联网+"背景下公共部门多元化参与模式创新

1. 网络培训的作用

在"互联网+"的促进下,网络培训日益兴起,代替了传统面对面的培训。网络培训突破传统学校教学方式的时空束缚,只要有一台计算机和接入网络的设备,随时都可以进行学习与培训。这为任何愿意获取知识的人提供了学习的权利和机会。与传统培训形式相比较,网络培训具有更加独特的作用。

(1) 突破时空限制。

传统的培训有固定的时间和地点,使得员工自主性的培养与发挥受到限制。而网络培训却在很大程度上改进了这一不足,员工可以根据自己的时间进行调整,可以全日制学习,也可以白天上班,晚上学习。学员在学习过程中的一个关键环节就是交流,这种交流包括学员与老师之间的交流和学员与学员之间的交流,通过交流可以及时发现和解决学员在学习中遇到的一些问题。网络教学有特有的答疑工具。一方面,网上培训的培训师可以随时随地为学生们讲任何想听的课程,不受时间和地点的限制;另一方面,学员在学习中发现问题可以随时提问,并在短时间内得到细致的解答。

第十一章 "互联网+"背景下公共部门人力资源管理发展趋势与展望

(2) 共享培训资源。

网络培训可以很好地借助"互联网+"的平台,把各类优质教育资源融汇起来,通过网络培训平台进行共享。公共部门可根据员工实际需求或岗位需求对培训内容进行筛选:一方面可以使公共部门培训更具有针对性,更好地满足员工和岗位的需求;另一方面可以让不同地区的员工之间有更多交流的机会。

(3) 降低培训成本。

传统的线下培训需要支付高额的讲师费、场地费、设备费、交通费、住宿费、人员费等,导致培训学费较高,而对于网络培训,学员只要支付相当少的费用,通过连接电脑即可学习,不仅可以为公共部门减少大量的培训开支,还可以将节省下来的培训费用转投于提高培训内容、培训质量或其他培训条件,让公共部门的人员享受到更好的培训。

2. 公共部门网络培训模式创新的途径

(1) 整合内部培训资源,创建网络培训平台。

公共人力资源管理部门可以将自己内部已经成熟的课程全部整合,制定"菜单式"的课程体系,并录制成视频课程,在网络上进行内部推广和资源共享,供有需要的部门或员工进行筛选,并可设计进行在线培训考核,督导员工学习。采取"菜单式"的网络课程进行内部推广,不仅可以丰富公共部门内部的课程项目,还可以节约培训成本,提高培训效率。内部推广课程可设置类别、课程名称、课程内容、课时、适用人群、讲师以及讲师职位等相关栏目,方便部门或员工更有针对性地选择课程。

(2) 利用外部培训资源,丰富网络培训内容。

内部培训是公共部门自己的资源,具有针对性强、经济实惠等诸多优点,但也存在培训师选择有限、思维局限等不足。外部培训正好可以弥补内部培训的不足,带来更多的选择和更新的理念。因此,公共部门要充分利用外部培训资源,丰富网络培训内容。一方面，可以直接进行在线培训，在选择合适的培训讲师、培训内容后，组织有需求的员工在规定的时间内进行远程在线培训；另一方面，可根据需求购买外部已有的、成熟的网络视频课程，内部员工可根据自己的时间安排进行学习。

（3）完善培训考核制度，加强培训效果转换。

网络培训虽然不受时间地域的限制，具有成本低、课程共享等优势，但也存在老师与员工之间缺少面对面的交流、对员工自主学习能力要求较高等不足。为此，需要完善培训考核制度，建立和配备员工培训的线上线下考核方案，明确考核标准，完善培训流程和制度，并进行培训效果调查和跟踪，以进一步促进培训效果的转换。

（三）基于大数据的公共部门人员管理模式创新

1. 大数据的概述

大数据是云计算、智慧科技、移动终端和物联网技术集中体现，与"互联网＋"相伴而生。与数据不同的是，大数据集中反映了网络世界、虚拟世界即现实生活的各种现象。对于大数据的认识一直都处于更新进化之中，至今还没有一个统一的概念，相信还会随着时代的进步而不断完善。目前，NFS（美国国家科学基金会）对大数据的界定得到了学术界的广泛认可，也较为权威，它将大数据定义为：由现代科学设备、网络设施、网络贸易、E－mail、流媒体软件、信息交互技术等多种数据生成的多元化、复合型、宽领域、跨周期分布式的数据集群[1]。可见，大数据的"大"体现在其数据的庞大，可以通过对庞大数据的整理和分析，发现其背后的规律和本质。

---

[1] Hilbert M, López P. The world's technological capacity to store, communicate, and compute information [J]. Science, 2011, 332 (6025): 60.

第十一章 "互联网＋"背景下公共部门人力资源管理发展趋势与展望

大数据的产生是人类对数字和信息以及处理技术进行不断深化、提升的结果。它能够引起世界的广泛关注，其依赖日新月异的信息处理技术，尤其是网络和云计算技术的迅猛发展对海量、多元、宏观模糊数据进行处理而影响人类的决策思路、方式和管理方法[1]。大数据的产生给人带来许多便利的同时也带来了诸多问题。

2. 大数据与公共部门人员绩效的关系

大数据通过公共部门人力资源绩效数据的分析，可以发现一些人们难以意识到的问题，如员工的工作特征、工作习惯和工作效率等，它与公共部门人员绩效有着密切联系。

第一，大数据有助于人员绩效的提升。大数据实现了不可计算的、非结构化、非量化信息科学数据化和精准量化度的过程，通过对人力资源绩效数据信息间的规律分析，发现员工日常的工作特征，对人员调配、员工培养、职业发展进行合理规划，以支持组织人才战略的决策[2]。大数据技术能在过程中实现互动监测、实时预警，提醒员工工作绩效情况，提高工作效能[3]。

第二，在大数据的协助下，有助于公共部门进行绩效管理。首先，大数据的应用使得组织管理架构可以更为扁平化，提升员工沟通速度和效率。其次，在大数据的统筹、建构和分析，可以加大对员工绩效情况的挖掘，分析员工绩效数据和其他数据间的潜在关系，了解影响员工绩效的原因，并制订个性化的激励方案

---

[1] 徐辉. 基于大数据的公共部门人员绩效提升与管理模式创新 [J]. 中国软科学，2017（1）：50—58.

[2] 徐辉. 基于大数据的公共部门人员绩效提升与管理模式创新 [J]. 中国软科学，2017（1）：50—58.

[3] ［英］维克托·迈尔－舍恩伯格，肯尼思·库克耶. 大数据时代：生活、工作与思维的大变革 [M]. 盛杨燕，周涛，译. 杭州：浙江人民出版社，2013.

和制度，提高员工的认同感和依赖感，进一步激发员工活力。[①] 最后，还可以通过大数据找到提升公共人力资源管理绩效的途径，实现人力资源绩效的可持续健康发展。

3. 大数据背景下公共部门人员的绩效提升与管理模式创新途径

（1）运用大数据明确岗位职权。

在大数据的背景下，可以通过海量数据的全面、细致分析，来完成个人绩效与组织绩效的互动关联，进而明确个人的职责和责任，为公共部门个人绩效测评奠定基础[②]。通过大数据技术，不仅要了解公共部门员工的基本情况、动态情况和工作质量情况，还要将员工的个人绩效情况与组织的绩效情况相结合，分析二者之间的关系和影响因素，互相促进和发展。

（2）构建科学的绩效管理体系。

公共部门的绩效管理制度的基本框架应由组织目标、制度规范、执行落实、衡量评估、教育内化这五个要素构成，分别对应绩效计划、绩效管理、绩效评价、绩效反馈、绩效提升这五大环节[③]。在各个内容和环节上要充分利用大数据技术，实现考核内容、考核标准由模糊向精准转变，考核方法由简单向复杂转变，考核主体由单一向多元化转变，考核程序信息由纵向垂直向多元互动转变，真正实现公共部门人员绩效的大数据化和可持续化发展。

（3）完善绩效考核机制。

[①] 孟小峰，慈祥. 大数据管理：概念、技术与挑战［J］. 计算机研究与发展，2013，50（1）：146—169.

[②] 包国宪，文宏，王学军. 基于公共价值的政府绩效管理学科体系构建［J］. 中国行政管理，2012（5）：98—104.

[③] 徐辉. 基于大数据的公共部门人员绩效提升与管理模式创新［J］. 中国软科学，2017（1）：50—58.

第十一章 "互联网+"背景下公共部门人力资源管理发展趋势与展望

传统的考核常常由领导开展,存在许多主观效应。在大数据环境下,公共部门应对传统的考核机制进行调整和修改,充分利用大数据技术,将员工的所有绩效进行综合分析和计算,不仅可以降低因认为主观因素而造成的认识偏差,还能借助大数据的实时性特征,将绩效及时反馈给员工,进行及时调整和改正。

绩效考核方法多种多样,但公共部门为了绩效考核的科学性和全面性,通常采取360度考核方法。360度考核方法的评价者最多,有诸多优点,但却难以进行归纳和整理,存在考核工作量大、耗费时间等许多缺点。为此,可以充分借助"互联网+"的平台,运用大数据技术进行客观分析,不仅可以克服人为的主观性因素,还能减轻工作量,减少工作时间,既科学全面又客观地对公共管理员工进行考核,保障了绩效评价的客观性和公正性。

(4)优化人力资源开发与管理。

公共人力资源管理的人、岗位、培训、激励四个方面都与大数据息息相关,人力资源管理者应该跳出思维框架,积极对大数据及传统数据进行应用和结合,将人员绩效开发的动态追踪与静态分析、宏观统筹与微观控制、过程管控与结果反馈、评价综析与奖惩运用有机结合起来,从而使人力资源发挥更大的价值[1]。公共部分的人力资源对提升公共部门整体绩效有着重要作用和意义,因此,要进一步优化公共部门人力资源开发与管理的相关内容,全面提升招聘、培训、岗位设置、员工关系等环节的内容,才能提升部门与组织的绩效。

---

[1] 穆胜. 大数据"绝缘"人力资源管理?[J]. 中外管理,2014(8):84-85.

参考文献

［1］梁丽芝. 公共部门人力资源管理［M］. 湘潭：湘潭大学出版社，2010.

［2］滕玉成，余宪忠. 公共部门人力资源管理［M］. 北京：中国人民大学出版社，2003.

［3］鄢龙珠. 公共部门人力资源管理［M］. 厦门：厦门大学出版社，2010.

［4］孙柏瑛，祁光华. 公共部门人力资源管理［M］. 北京：中国人民大学出版社，2010.

［5］赵曼. 公共部门人力资源管理［M］. 北京：清华大学出版社，2005.

［6］余凯成，程文文，陈维政. 人力资源管理［M］. 大连：大连理工大学出版社，2001.

［7］沈荣华. 第一资源论——论人力资源的开发和利用［M］. 上海：上海三联书店，1993.

［8］王名. 中国非政府公共部门［M］. 北京：清华大学出版社，2004.

［9］陈振明. 公共管理学［M］. 北京：中国人民大学出版社，2003.

［10］姜明安. 行政法与行政诉讼法. 6版［M］. 北京：北京大学出版社，高等教育出版社，2015.

［11］萧鸣政. 人力资源开发与管理——在公共组织中的应用

[M]. 北京：北京大学出版社，2005.

[12] 刘帮成，胡近. 公共部门人力资源开发与管理 [M]. 上海：上海交通大学出版社，2009.

[13] 傅夏仙，吴晓谊. 公共部门人力资源管理基础 [M]. 上海：上海交通大学出版社，2005.

[14] 姚国章，吴倚天. 中国电子政务案例 [M]. 北京：北京大学出版社，2007.

[15] 李涛. 公共部门人力资源管理 [M]. 桂林：广西师范大学出版社，2012.

[16] 刘艳良. 公共部门薪酬水平平衡与比较 [M]. 北京：中国人事出版社，2011.

[17] 萧鸣政. 公共部门人力资源开发与管理 [M]. 北京：北京大学出版社，2016.

[18] 李德智. 公共部门人力资源管理与开发. 3 版 [M]. 北京：科学出版社，2016.

[19] 娄成武，史万兵. 教育经济与管理 [M]. 北京：中国人民大学出版社，2005.

[20] 石金涛. 培训与开发 [M]. 北京：中国人民大学出版社，2003.

[21] 孙柏瑛，祁凡骅. 公共部门人力资源开发与管理. 4 版 [M]. 北京：中国人民大学出版社，2015.

[22] ［美］E·麦克纳，N·比奇. 人力资源管理 [M]. 丁凡，译. 北京：中信出版社，1998.

[23] ［澳］欧文·E. 休斯. 公共管理导论 [M]. 张成福，等译. 北京：中国人民大学出版社，2015.

[24] ［美］珍妮特·V. 登哈特，罗伯特·B. 登哈特. 新公共服务：服务而不是掌舵 [M]. 丁煌，译. 北京：中国人民大学出版社，2016.

[25] [美]唐纳德·E. 克林纳,约翰·纳尔班迪,贾里德·洛伦斯. 公共部门人力资源管理:系统与战略[M]. 孙柏瑛,等译. 北京:中国人民大学出版社,2013.

[26] [美]迈克尔·A. 希特,R·杜安·爱尔兰,罗伯特·E. 霍斯基森. 战略管理:概念与案例[M]. 刘刚,等译. 北京:中国人民大学出版社. 2012.

[27] [美]肯·G. 史密斯,迈克尔·A. 希特. 管理学中的伟大思想:经典理论的开发历程[M]. 徐飞,路琳,译. 北京:北京大学出版社,2016.

[28] [德]卡尔·马克思,弗里德里希·恩格斯. 马克思恩格斯全集(第46卷上)[M]. 中共中央马克思恩格斯列宁斯大林著作编译局,编译. 北京:人民出版社,1979.

[29] [美]乔治·T. 米尔科维奇,杰里·M. 纽曼. 薪酬管理. 9版[M]. 成得礼,译. 北京:中国人民大学出版社,2008.

[30] [美]约翰·奈斯比特. 大趋势——改变我们生活的十个新方向[M]. 梅艳,译,北京:中国社会科学出版社,1984.

[31] [美]唐纳德·E. 克林纳,约翰·纳尔班迪,贾里德·洛伦斯. 公共部门人力资源管理:系统与战略. 6版[M]. 孙柏瑛,等译. 北京:中国人民大学出版社,2013.

[32] [英]维克托·迈尔-舍恩伯格,肯尼思·库克耶. 大数据时代:生活、工作与思维的大变革[M]. 盛杨燕,周涛,译. 杭州:浙江人民出版社,2013.

[37] 段华洽,苏立宁. 论公共部门人力资源管理与企业人力资源管理的区别与互动[J]. 中国行政管理,2006(6):65-68.

[38] 王兰云. 人事管理、人力资源管理与战略人力资源管理的比较分析[J]. 现代管理科学,2004(6):45-46.

[39] 习近平. 依法治国 依法执政 依法行政共同推进法治国家法治政府法治社会一体建设[J]. 人民检察, 2013 (5): 1.

[40] 刘亚刚, 刘世贵. 现代科学技术革命及其影响[J]. 西南民族学院学报(哲学社会科学版), 2001 (12): 96-99.

[41] 徐辉. 基于大数据的公共部门人员绩效提升与管理模式创新[J]. 中国软科学, 2017 (1): 50-58.

[42] 杜鹏程, 李敏, 童雅. 云计算时代企业人力资源管理的适应性变革[J]. 中国人力资源开发, 2013 (15): 14-18.

[43] 宁焕生, 徐群玉. 全球物联网发展及中国物联网建设若干思考[J]. 电子学报, 2010, 38 (11): 2590-2599.

[44] 刘锦, 顾加强. 我国物联网现状及发展策略[J]. 企业经济, 2013, 32 (4): 114-117.

[45] 张再生, 李祥飞. 公共部门人力资源管理的理论与实践前沿问题探讨[J]. 中国行政管理, 2012 (9): 79-82.

[46] 王文娟, 李京文, 宁小花. 平衡权利与权力"天平"的又一"砝码"——行政伦理视角中的《行政强制法》草案[J]. 中国人民大学学报, 2011, 25 (1): 110-116.

[47] 张振华. 对人力资源概念内涵与外延的界定[J]. 阴山学刊, 2004 (6): 75-78.

[48] 焦斌龙. 人力资源、人力资本和知识资本[J]. 山西财经大学学报, 1999 (4): 15-16+20.

[49] 张传芝, 单怀沧. 人力资源概念探析[J]. 中国石油大学学报(社会科学版), 1996 (2): 83-84.

[50] 李碧武. "互联网+教育"的冷思考[J]. 中国信息技术教育, 2015 (17): 96-99.

[51] 黄楚新, 王丹. "互联网+"意味着什么——对"互联网+"的深层认识[J]. 新闻与写作, 2015 (5): 5-9.

[52] 谢朝阳. "互联网+"时代人力资源管理研究 [J]. 中国商贸, 2015 (13): 40-41.

[53] 彭剑锋. 互联网时代的人力资源管理新思维 [J]. 中国人力资源开发, 2014 (16): 6-9.

[54] 陈颖, 赵玉伟. 对我国公共部门人力资源管理若干问题的思考 [J]. 前沿, 2003 (1): 102-103.

[55] 黄茂兴, 林寿富. 污染损害、环境管理与经济可持续增长——基于五部门内生经济增长模型的分析 [J]. 经济研究, 2013, 48 (12): 30-41.

[56] 罗珉. 泰罗科学管理的遗产及其反思——兼纪念《科学管理原理》诞生 100 周年 [J]. 外国经济与管理, 2011, 33 (9): 1-10.

[57] 章海鸥. 人力资源管理与公共部门人力资源管理关系探讨 [J]. 人力资源管理, 2010 (1): 37-38.

[58] 陈天祥, 徐于琳. 西方公共部门人力资源管理变革理论研究述评 [J]. 公共行政评论, 2010, 3 (3): 140-174+205-206.

[59] 张利涛, 苏雪芹. 继承与超越: 从新公共管理到新公共服务 [J]. 决策与信息, 2016 (12): 123-132.

[60] 曾保根. 价值取向、理论基础、制度安排与研究方法——新公共服务与新公共管理的四维辨析 [J]. 上海行政学院学报, 2010, 11 (2): 29-40.

[61] 张再生, 刘明瑶. 基于资源基础理论的公共部门人力资源管理变革研究 [J]. 行政论坛, 2015, 22 (2): 69-73.

[62] 曹阳, 徐华陀. 停滞性和弹性的统一——中国封建社会体制解读 [J]. 湘潮 (下半月) (理论), 2008 (10): 75-76.

[63] 冯天瑜. 科举制度——中国"第五大发明" [J]. 山西大学学报 (哲学社会科学版), 2014, 37 (1): 47-55.

[64] 蒋硕亮. 中国公务员制度研究的回顾与展望 [J]. 政治学研究, 2008 (6): 106-114.

[65] 牛玲. 新公共管理视角下的公共部门人力资源管理研究 [J]. 人力资源管理, 2016 (10): 15-17.

[66] 胡键, 岳宗. 改革不停顿 开放不止步——习近平总书记考察广东纪实 [J]. 当代广西, 2013 (1): 6-8.

[67] 李声宇. 目标模糊如何影响公共组织的研究述评 [J]. 公共行政评论, 2016, 9 (6).

[68] 岳龙华, 戚玉静. 胜任素质内涵及构成研究 [J]. 商场现代化, 2006 (16): 243-244.

[69] 胡锦涛. 中共中央关于完善社会主义市场经济体制若干问题的决定 [J]. 党的建设, 2003 (11): 3-11.

[70] 习近平. 发展不能走老路 [J]. 西部大开发, 2013 (1): 4.

[71] 李燕萍, 齐伶圆. "互联网+"时代的员工招聘管理: 途径、影响和趋势 [J]. 中国人力资源开发, 2016 (18): 6-13+19.

[72] 徐汝婷, 蔡晓晶. "互联网+"时代的员工招聘 [J]. 人力资源·管理视窗, 2015 (42): 37+32.

[73] 张良. 公共部门人力资源绩效管理问题及对策 [J]. 北京行政学院学报, 2011 (1): 48-51.

[74] 王启峰. 简析公共部门人力与企业人力资源绩效管理比较 [J]. 现代管理科学, 2009 (6): 34-36.

[75] 张定安. 平衡计分卡与公共部门绩效管理 [J]. 中国行政管理, 2004 (6): 69-74.

[76] 谢媛媛, 魏诗嘉, 寿志勤. 平衡计分卡在公共部门的应用研究 [J]. 领导科学, 2015 (35): 43-47.

[77] 周志忍. 公共组织绩效评估: 中国实践的回顾与反思 [J].

兰州大学学报（社会科学版），2007（1）：26-33.

[78] 徐双敏，王雪莲. 电子政务对政府绩效评估的推动作用及其完善 [J]. 行政论坛，2008（1）：46-49.

[79] 江泽民. 加快改革开放和现代化建设步伐，夺取有中国特色社会主义事业的更大胜利——在中国共产党第十四次全国代表大会上的报告 [J]. 求实，1992（11）：1-16.

[80] 刘昕. 对公务员工资制度改革的几点认识 [J]. 中国人才，2006（15）：10-12.

[81] 臧超，任玉帅. 基于互联网+的电子政务应用框架研究——以长春市公务员培训报名系统为例 [J]. 科技创新导报，2015，12（33）：203+205.

[82] 浙仁讯. 浙江：出台公务员平时考核办法 [J]. 人才资源开发，2016（5）：58.

[83] 章宏. 大数据时代下组织激励研究——基于自助式薪酬视角 [J]. 人力资源管理，2017（6）：20-21.

[84] 周雅颂. 数字政府建设：现状、困境及对策——以"云上贵州"政务数据平台为例 [J]. 云南行政学院学报，2019，21（2）：120-126.

[85] 葛静. 对公共部门人力资源开发与管理的思考 [J]. 中外企业家，2015（7）：193-195.

[86] 曹惠民. 公共部门人力资源调配与交流的理论分析 [J]. 财会通讯，2009（33）：126-129.

[87] 萧鸣政. 中国政府人力资源开发及其战略 [J]. 上海行政学院学报，2007（3）：72-78.

[88] 吴珩. 浅谈公共部门的人力资源培训定义及其重要性 [J]. 中国管理信息化，2017，20（5）：207.

[89] 刘绪晶. 公共部门人力资源开发的效应及提升途径 [J]. 中共云南省委党校学报，2010，11（3）：150-152.

[90] 张云丽. 我国公共部门人力资源培训体系存在的问题及对策研究[J]. 魅力中国, 2011 (1): 12-12.

[91] 王胜今, 王冠鸿. 日本人力资源开发与经济增长研究[J]. 东北亚论坛, 2018, 27 (1): 35-48+127.

[92] 杨润. 日本人力资源管理模式对我国社会团体改革的启示[J]. 财经界（学术版）, 2014 (9): 274-275.

[93] 刘宁, 张惠康. "互联网+"时代企业人力资源管理的变革[J]. 南京邮电大学学报（社会科学版）, 2017, 19 (4): 63-70.

[94] 陈熙. "互联网+"时代人力资源管理的新趋势探索[J]. 现代经济信息, 2016 (18): 83.

[95] 王睿. "互联网+"背景下中小企业人力资源培训与开发的分析[J]. 商场现代化, 2018 (2): 113-114.

[96] 郭巍青. 公务员职业面临三大瓶颈考验[J]. 人民论坛, 2011 (31): 26-27.

[97] 刘仁春. 论公共部门人力资源管理发展的新趋势[J]. 四川行政学院学报, 2005 (6): 16-18.

[98] 蔡青青, 潘婷婷. 基于流程优化的岗位设计方法[J]. 咸宁学院学报, 2008 (4): 111-113.

[99] 仵希亮. 公共部门人力资源的多元化管理[J]. 长安大学学报（社会科学版）, 2009, 11 (2): 115-119.

[100] 孟小峰, 慈祥. 大数据管理：概念、技术与挑战[J]. 计算机研究与发展, 2013, 50 (1): 146-169.

[101] 包国宪, 文宏, 王学军. 基于公共价值的政府绩效管理学科体系构建[J]. 中国行政管理, 2012 (5): 98-104.

[102] 穆胜. 大数据"绝缘"人力资源管理？[J]. 中外管理, 2014 (8): 84-85.

[108] 付振. 我国公共部门组织文化认同研究[D]. 济南：山

东大学，2017.

[109] 盛晓宇. 福建省公务员考试录用制度改革研究 [D]. 泉州：华侨大学，2016.

[110] 裴思瑶. 论我国公共部门人力资源管理的改进 [D]. 延安：延安大学，2013.

[111] 韩阳. 平衡计分卡在我国政府部门绩效考评中的应用研究 [D]. 青岛：中国海洋大学，2012.

[112] 张力. 我国公务员工资收入决定机制转换 [D]. 北京：北京交通大学，2007.

[113] 陈娟. 我国公共部门人力资源开发的行政生态学分析 [D]. 秦皇岛：燕山大学，2010.

[114] 徐明. 中国公共部门人力资源开发问题研究 [D]. 郑州：郑州大学，2004.

[115] 李文平. H市D区公共部门人力资源管理问题研究 [D]. 哈尔滨：哈尔滨工业大学，2017.

[116] 易红庆. 我国公务员交流问题研究 [D]. 长沙：湖南大学，2008.

[117] 高原. 事业单位人力资源开发中的职业发展研究 [D]. 北京：首都经济贸易大学，2015.

[118] 李启成. 企业化激励机制在公共部门人力资源开发中的应用研究 [D]. 福州：福建师范大学，2008.

[119] 刘敬宇. 美国公务员制度的改革及启示 [D]. 青岛：中国海洋大学，2008.

[120] 李婷. 基层公务员交流机制的研究 [D]. 上海：华东政法大学，2016.

[121] 王科萍. 我国公务员退休制度研究 [D]. 上海：上海交通大学，2008.